普通高等教育"十二五"规划教材
全国高职高专规划教材·财务会计系列

新编税务会计
（第二版）

崔晓翔 主　编

邓　晖　薛桂萍　季　松　副主编

内容简介

本书编写立足于企业税务会计的工作过程,结合最新的税制调整、会计准则变化的情况,全面阐述流转税、所得税、资源税、财产税及行为税等税种的基本理论、税收核算方法。全书共分十章,以税种划分为依据,各章内容尽可能体现企业办税业务核算流程。本书具有较强的实务操作性,适合高职高专院校财经类专业的教学,也可作各类成人院校及企业税务会计从业人员培训教材,还可用作普及纳税意识、提高纳税知识与技能的自学用书。

图书在版编目(CIP)数据

新编税务会计/崔晓翔主编. —2版. —北京:北京大学出版社,2013.7
(全国高职高专规划教材·财务会计系列)
ISBN 978-7-301-22665-0

Ⅰ.①新… Ⅱ.①崔… Ⅲ.①税收会计—高等职业教育—教材 Ⅳ.①F810.42

中国版本图书馆 CIP 数据核字(2013)第 136840 号

书 名:	新编税务会计(第二版)
著作责任者:	崔晓翔 主编
责 任 编 辑:	吴坤娟
标 准 书 号:	ISBN 978-7-301-22665-0/F·3644
出版发行:	北京大学出版社
地 址:	北京市海淀区成府路 205 号 100871
网 址:	http://www.pup.cn 新浪官方微博:@北京大学出版社
电子信箱:	zyjy@pup.cn
电 话:	邮购部 62752015 发行部 62750672 编辑部 62756923 出版部 62754962
印 刷 者:	北京富生印刷厂
经 销 者:	新华书店
	787 毫米×1092 毫米 16 开本 15.5 印张 373 千字
	2010 年 2 月第 1 版
	2013 年 7 月第 2 版 2016 年 6 月第 2 次印刷
定 价:	34.00 元

未经许可,不得以任何方式复制或抄袭本书之部分或全部内容。
版权所有,侵权必究
举报电话:010-62752024 电子信箱:fd@pup.pku.edu.cn

前　　言

税务会计是会计、税务类专业的核心课程，涉及税法、会计、管理等学科领域。《新编税务会计》一书力图使学员清楚掌握企业涉税工作的全貌，包括纳税环节、会计核算、税收筹划等相关知识，从而达到企业税务会计岗位工作的要求，提高就业竞争能力。

本书新版在编写过程中，依然保持了以税务会计工作流程为主线，涉及理论以够用为度，辅之以例题分析、纳税模拟练习的原则。其主要特点如下。

（1）体现最新税制调整以及企业会计准则运用。本次修订内容依据为2008年1月1日起实施的《企业所得税法》和2009年1月1日起调整施行的《增值税暂行条例》、《消费税暂行条例》、《营业税暂行条例》等政策法规。特别关注了2010年国家税务总局、财政部下发的有关增值税起征点、税率、征税范围的调整文件；2011年在上海、北京、天津、江苏、浙江、湖北、广东（含深圳）、福建8省市开展的营业税改征增值税试点工作；2009年5月国税局下发的关于调整烟产品消费税政策的通知；2011年6月30日全国人大常委会决议修订《个人所得税法》的部分内容。

（2）编排新颖，结构严谨。本书根据企业调研，确认企业税务会计岗位并进行典型工作任务分解，进而探索工作过程导向型的课程设计。本书分税种安排章节，依照税务会计岗位技能要求编写模块，包括"税法知识概述"、"税额计算与申报"、"会计核算"、"税收筹划"等内容。

（3）详略有度，讲练结合。本书保持税务会计理论框架完整的同时，遵循"必需、够用"的原则，强调高等职业教育教学的实用性以及职业标准，重点阐述流转税、所得税的相关内容，配备了"纳税申报模拟练习"。

本书编写、修订人员均具有长期教学和实践经验，主编崔晓翔、副主编邓晖为注册会计师。参编人员具体编写分工为：崔晓翔（北京电子科技职业学院）编写修订第1、6章，邓晖（北京电子科技职业学院）、杨海涛（北京工业职业技术学院）、鲍晓华（北京电子科技职业学院）编写修订第3、7、8章，季松（中华女子学院）编写修订第4、5章，薛桂萍（许昌职业技术学院）、薛艳红（许继小学财务科）编写修订第2章，李冬鬼（北京工业职业技术学院）编写修订第9、10章。

在编写过程中参编人员通力协作，参考了大量国内外文献，同时得到了北京大学出版社的大力支持，在此一并深表感谢。书中疏漏之处，恳请广大读者、同行指正。

编　者

2013年2月

目 录

- 第 1 章 涉税业务基础 ...... (1)
  - 1.1 认识办税机构 ...... (1)
  - 1.2 税收实体法 ...... (2)
  - 1.3 税收程序法 ...... (6)
  - 1.4 税务会计概述 ...... (14)
  - 1.5 税收筹划概述 ...... (16)
  - 1.6 税务代理 ...... (17)
- 第 2 章 增值税 ...... (23)
  - 2.1 增值税概述 ...... (23)
  - 2.2 增值税应纳税额的计算与申报 ...... (31)
  - 2.3 增值税会计核算 ...... (39)
  - 2.4 增值税税收筹划 ...... (64)
- 第 3 章 消费税 ...... (74)
  - 3.1 消费税概述 ...... (74)
  - 3.2 消费税应纳税额的计算与申报 ...... (78)
  - 3.3 消费税会计核算 ...... (90)
  - 3.4 消费税税收筹划 ...... (97)
- 第 4 章 营业税 ...... (104)
  - 4.1 营业税概述 ...... (104)
  - 4.2 营业税应纳税额的计算与申报 ...... (113)
  - 4.3 营业税会计核算 ...... (123)
  - 4.4 营业税税收筹划 ...... (131)
- 第 5 章 关税 ...... (137)
  - 5.1 关税概述 ...... (137)
  - 5.2 关税应纳税额的计算与申报 ...... (142)
  - 5.3 关税会计核算 ...... (149)
- 第 6 章 企业所得税 ...... (153)
  - 6.1 企业所得税概述 ...... (153)
  - 6.2 企业所得税应纳税额的计算与申报 ...... (158)
  - 6.3 企业所得税会计核算 ...... (168)

6.4　企业所得税税收筹划 ……………………………………………………………(174)
第 7 章　个人所得税 ……………………………………………………………………(180)
　　7.1　个人所得税概述 ……………………………………………………………(180)
　　7.2　个人所得税应纳税额的计算与申报 ………………………………………(190)
　　7.3　个人所得税会计核算 ………………………………………………………(204)
　　7.4　个人所得税税收筹划 ………………………………………………………(206)
第 8 章　资源税 …………………………………………………………………………(211)
　　8.1　资源税概述 …………………………………………………………………(211)
　　8.2　资源税应纳税额的计算与申报 ……………………………………………(215)
　　8.3　资源税会计核算 ……………………………………………………………(216)
第 9 章　财产税 …………………………………………………………………………(219)
　　9.1　房产税 ………………………………………………………………………(219)
　　9.2　城镇土地使用税 ……………………………………………………………(221)
第 10 章　行为税 ………………………………………………………………………(226)
　　10.1　印花税 ……………………………………………………………………(226)
　　10.2　城市维护建设税、教育费附加和文化事业建设费 ……………………(232)
　　10.3　土地增值税 ………………………………………………………………(236)
参考文献 …………………………………………………………………………………(241)

第1章 涉税业务基础

◎ 通过网络系统,了解办税机构
◎ 掌握税收实体法的构成要素
◎ 了解税收程序法的相关内容,理解税务登记的程序,能够填制开业税务登记表
◎ 理解税务会计的工作内容
◎ 了解税收筹划的基本思路
◎ 理解税务代理制度

1.1 认识办税机构

税收又称为"赋税"、"租税"、"捐税",是国家为了实现其职能,凭借政治权力按照法律规定,强制地、无偿地参与社会剩余产品分配,以取得财政收入的一种规范形式。国家税务总局及其下属的各地区税务局,履行着税收征管的职能。

信息技术的普及,使传统的办公方式有了革命性的变化。现在的纳税人申报和税务监管大多可以通过计算机网络实现。登录国家税务总局或各地区国家税务局、地方税务局的官方网站,可以了解最新的税收征管动态,学习纳税知识,下载纳税申报表,完成纳税申报工作。例如,输入国家税务总局的网址(http://www.chinatax.gov.cn),进入国家税务总局网站首页,如图1-1所示。

纳税人通过上述官方网站可以完成日常报税业务,但若要进行税务登记则需要到其所属税务机关办理。此外,还可以关注以下权威税务咨询网站,得到详尽的纳税咨询服务。

(1) 中国税网(http://www.ctaxnews.com.cn)。
(2) 中国税务网(http://www.ctax.org.cn)。
(3) 中国税务报电子版(http://www.ctaxnews.net.cn)。
(4) 中国纳税服务网(http://www.12366.net.cn)。
(5) 中国注册会计师协会网站(http://www.cicpa.org.cn)。
(6) 中国注册税务师协会(http://www.taxexpert.com.cn)。
(7) 中国税务律师(http://www.taxsuit.com)。

(8) 中国税收筹划网(http://www.ctaxplan.com)。

图 1-1　国家税务总局网站首页

1.2　税收实体法

1.2.1　税收实体法要素

从法理的角度看,税法理论包括税收实体法、税收程序法两部分。税收实体法要素主要包括纳税人、征税对象、税率、纳税环节、纳税时间、纳税地点、税收减免等。

(1) 纳税人

纳税人或纳税义务人,是指税法规定的直接负有纳税义务的自然人、法人或其他组织。

(2) 征税对象

征税对象又称为征税客体,是指税法规定的征税的目的物,即对什么征税。征税对象是各个税种之间相互区别的根本标志。征税对象按其性质的不同,通常划分为流转额、所得额、财产及行为四大类。

计税依据又称为税基,是征税对象的数量化,即应纳税额计算的基础。

税目是征税对象的具体化,是各税种具体的征税项目。

(3) 税率

税率是税额与征税对象之间的数量关系或比例,是计算应纳税额的尺度,是税收制度的核心要素。税率主要有比例税率、累进税率、定额税率三种基本形式。

(4) 纳税环节

纳税环节是指产品或商品在整个流转过程中按照税法规定应当缴纳税款的阶段。例如,商品从生产到消费,中间往往要经过工厂生产、商业采购、商业批发和商业零售等环节。据此可分为一次课征制、两次课征制和多次课征制。

(5) 纳税时间

纳税时间又称为纳税期限,是税务机关征税和纳税人纳税的时间范围。

(6) 纳税地点

纳税地点是指缴纳税款的场所,一般为纳税人的住所地、营业地、财产所在地或特定行为发生地。

(7) 减税免税、附加与加成

减税免税是指对特定纳税人、特定纳税项目或特定纳税情况,给予的税收优惠措施。减税是对应纳税额少征一部分税款,而免税是对应纳税额全部免征税款。

减税免税可分为税基式减免、税率式减免和税额式减免三种形式。

附加也称为地方附加,是地方政府按照国家规定的比例,随同正税一起征收的,列入地方预算外收入的一种款项,如教育费附加是以纳税人实际缴纳的增值税、消费税、营业税税额为计税依据征收的一种附加费。

加成是指根据税法约定的税率征税以后,再以应纳税额为依据加征一定成数的税额,如劳务报酬所得的加成。

1.2.2 我国现行税种

1. 税种分类

按课税对象的性质分类,我国的税收主要有以下几种。

(1) 流转税类

流转税是以商品生产、商品流通和劳务服务的流转额为征税对象的一类税收。我国现行的增值税、消费税、营业税、关税等属于流转税类。

(2) 所得税类

所得税是以纳税人的各种收益额或所得额为征税对象的一类税收。我国现行的企业所得税、个人所得税等属于所得税类。

(3) 财产税类

财产税是以纳税人拥有和支配的财产为征税对象的一类税收。财产税是所得税的补充,是在所得税对收入调节的基础上对纳税人占有的财产做进一步的调节。我国现行的房产税、城市房地产税、契税、车船税、土地增值税等属于财产税类。

(4) 资源税类

资源税主要是对因开发和利用自然资源差异而形成的级差收入发挥调节作用的一类税收。我国现行的资源税、城镇土地使用税等属于资源税类。

(5) 行为税类

行为税是以纳税人的特定行为为征税对象的一类税收。通常将那些不属于流转税、所得税、财产税、资源税类别的税种都归于行为税。我国现行的印花税、城市维护建设税、耕地占用税、车辆购置税、船舶吨税等属于行为税类。

依据税收权限的不同,我国现行税法体系中的税种情况如表1-1所示。

表1-1 我国现行税法体系

税　种	中央税	地方税	中央地方共享税	备　注
增值税	√		√	增值税为中央地方共享税,中央分享75%,地方分享25%,但海关代征的增值税为中央固定收入
消费税	√			
营业税	√	√		铁道运输部门、各银行总行、各保险公司等集中缴纳的营业税,为中央固定收入;其他为地方固定收入
关税	√			
企业所得税	√		√	铁道运输、邮电、国有商业银行、国家开发银行、农业发展银行、进出口银行以及海洋石油天然气企业缴纳的所得税为中央收入;其他由中央与地方共享
个人所得税	√		√	对储蓄存款利息所得征收的个人所得税归中央政府,其他个人所得税由中央与地方共享
资源税			√	按不同的资源品种划分,大部分资源税作为地方税,海洋石油企业缴纳的资源税作为中央收入
房产税		√		
城市房地产税		√		只适用于外商投资企业
车辆购置税	√			
契税		√		
城镇土地使用税		√		
土地增值税		√		
车船税		√		
印花税	√	√		除证券交易印花税中的96%归中央外,其他印花税收入归地方
城市维护建设税	√	√		铁道部门、各银行总行、各保险总公司等集中缴纳的城市维护建设税为中央收入,其他为地方收入
耕地占用税		√		

2. 企业应纳税种

(1) 按企业经营活动过程划分

① 企业筹建期间,取得经营许可证照,开立账簿,需申报缴纳印花税。

② 企业采购设备、原材料,加工成品,对外销售的过程中,需申报缴纳增值税、消费税、资源税、城市维护建设税等。

③ 企业提供应税劳务、转让无形资产或者销售不动产,需申报缴纳营业税、城市维护建设税等。

④ 进出口的货物,需申报缴纳关税、增值税、消费税、城市维护建设税等。

⑤ 企业经营过程中核算人工费用,需代扣代缴个人所得税。

⑥ 企业需按季度预缴企业所得税,年终汇算清缴。

(2) 按所属行业划分

① 从事货物生产、销售或者提供加工、修理修配劳务的工业企业,从事商品流通活动和提供商品服务的企业(包括商品批发、零售企业和外贸企业),应纳税种包括增值税、消费税、营业税、关税、企业所得税、城市维护建设税、房产税(外资企业缴纳城市房产税)、城镇土地使用税、土地增值税、车辆购置税、契税、印花税、代扣代缴个人所得税等。

② 以开发土地、房屋等不动产为主的生产、经营性企业,包括房地产自营建筑施工、修缮、装饰工程企业和承包、转包企业,主要缴纳营业税、土地增值税、耕地占用税,同时还应缴纳企业所得税、房产税、城市维护建设税、城镇土地使用税、车辆购置税、契税、印花税、代扣代缴个人所得税等。

③ 交通运输企业、金融保险企业、邮电通信企业以及文化体育业、娱乐业、服务业等行业的事业单位和社会组织,以缴纳营业税、企业所得税、代扣代缴个人所得税为主,同时也要依据经营的不同项目缴纳城市维护建设税、房产税、城镇土地使用税、车辆购置税、契税、印花税等。

1.2.3 纳税人的权利、义务与法律责任

1. 纳税人的权利

(1) 纳税人有依法提出申请享受税收优惠的权利。

(2) 纳税人有依法请求税务机关退回多征税款的权利。

(3) 纳税人有依法提起税务行政复议和税务行政诉讼的权利。

(4) 纳税人有依法对税务人员的违法行为进行检举和控告的权利。

(5) 因税务机关的违法或不当行为,致使纳税人合法权益遭受损害时,纳税人有依法请求得到赔偿的权利。

(6) 纳税人有向税务机关咨询税法及纳税程序的权利。

(7) 纳税人有要求税务机关为其保密的权利。

(8) 对税务机关做出的决定,纳税人享有陈述和申辩的权利。

2. 纳税人的义务

(1) 纳税人有依法办理税务登记、变更或注销税务登记的义务。

(2) 纳税人有依法进行账簿、凭证管理的义务。

(3) 纳税人有按期进行纳税申报,按时足额缴纳税款的义务。

(4) 纳税人有向税务机关提供生产销售情况和其他资料,主动接受配合税务机关的税务检查的义务。

(5) 纳税人有执行税务机关的行政处罚决定,按照规定缴纳滞纳金和罚款的义务。

增值税一般纳税人必须按照国家税务机关的要求准确核算进销项税额,提供纳税资料,及时足额缴纳应纳税款,依法使用增值税专用发票,并接受国家税务机关组织的每年一次的

一般纳税人资格查验和管理。增值税一般纳税人可以按规定领取、保管、使用专用发票和保管、索取增值税进项税额的扣税凭证。

3. 纳税人的法律责任

纳税人的法律责任是指纳税人违反税收法律、行政法规规定而必须承担的法律后果。按照违法的性质、程度不同，法律责任可分为刑事责任、行政责任和民事责任。

1.3 税收程序法

1.3.1 税务登记

在取得工商营业执照后，纳税人必须到其所属税务机关办理税务登记，开始企业经营活动。除按照规定不需要发给税务登记证件的，纳税人办理下列事项时，必须持税务登记证件：开立银行账户；申请减税、免税、退税；申请办理延期申报、延期缴纳税款；领购发票；申请开具外出经营活动税收管理证明；办理停业、歇业；其他有关税务事项。

1. 开业税务登记

开业税务登记是指凡从事生产、经营的纳税人，应自领取营业执照之日起30日内，持有关证件向税务机关申报办理税务登记，税务机关自收到申报之日起30日内审核并发给税务登记证件。

纳税人在规定的期限内，向税务机关办理税务登记的书面申请，提交申请税务登记报告书。税务机关在审核纳税人提交的登记资料完备的情况下，根据企业的经济类型发放税务登记表(在此列出内资企业税务登记表，如表1-2所示)、办税人员审批表，对符合登记增值税一般纳税人条件的，还发放增值税一般纳税人申请认定表。纳税人在领取上述表格时，应办理签收手续，填写完毕后报送主管税务机关。税务机关对纳税人填报的税务登记表和提供的证件、资料进行审核，经审核符合《中华人民共和国税收征收管理法》(以下简称《税收征收管理法》)规定的，发给纳税人领证通知书，并予以登记；纳税人按规定期限持领证通知书到主管税务机关领取税务登记证。纳税人办完税务登记后，应及时到主管税务机关办理初始申报。税务机关对应纳税种、税目、税率等项目进行纳税核定。

税务登记证有正本、副本，正本、副本具有同样的法律效力，正本由纳税人保存，副本供纳税人办理有关税务事宜时使用。遗失税务登记证的，应自遗失之日起15日内向主管税务机关提交书面报告，并公开声明作废，然后向主管税务机关申请补发。

表1-2适用于国有企业、集体企业、股份合作企业、国有联营企业、集体联营企业、国有与集体联营企业、其他联营企业、国有独资企业、其他有限责任公司、股份有限公司、私营独资企业、私营合伙企业、私营有限责任公司、私营股份有限公司、其他企业填用。

表 1-2 税务登记表（适用于内资企业）

纳税人识别号：

纳税人名称							
法定代表人（负责人）		身份证件名称			证件号码		
注册地址					邮政编码		
生产经营地址					邮政编码		
生产经营范围	主　营						
	兼　营						
所属主管单位							
发照工商机关	工商机关名称						
	营业执照名称				营业执照字号		
	发照日期	年　月　日			开业日期	年　月　日	
	有效期限	年　月　日至　年　月　日					
开户银行名称		银行账号			币　种	是否缴税账号	
生产经营期限	年　月　日至　年　月　日				从业人数		
经营方式		登记注册类型			行　业		
财务负责人		办税人员			联系电话		
办税人员证件名称				办税人员证件号码			
隶属关系				注册资本(币种)			
投资方名称	投资金额	投资币种	与美元汇率比价		所占投资比例	分配比例	
会计报表种类							
低值易耗品摊销方法							
折旧方式							
所属非独立核算的分支机构	纳税人识别号	纳税人名称		生产经营地址		负责人	
E-mail 地址							

2. 变更、重新和注销税务登记

(1) 变更税务登记

变更登记是指纳税人改变单位名称或法定代表人，改变所有制性质或隶属关系或经营地址，改变经营方式或经营范围，改变开户银行及账号，改变工商证照等，应自批准之日起30日内，到税务登记机关申请办理变更税务登记。

纳税人税务登记内容发生改变时，应在规定的期限内向税务机关提出书面申请，提交税务登记变更表，并附送相关证件、资料，到税务机关办理税务登记变更手续。所需证件、资料有以下几种。

① 变更企业名称：纳税人必须附送营业执照、批准变更名称的证明。

② 变更经营地址：纳税人必须附送营业执照、新场地的使用证明。

③ 变更法人代表：纳税人必须附送营业执照、新法人代表的任命文件及身份证。

④ 变更注册资金：纳税人必须附送营业执照、验资报告。

⑤ 变更经营范围、经济性质：纳税人必须附送营业执照、变更经济性质的批准证明书或其他证明文件。

⑥ 其他内容的变更：纳税人必须依照税务机关的要求附送相应的证件和资料。

(2) 重新税务登记

实行定期定额征收方式的纳税人在营业执照核准的经营期限内需要停业的，应向税务机关提出停业登记，如实填写申请停业登记表。税务机关经过审核与申请停业的纳税人结清税款，并收回税务登记证件、发票领购簿和已领购发票，办理停业登记。

纳税人在恢复生产、经营之前，向税务机关提出复业登记申请，经确认后，办理复业登记，领回或启用税务登记证件、发票领购簿和已领购发票。

纳税人停业期间发生纳税义务，应当及时向主管税务机关申报，依法补缴应纳税额。纳税人在停业期满不能及时恢复生产、经营的，应当在停业期满前向税务机关提出延长停业登记。纳税人停业期满未按期复业又不申请延长停业的，税务机关视其已恢复营业，对其实施正常的税收征收管理。

(3) 注销税务登记

纳税人发生歇业、破产、解散、撤销以及依法应当终止履行纳税义务的其他情况的，自有关机关批准或宣告终止之日起15日内，纳税人持有关证件向原税务登记机关申报办理注销税务登记。

通过网络系统，可以查询企业办理开业税务登记、变更税务登记、停业及复业税务登记、注销税务登记的信息。例如，登录北京市国家税务局网站（www.bjsat.gov.cn），单击"办税指南"，进入如图1-2所示的界面，即可进一步查询税务登记、纳税申报等有关规定。

图1-2　北京市国家税务局网站办税指南界面

1.3.2 纳税申报

1. 纳税申报的对象

纳税申报的对象是指缴纳税款且承担纳税义务的法人和自然人,具体有以下几点。

(1) 负有纳税义务的单位和个人。

(2) 取得临时应税收入或发生应税行为的纳税人。

(3) 享有减免待遇的纳税人。

(4) 扣缴义务人。

2. 纳税申报的内容

纳税人办理纳税申报时,应如实填写应纳各税种的纳税申报表,并根据不同情况提交下列资料。

(1) 财务报表及其说明材料,与纳税有关的合同、协议书及凭证。

(2) 税控装置的电子报税资料。

(3) 外出经营活动税收管理证明和异地完税凭证。

(4) 境内或者境外公证机构出具的有关证明文件。

(5) 税务机关规定应当报送的其他有关证件、资料等。

扣缴义务人办理代扣代缴、代收代缴税款时,应当如实填写代扣代缴、代收代缴税款报告表,并报送代扣代缴、代收代缴税款的合法凭证以及税务机关规定的其他有关证件、资料。

纳税人、扣缴义务人因不可抗力或会计处理上的特殊情况,不能按期办理纳税申报的,应在其申报期限内向当地主管税务机关提出书面申请报告,税务机关可以批准纳税人、扣缴义务人在一定期限(最长不超过3个月)内延期办理纳税申报。

1.3.3 税务检查

税务检查、税务管理与税款征收共同构成了税收征收管理法律制度中的三个重要的环节。作为税款征收的保障措施,在纳税人缴纳税款后,税务机关依法实施税务检查,既可以发现税务登记、申报等事前监控中的漏洞和问题,也可以检查核实税款征收的质量,从而成为事后监控的一道重要环节。

1. 税务检查的内容

根据《税收征收管理法》及其相关法律的规定,我国税务检查的内容主要有以下几个方面。

(1) 检查纳税人对国家税收政策、税收法规的执行情况,检查其有无隐瞒收入、乱摊成本、少计利润、虚报费用及偷、漏、欠、骗税款等行为。

(2) 检查纳税人对《税收征收管理法》的遵守和执行情况,检查其有无不按纳税程序办事和违反征管制度的问题。

(3) 检查纳税人对财经纪律和财务会计制度的遵守和执行情况,检查其有无弄虚作假、贪污挪用及其他违反财经纪律和财务制度的行为。

(4) 了解企业各方面情况,帮助企业改善经营管理,加强经济核算,健全内部管理制度等。

2. 税务检查的形式

税务检查按组织形式可分为纳税人自查、税务机关专业检查、部门联合检查等。纳税人自查是指由纳税人的财会人员自行检查纳税情况的一种形式。税务机关专业检查是指由税务机关主持进行的税务稽查,包括日常稽查、专项稽查和专案稽查三种,这是税务检查中最主要的形式。部门联合检查是指由税务稽查机构联合工商管理、银行等部门,对税源较大、业务复杂或纳税意识不强、偷漏税较严重的纳税人所进行的重点检查。

1.3.4 税务行政复议和税务行政诉讼

税务行政复议和税务行政诉讼构成我国税收程序法的基本内容,它们对维护和监督税务机关依法行使税收执法权,防止和纠正违法或者不适当的税务具体行政行为,保护纳税人和其他有关当事人的合法权益,起到了积极的作用。

1. 税务行政复议

(1) 税务行政复议的种类

税务行政复议是必经复议与选择复议相结合。纳税人及其他税务当事人对税务机关的征税行为不服,应当先向复议机关申请复议,对复议决定不服的,再向人民法院起诉,此为必经复议;对税务机关征税行为以外的税务具体行政行为不服,当事人可以先申请复议,对复议决定不服的,再提起诉讼,也可以不经复议,直接起诉,此为选择复议。

(2) 税务行政复议的原则

我国税务行政复议应遵循合法、公正、公开、及时、便民的原则,坚持有错必纠,保障法律法规的正确实施。在具体操作上,税务行政复议实行以下原则。

① 独立复议原则。税务行政复议权只能由复议机关行使,其他机关或组织不能主持税务行政复议活动。税务机关行使税务行政复议权不受司法机关或社会团体、组织的干预。

② 一级复议制原则。税务行政复议权由引起争议的税务机关的上一级税务机关行使,当事人不得越级提出复议申请。同一案件的行政复议只进行一次,当事人对复议决定不服的,可以上诉,但不得再向同一复议机关或其上级复议机关重新提起复议。

③ 不停止执行原则。在税务行政复议期间,税务机关做出的有争议的具体行政行为不停止执行。除非被申请人或复议机关认为需要停止执行;或申请人申请停止执行,复议机关认为其要求合理,决定停止执行;或法律规定停止执行的。

④ 不实行调解原则。即复议机关不能主持、协调双方当事人通过自愿协商、达成一致来结束复议案件,解决税务争议;但对于复议案件有关赔偿的部分,有民事争议的性质,可以通过调解解决。

(3) 税务行政复议的范围

复议机关受理申请人对税务机关的以下具体行政行为不服而申请的复议。

① 税务机关做出的征税行为,包括征收税款,加收滞纳金;扣缴义务人、受税务机关委

托征收的单位做出的代扣代缴、代收代缴行为。

② 税务机关做出的责令纳税人提供纳税担保行为。

③ 税务机关采取的税收保全措施,包括书面通知银行或者其他金融机构暂停支付存款;扣押、查封商品、货物或者其他财产。

④ 税务机关未及时解除税收保全措施,使纳税人等合法权益遭受损失的行为。

⑤ 税务机关采取的税收强制执行措施,包括书面通知银行或者其他金融机构从存款中扣缴税款;拍卖扣押、查封的商品、货物或者其他财产。

⑥ 税务机关做出的税务行政处罚行为,包括罚款;没收非法所得;停止出口退税权。

⑦ 税务机关不予依法办理或答复的行为,包括不予审批减免税或出口退税;不予抵扣税款;不予退还税款;不予颁发税务登记证、发售发票;不予开具完税凭证和出具票据;不予认定为增值税一般纳税人;不予核准延期申报、批准延期缴纳税款。

⑧ 税务机关做出的取消增值税一般纳税人资格的行为。

⑨ 税务机关做出的通知出境管理机关阻止出境行为。

⑩ 税务机关做出的其他税务具体行政行为。

若纳税人和其他当事人认为税务机关做出的上述具体行政行为所依据的规定不合法,在对具体行政行为申请复议的同时,一并提起对所依据规定的审查申请时,复议机关应予受理。"所依据的规定"包括国家税务总局和国务院其他部门的规定、其他各级税务机关的规定、县级以上地方各级人民政府及其工作部门的规定、乡镇人民政府的规定。注意,国务院各部、委员会和地方人民政府制定的规章,以及国家税务总局制定的具有规章效力的规范性文件除外。

(4) 税务行政复议的程序

① 申请环节。申请复议是复议进行的基础和前提条件。根据复议规则,复议申请提出的前提条件及法定期限为:对于必经复议事项,申请人必须先依照税务机关根据法律、行政法规确定的税额、期限缴纳或者解缴税款及滞纳金,然后可以在收到税务机关填发的缴款凭证之日起 60 日内提出行政复议申请;其他情况下,申请人可以在知道税务机关做出具体行政行为之日起 60 日内提出复议申请。

② 受理环节。对于申请人的申请,税务行政复议机关应当自收到复议申请之日起 5 日内进行审查,做出受理或不予受理的处理。对于复议申请符合规定条件的,自复议机关法制工作机构收到之日起即为受理,并书面告知申请人。对于不符合规定条件,决定不予受理的,也应书面告知申请人。对于符合规定,但不属于本机关受理的行政复议申请,应当告知申请人向有关机关提出申请。

对于应当先向复议机关复议,对复议决定不服再向人民法院提起行政诉讼的具体行政行为,即属必经复议者,复议机关决定不予受理或受理后超过复议期间不作答复的,纳税人和其他税务当事人可以自收到不予受理决定书之日或者行政复议期满之日起 15 日内,依法向人民法院提起行政诉讼。申请人依法提出复议申请,复议机关无正当理由不予受理且申请人没有向人民法院提起行政诉讼的,上级税务机关应当责令其受理;必要时,上级税务机关也可以直接受理。

申请人向复议机关申请复议,复议机关已经受理的,在法定复议期限内申请人不得再向人民法院起诉;申请人向人民法院提起行政诉讼,人民法院已经依法受理的,不得申请行政复议。

③ 审理环节。审理是复议工作最重要的环节。税务行政复议原则上实行书面复查制度,但在申请人提出要求或者复议机构认为有必要时,可以向有关组织和人员调查情况,听取申请人、被申请人和第三人的意见。复议机关法制工作机构应当从受理复议之日起7日内,将复议申请书副本或复议申请书笔录复印件发送被申请人。被申请人应当从收到申请书副本或者申请笔录复印件之日起10日内,提出书面答复,并提交当初做出具体行政行为的证据、依据和其他有关材料。除涉及国家秘密、商业秘密或者个人隐私外,申请人和第三人可以查阅该书面答复、证据和有关材料。在复议过程中,被申请人不得自行向申请人和其他有关组织或个人收集证据,复议机关法制工作机构为履行职责取得的有关材料,不得作为支持被申请人具体行政行为的证据。

在审理期间、复议决定做出之前,申请人要求撤回复议申请的,经说明理由,可以撤回。撤回复议申请的,行政复议终止。

④ 决定环节。复议机关应当自受理申请之日起60日内做出行政复议决定。情况复杂,不能在规定期限内做出行政复议决定的,经复议机关负责人批准,可以适当延长期限最多不超过30日。

2. 税务行政诉讼

(1) 税务行政诉讼的原则

我国税务行政诉讼遵循的原则,除民事诉讼法、刑事诉讼法、行政诉讼法普遍适用的法律原则,如人民法院独立行使审判权、当事人法律地位平等原则外,还有以下只适用于行政诉讼的特定原则。

① 诉讼期间不停止执行原则。税务机关做出的有争议的具体行政行为在诉讼期间其原有法律效力不变,仍应予以执行。

② 不实行调解原则。人民法院不能主持和协调双方当事人协商达成一致,来解决税务争议,结束诉讼案件。

③ 被告行政机关负举证责任原则。被告税务机关如果在诉讼过程中不举证或举不出证据,将承担败诉的法律责任。税务机关承担举证责任,并不排斥原告纳税人等举证,只是原告不举证或不能举证时,不承担败诉的法律责任。

④ 司法变更有限原则。人民法院对被诉具体行为的合法性进行司法审查后,只对行政处罚显失公平者可以判决改变原处罚的内容。

(2) 税务行政诉讼的管辖

行政诉讼法上的管辖,是指人民法院之间受理第一审行政案件的分工和权限。在我国,税务行政诉讼案件的审理是由普通法院负责的。税务行政诉讼的管辖分为法定管辖和裁定管辖。法定管辖又分为级别管辖和地域管辖。

级别管辖的内容是:基层人民法院管辖本辖区内一般的税务行政诉讼案件;中级人民法院管辖本辖区内重大、复杂的案件和对国家税务总局直接做出的具体行政行为提起诉讼的案件;高级人民法院管辖本辖区内重大、复杂的第一审案件;最高人民法院管辖全国范围内重大、复杂的第一审案件。

地域管辖按照"原告就被告"原则,分为以下几种情况。

① 一般地域管辖。对于一般的税务行政案件,由最初做出具体行政行为的税务机关所在地人民法院管辖;但是复议机关改变了原具体行政行为的,则既可以由做出具体行政行为税务机关所在地人民法院管辖,也可由复议机关所在地人民法院管辖。

② 特殊地域管辖。如在税务行政案件中,原告对税务机关通知出境管理机关阻止其出境行为不服而提起的诉讼,由做出上述行为的税务机关所在地或者原告所在地人民法院管辖。

③ 专属管辖。因不动产提起的税务行政诉讼,由不动产所在地人民法院管辖。

④ 选择管辖。两个以上的人民法院都有管辖权的税务行政案件,可以由原告选择其中一个法院提起诉讼。原告向两个以上有管辖权的人民法院提起税务行政诉讼的,由最先收到起诉状的法院管辖。

⑤ 裁定管辖包括移送管辖、指定管辖和移转管辖。移送管辖是指人民法院发现受理的税务行政案件不属于自己管辖时,应当将其移送有管辖权的人民法院。指定管辖是指有管辖权的人民法院由于特殊原因不能行使管辖权而引发争议,通过协商无法解决时,由其共同上级人民法院管辖。移转管辖是指经上级人民法院决定或同意,对第一审税务行政案件的管辖权,由下一级人民法院移送给上级人民法院或者由上级人民法院转给下级人民法院。

(3) 税务行政诉讼的范围

根据行政诉讼法和有关税收法律、法规的规定,税务行政诉讼的受案范围包括以下内容。

① 税务机关做出的征税行为,包括征收税款、加收滞纳金、审批减免税和出口退税等。

② 税务机关做出的责令纳税人提交纳税保证金或者提供纳税担保行为。

③ 税务机关做出采取税收保全措施的措施,包括通知银行暂停支付纳税人的存款,扣押、查封纳税人的财产等。

④ 税务机关做出的通知出境管理机关阻止纳税人出境行为。

⑤ 税务机关采取的税收强制执行措施,包括通知银行扣缴税款,拍卖所扣押、查封的财产以抵缴税款等。

⑥ 税务机关做出的行政处罚行为,包括罚款、没收违法所得等。

⑦ 税务机关拒绝颁发税务登记证、发售发票或者不予答复的行为。

⑧ 税务机关委托扣缴义务人做出的代扣代收税款行为。

税务机关的下列行为,人民法院不予受理。一是税务机关制定、发布税收法规、规章或者具有普遍约束力的决定、命令和规范性文件的行为。尽管它是税务具体行政行为的依据,是抽象行政行为,但人民法院只能对税务机关的具体行政行为的合法性进行审查,对税务机关制定、发布具有约束力的决定、命令和规范性文件的起诉行为,人民法院不予受理。二是税务机关内部的行政行为。税务机关内部对本机关工作人员的奖惩、任免、收入任务的指标的分配考核等决定,人民法院不应予以干预,但可以通过行政程序来解决。

(4) 税务行政诉讼的程序

税务行政诉讼的程序指人民法院通过诉讼活动最终解决税务行政争议的法定程序。我国行政诉讼实行两审终审制。

所谓第一审程序,是指对某一行政案件第一次审理时人民法院适用的程序,主要包括起诉与受理、审理、判决、执行等环节。

所谓第二审程序,是指当原告或被告对第一审法院的判决不服,在上诉期限内向上一级人民法院上诉,即进入第二审程序。第二审程序的主要作用在于加强对下级人民法院审判工作的检查和监督,纠正第一审判决中的错误,保护当事人的合法权益,提高审判的公正性。

1.4 税务会计概述

1.4.1 税务会计的定义

税务会计(Tax Accounting)是在各国所得税征收立法日趋成熟、现代增值税征收制度逐步完善的基础上,出现的一门新兴学科,涉及税法、会计、管理等学科领域。税务会计是融国家税收法令和会计处理为一体的一种特殊的专业会计,是为了适应纳税人纳税的需要而从财务会计中分离出来的,可以说是税务中的会计、会计中的税务。

对于税务会计的定义,人们有着不同的认识。我国台湾辅仁大学会计系主任吴习认为:"税务会计是一种融合会计处理及税务法规为一体的专门技术,借以引导纳税义务人合理而公平地缴纳其应负担的租税。"国内著名税务会计学者盖地教授认为:"税务会计是以国家现行税收法规为准绳,运用会计学的理论和方法,连续、系统、全面地对税款的形成、计算和缴纳,即税务活动引起的资金运动进行核算和监督的一门专业会计。"

综上所述,税务会计是按照税法的规定,对企业的涉税事项进行会计核算,并予以纳税调整,达到帮助纳税人依法纳税、保证国家财政收入的目标。

1.4.2 税务会计的原则

税务会计在遵循会计基本前提的基础上,强调合法性、调整性、时间性、筹划性的原则。

(1) 合法性

税务会计在核算收入与费用、计算应纳税额、筹划税务活动和申报缴纳税款的过程中,一切均需以税收法规为准绳,不能违背法律。

(2) 调整性

税务会计必须对财务会计处理中与现行税法不符的会计事项进行调整。因此,调整性原则是税务会计有别于其他专业会计的突出标志。

(3) 时间性

税务会计必须按税法规定的时间及时进行会计处理。

(4) 筹划性

筹划性原则就是要求税务会计在遵守税法的前提下,合理筹划税务活动,研究节税策略,争取经济纳税,为企业争取最大经济利益。

1.4.3 税务会计人员的工作内容

税务会计工作不单单是对企业税务资金运动过程的记录,还要求相关人员能够完成税务信息收集、税额计算、纳税申报、会计处理、税收筹划等工作。税务会计人员的工作内容包括以下几方面。

(1) 办理税务登记

凡是从事生产、经营的纳税人,其税务会计人员应当在工商行政管理部门批准开业并自领取营业执照之日起 30 日内,持有关证件向税务机关申报办理税务登记。纳税人税务登记内容发生变更的,其税务会计人员应持有关证件向税务机关申报办理变更或者注销税务登记。

(2) 发票领购、开具和管理

纳税人领取税务登记证件后,其税务会计人员应携带有关证件,向税务机关提出领购发票的申请,然后凭发票领购簿中核准的发票种类、数量以及购票方式,向税务机关领购发票。

税务会计人员应根据企业实际发生的经济业务事项,及时开具发票,填列的内容、数字必须真实可靠,手续完备,不得弄虚作假;各联次的发票应妥善保管,以便查核。

(3) 纳税核算

税务会计人员应根据企业经营情况,向税务机关确认应纳税种,然后按期计算申报应纳税额,并进行会计核算。

(4) 纳税管理

税务会计人员应协助企业的主要负责人,根据自身经营活动,依据税法的具体要求,筹划自身的纳税活动。税务会计人员应做到既依法纳税,又能享有税收优惠,达到合法避税的目的。同时,应建立有效的纳税内部管理制度,利用纳税筹划资料和会计核算资料,对纳税活动进行监控,实现预定的纳税目标。

(5) 纳税申报

税务会计人员在负责办理纳税人的纳税申报事项时,必须依照税法规定,在规定的期限内,如实向税务部门报送相关的纳税资料。

(6) 缴纳税款

税务会计人员必须按照税法规定,在规定的期限内,代纳税人办理完成缴纳税款的事项。

(7) 税务行政复议和诉讼

纳税人、扣缴义务人、纳税担保人同税务机关在纳税上发生争议时,税务会计人员应向企业主要负责人解释清楚有关的税收法律规定,及时缴纳税款及滞纳金,协助做好税务行政复议和诉讼工作。

1.5 税收筹划概述

1.5.1 税收筹划的定义

美国的 W.B. 梅格斯博士在与他人合著的经典教科书《会计学》中，援引了知名法官汉德的一段话："法院一再声称，人们安排自己的活动以达到低税负的目的是无可指责的。每个人都可以这样做，不论他是富翁，还是穷光蛋。而且这样做是完全正当的，因为他无须超过法律的规定来承担国家赋税；税收是强制课征的，而不是靠自愿捐献。以道德的名义要求税收，不过是侈谈空论而已。"之后，梅格斯博士做了如下陈述："人们合理而又合法地安排自己的经营活动，使之缴纳可能最低的税收。他们使用的方法可称为税收筹划……少缴税和递延缴纳税收是税收筹划的目标所在。"另外，他还说："在纳税发生之前，有系统地对企业经营或投资行为做出事先安排，以达到尽量地少缴所得税，这个过程就是税收筹划。"

国内学术界近几年也开始对税收筹划进行研究，综合有代表性的观点，税收筹划是指纳税行为发生之前，在不违反法律、法规的前提下，通过对纳税主体的经营活动或投资行为等涉税事项做出事先安排，以达到少缴税和递延缴纳目标的一系列谋划活动。

广义的税收筹划理论包括节税、避税、税负转嫁等。而一般情况下，人们将税收筹划理解为"合法避税"。

1.5.2 税收筹划的方法和应用技术

1. 税收筹划的方法

（1）税基避税法

纳税人可通过缩小计税基础的方法减轻其税负和规避纳税。具体方法主要有改变存货计价法、运用负债经营法、合理费用分摊法、融资租赁法和改变折旧计算方法等。

（2）税率避税法

纳税人可通过选用低税率法和转移定价法降低税收负担。具体方法有选择不同地区、不同行业、不同征税对象，使自己所拥有的征税对象直接适用于较低的税率。

（3）税额避税法

纳税人可通过直接减少应纳税额的方式来减轻税收负担和免除纳税义务。具体方式是利用不同企业、不同地区、不同行业的税收优惠政策避税。

2. 税收筹划的应用技术

税收筹划的应用技术包括免税技术、减税技术、税率差异技术、扣除技术、抵免技术、退税技术、税收递延技术、税负转嫁技术、选择合理的企业组织形式等。

（1）免税技术

免税是指国家对特定的地区、行业、企业、项目或情况（特定的纳税人、纳税人的特定应税项目、纳税人的特殊情况）所给予纳税人完全免征税收的照顾或奖励措施。

免税技术是指在合法合理的情况下,使纳税人成为免税人,或使纳税人从事免税活动,或使征税对象成为免税对象而免纳税收的税收筹划技术。采用免税技术时,应尽量争取更多的免税待遇,尽量使免税期最长化。

(2) 减税技术

减税是指国家对特定的地区、行业、企业、项目或情况(特定的纳税人、纳税人的特定应税项目、纳税人的特殊情况)所给予纳税人减征部分税收的照顾或奖励措施。

减税技术是指在合法合理的情况下,使纳税人减少应纳税收而直接节税的税收筹划技术。采用减税技术时,应尽量争取更多的减税待遇并使减税额最大化、减税期最长化。

(3) 税率差异技术

税率差异技术是指在合法合理的前提下,尽量寻求税率最低化、税率差异的稳定性和长期性。

(4) 扣除技术

扣除技术是指在合法合理的情况下,使扣除额增加而直接节税,或调整各个计税期的扣除额而相对节税的税收筹划技术。采用扣除技术时,应尽量使扣除项目最多化、扣除金额最大化、扣除最早化。

(5) 抵免技术

抵免技术是指在合法合理的情况下,使税收抵免额增加而绝对节税的税收筹划技术,包括避免双重征税的税收抵免,利用税收优惠或奖励的税收抵免。采用抵免技术时,应尽量使抵免项目最多化、抵免金额最大化。

(6) 退税技术

退税是指根据税法及有关规定,企业可以获得多缴税款的退还、再投资退税(外商投资企业)、出口产品退税等。采用退税技术时,应尽量争取退税项目最多化、退税额最大化。

(7) 税收递延技术

税收递延,也称为纳税期递延或延期纳税。即根据税法的规定,准予企业在规定的期限内,分期或延迟缴纳税款。

(8) 税负转嫁技术

针对商品供求弹性理论而言,当供给弹性大于需求弹性,企业应优先考虑税负前转的可能性;反之,则进行税负后转或无法转嫁的可能性较大。

(9) 选择合理的企业组织形式

子公司是独立的法人实体,在设立地负全面纳税义务;分公司不是独立的法人实体,负有限纳税义务,其利润、亏损与总公司合并计算。纳税人根据企业具体经营情况,考虑设立子公司或分公司。

1.6 税务代理

税务代理是一种独立于税务机关和纳税人之间而专门从事税收中介服务的行业。它是随着商品经济的发展和多层次征税制度的形成而逐步建立发展起来的,是现代市场经济社会中税收征收管理体系的重要环节。税务代理对维护纳税人权利,减轻税务机关负担,促进税收执法转型都具有很重要的意义。

1.6.1 税务代理的概念及原则

1. 税务代理的概念

所谓税务代理,是指税务代理人(注册税务师)在国家法律、法规规定的范围内,以税务师事务所的名义,接受纳税人、扣缴义务人的委托,以纳税人、扣缴义务人的名义,代为办理税务事宜的各项行为的总称。

税务代理作为民事代理的一种,一方面具有民事代理的特性;另一方面作为一种利用专门知识提供的社会服务,还具有以下特征。

(1) 主体的特定性

在税务代理中,无论是委托方还是受托方都有其特定之处;委托方是负有纳税人义务的纳税人或是负有扣缴义务的扣缴义务人,而受托方必须具有《民法通则》要求的民事权利能力和民事行为能力,此外还需要有税收、财会、法律等专门知识,是经过资格认证后取得税务代理执业资格的注册税务师和税务师事务所。

(2) 委托事项的法定性

由于税务代理不是一般事项的委托,是负有法律责任的,所以税务代理的委托事项应由法律做出专门的规定。

(3) 代理服务的有偿性

作为一般的民事代理,可以是有偿的也可以是无偿的,但税务代理除法律有特别的规定外,一般都是有偿的。目前,税务代理在我国是一种既有竞争性,又略带有一定垄断性的行业,税务代理人提供的是专家式的服务,但收取的费用必须是合理的,要符合国家有关的规定。

(4) 税收法律责任的不可转嫁性

税务代理是一项民事活动,税务代理关系的建立并不改变纳税人、扣缴义务人对其本身所固有的税收法律责任的承担。

2. 税务代理的原则

(1) 自愿有偿原则

税务代理关系的产生必须以委托方和受托方自愿为前提,税务代理不是纳税的法定必经程序。税务代理当事人双方是一种基于平等的双向选择而形成的合同关系,而不是行政隶属关系。同时,税务代理作为一种社会中介服务,是税务代理人利用自己的专业知识为纳税人提供的服务,税务代理机构也要实行自主经营、独立核算,也要依法纳税。因而,税务代理在执行代理业务时,可以收取相应的报酬。

(2) 依法代理原则

依法代理是税务代理的一项重要原则,法律、法规是开展税务代理的前提条件。首先,从事税务代理的税务代理人和税务代理机构必须是合法的。其次,税务代理人在办理税务代理业务的过程中严格按照税收法律、法规的有关规定,全面履行职责,不能超越代理权限和代理范围,对税务机关职权范围内的事务和法律、法规规定只能由纳税人、扣缴义务人自行办理的,不能进行代理;对纳税人、扣缴义务人的违法事项不得代理,并报告税务机关。

(3) 独立、公正原则

税务代理的本质是一种社会中介服务,其独立、公正原则就是指税务代理人在其代理权限内行使代理权,不受其他机关、社会团体和个人的非法干预。税务代理人在执业中,涉及国家、纳税人或扣缴义务人的利益关系,因此执业必须是公正的,在维护国家税法尊严的前提下,公正、客观地为纳税人、扣缴义务人代办税务事宜,绝不能向任何一方倾斜。

(4) 维护国家利益,保护委托人的合法权益原则

税务代理人要维护国家的税收利益,按照国家税法规定督促纳税人、扣缴义务人依法履行纳税及扣缴义务,以促进纳税人、扣缴义务人知法、懂法、守法,实现国家的税法意志,对被代理人偷漏税、骗取减免税和退税等不法行为予以制止,并及时报告税务机关;要维护纳税人、扣缴义务人的合法权益,帮助其正确履行纳税人义务,避免因不知法而导致不必要的处罚,还可通过税收筹划,节省不必要的税收支出,减少损失,保守因代理业务而获知的委托人的秘密。

1.6.2 税务代理业务

1. 税务代理业务的范围

(1) 代委托人办理税务登记、变更税务登记和注销税务登记手续。

(2) 代委托人办理除增值税专用发票外的发票领购手续。

(3) 代委托人办理纳税申报或扣缴税款报告。

(4) 代委托人办理缴纳税款和申请退税。

(5) 代委托人制作涉税文书。

(6) 代委托人审查纳税情况。

(7) 代委托人建账建制,办理账务。

(8) 提供税务咨询。

(9) 代委托人进行税务行政复议。

(10) 国家税务总局规定的其他业务。

2. 税务代理业务的执行

税务代理业务的执行是整个税务代理工作的中心环节,其实施的质量直接关系到委托人和税务机关的利益,也影响到国家税收法律、法规运行的质量。因此,我国对税务代理业务的执行做了专门的法律规定,以规范税务代理法律关系双方的权利义务,赋予了国家对税务代理的监督执行权,从而保证了税务代理业务能合法、有效地运行,真正发挥税务代理的作用。

根据《税务代理试行办法》的规定,我国的税务代理业务执行可分为委派税务代理业务、拟订税务代理计划、编制税务代理报告、制作和保存税务代理工作底稿、出具税务代理工作

报告等几个阶段。

(1) 委派税务代理业务

税务代理不是以税务代理执业人员的名义直接接受委托,而只能由税务师事务所的名义统一接受委托人的委托,签订税务代理委托协议。税务代理执业人员承办税务代理业务由税务师事务所委派。税务师事务所在与委托人签订税务代理委托协议后,应根据委托事项的复杂难易程度及税务代理执业人员的工作经验、知识等情况,将受托的业务委派给具有相应能力的税务代理执业人员承担。税务代理执业人员应严格按照税务代理委托协议约定的范围和权限开展工作。

(2) 拟订税务代理计划

实施复杂的税务代理业务,应在税务代理委托协议签订后,由项目负责人编制代理计划,经部门负责人和主管经理(所长)批准后实施。

(3) 编制税务代理报告

代理计划经批准后,项目负责人及其执业人员应根据代理协议和代理计划的要求,请委托方提供相关资料。根据委托人的授权和工作需要,承办的执业人员应对委托人提供的情况、数据、资料的真实性、合法性、完整性进行验证、核实。在此基础上,编制税务代理报告、涉税文书,征求委托人同意后,加盖公章送交委托人或主管税务机关。税务代理报告实行三级审核签发制,即代理项目负责人、部门经理、经理(所长)签字后,方可加盖公章送出。代理项目负责人、部门经理、经理(所长)应为执业注册税务师。执业注册税务师对其代理的业务所出具的所有文书有签名盖章权,并承担相应的法律责任。

(4) 制作和保存税务代理工作底稿

税务代理工作底稿是税务代理执业人员在执业过程中形成的工作记录、书面工作成果和获取的资料。它应如实反映代理业务的全部过程和所有事项,以及开展业务的专业判断。税务代理工作底稿的编制,应当依照税务代理事项的要求内容完整、格式规范、记录清晰、结论准确。税务师事务所应建立健全工作底稿逐级复核制度,有关人员在编制和复核工作底稿时,必须按要求签署姓名和日期。税务师事务所要指定专人负责税务代理工作底稿的编目、存档和保管工作,确保工作底稿的安全。

(5) 出具税务代理工作报告

税务代理执业人员在委托事项实施完毕后,应当按照法律、法规的要求,以经过核实的数据、事实为依据,形成代理意见,出具税务代理工作报告。税务代理工作报告是税务代理执业人员就其代理事项的过程、结果,向委托人及其主管税务机关或者有关部门提供的书面报告,包括审查意见、鉴定结论、证明等。

1.6.3 税务代理法律责任

税务代理法律关系是指由税法所确认和调整的在税务代理活动中形成的作为委托人的纳税人、扣缴义务人与作为受托人的税务代理人之间的权利义务关系。税务代理不同于一般的民事代理,税务代理关系的确立,应当以双方自愿委托和自愿受托为前提,同时还要受代理人资格、代理范围及委托事项的限制。经双方协商,达成一致意见后,签订税务代理委托协议。一旦双方在税务代理委托协议书上签字盖章,委托协议即生效,税务代理关系就正式产生了。

为了维护税务代理双方的合法权益,保证税务代理活动的顺利进行,根据《中华人民共和国民法通则》(以下简称《民法通则》)、《中华人民共和国合同法》(以下简称《合同法》)、《中华人民共和国税收征收管理法实施细则》(以下简称《税收征收管理法实施细则》)、《注册税务师资格制度暂行规定》、《税务代理试行办法》的规定,对于税务代理法律关系主体因违反法律规定,所需承担的法律责任主要有以下几点。

1. 委托人的法律责任

根据《合同法》规定,当事人一方不履行合同义务或者履行合同义务不符合约定的,应当承担继续履行、采取补救措施或者赔偿损失等违约责任。因为税务代理委托人的原因,而致使税务代理执业人员不能履行或不能完全的履行,由此产生的法律后果由委托人承担,同时赔偿税务代理人损失。

2. 税务代理人的法律责任

《民法通则》第六十六条规定,代理人不履行职责而给被代理人造成损害的,应当承担民事责任。代理人和第三人串通,损害被代理人的利益的,由代理人和第三人负连带责任。

《税收征收管理法实施细则》第九十八条规定,税务代理人违反税收法律、行政法规,造成纳税人未缴或者少缴税款的,除由纳税人缴纳或者补缴应纳税款、滞纳金外,对税务代理人处纳税人未缴或者少缴税款50%以上3倍以下的罚款。

《注册税务师资格制度暂行规定》有以下规定。

(1) 注册税务师未按照委托代理协议书的规定进行代理或违反税收法律、行政法规的规定进行代理活动的,由县及县以上税务行政机关按有关规定处以罚款,并追究相应的责任。

(2) 注册税务师在一个会计年度内违反本规定从事代理活动两次以上的,由省、自治区、直辖市及计划单列市注册税务师管理机构停止其从事税务代理业务一年以上。

(3) 注册税务师知道被委托代理的事项违法仍进行代理活动或知道自身的代理行为违法的,除按(1)的规定处理外,由省、自治区、直辖市、计划单列市注册税务师管理机构注销其注册税务师注册登记,收回执业资格证书,禁止其从事税务代理业务,并向发证机关备案。

(4) 注册税务师从事税务代理活动,触犯刑律、构成犯罪的,由司法机关依法惩处。

(5) 各省、自治区、直辖市及计划单列市注册管理机构对注册税务师违反规定所作的处理,及时如实记录在证书的惩戒登记栏内。

(6) 税务师事务所违反税收法律和有关行政规章的规定进行代理活动的,由县及县以上税务行政机关视情节轻重,给予警告,或根据有关法律、行政法规处以罚款,或提请有关管理部门给予停业整顿、责令解散等处理。

《税务代理试行办法》有以下规定。

(1) 代理项目实施中,执业人员违反国家法律、法规进行代理或未按协议约定进行代理,给委托人造成损失的,由税务师事务所和执业人员个人承担相应的赔偿责任。

(2) 税务师未按照委托代理协议书的规定进行代理或违反税收法律、行政法规的规定进行代理的,由县以上国家税务局处以 2 000 元以下的罚款。

(3) 税务师在一个会计年度内违反本办法规定从事代理行为两次以上的,由省、自治区、直辖市国家税务局注销税务师登记,收回税务师执业证书,停止其从事税务代理业务两年。

(4) 税务师知道被委托代理的事项违法仍进行代理活动或知道自身的代理行为违法仍进行的,由省、自治区、直辖市国家税务局吊销其税务师执业证书,禁止其从事税务代理业务。

(5) 税务师触犯刑律、构成犯罪的,由司法机关依法惩处。

(6) 税务代理机构违反本办法规定的,由县以上国家税务局根据情节轻重,给予警告、处以 2 000 元以下罚款、停业整顿、责令解散等处分。

(7) 税务师、税务代理机构从事地方代理业务时违反本办法规定的,由县以上地方税务局根据本办法的规定给予警告、处以 2 000 元以下的罚款或提请省、自治区、直辖市国家税务局处理。

(8) 税务机关对税务师和税务代理机构进行惩戒处分时,应当制作文书,通知当事人,并予以公布。

3. 税务代理双方共同承担的法律责任

《民法通则》第六十七条规定,代理人知道被委托代理的事项违法仍然进行代理活动的,或者被代理人知道代理人的代理行为违法不表示反对的,由被代理人和代理人负连带责任。

复习思考题

1. 我国税收实体法要素包括哪些内容?
2. 简述开业税务登记的流程、需提供的资料。
3. 税务代理业务的双方有何权力、义务?
4. 怎样理解税务会计工作的内容?
5. 税收筹划的方法有哪些?

第 2 章 增 值 税

○ 理解增值税的概念、特点
○ 理解增值税的税收实体法要素
○ 掌握增值税应纳税额的计算
○ 能够进行增值税纳税申报模拟
○ 掌握增值税的会计核算方法
○ 初步具有增值税税收筹划的能力

2.1 增值税概述

2.1.1 增值税的概念及特点

1. 增值税的概念

增值税首创于法国,1964 年法国财政部官员莫里埃·劳莱改革原有的生产税,实行解决重复征税问题的增值税,获得成功。现在世界上已经有一百多个国家使用增值税,使增值税成为具有世界意义的流转税,也使增值税的计算方法逐步改进,成为简便易行的中性税制,体现了公平与兼顾效率的税收制度设计原则。

我国 1979 年引入增值税,最初仅在襄樊、上海、柳州等城市的机器机械等 5 类货物试行。1984 年国务院发布《中华人民共和国增值税条例(草案)》,在全国范围内对机器机械、汽车、钢材等 12 类货物征收增值税。1993 年 12 月 13 日中华人民共和国国务院第 134 号令发布,从 1994 年 1 月 1 日起执行生产型增值税,将增值税征税范围扩大到所有货物和加工修理修配劳务,对其他劳务、无形资产和不动产征收营业税。为了鼓励投资,促进技术进步,在地区试点的基础上,经 2008 年 11 月 5 日国务院第 34 次常务会议修订通过,决定从 2009 年 1 月 1 日起在全国范围内执行消费型增值税,购进固定资产支付的进项税额可以从当期销项税额中抵扣。2010 年,国家税务总局、财政部又多次下发文件,对增值税的起征点、税率、征税范围进行了调整。2011 年先在上海的交通运输服务业和部分现代服务业营业税改征增值税试点,后又在北京、天津、江苏、浙江、湖北、广东(含深圳)、福建 8 省市扩大营业税改征增值税试点。

增值税是以增值额为征税对象而征收的一种流转税。所谓增值额,是指商品和劳务的生产经营者在一定时期内,通过本身的生产经营活动而使商品和劳务价值增加的额度。就我国而言,增值税是对在我国境内销售货物或提供加工、修理修配劳务以及进口货物的单位和个人,就其货物或劳务的增值额而征收的一种税。

2. 我国现行增值税的特点

(1) 采用"消费型增值税"

为抵御世界金融危机,鼓励投资,加速设备更新和拉动经济增长,我国于 2009 年全面采用"消费型增值税",即允许企业将外购(自制)固定资产的已纳税金从当期产品增值税总额中扣除。

(2) 增值税实行价外税

我国目前实行的增值税实行价外征收,即增值税税金并不是价格的组成部分。计税的依据是不含增值税的价格。对增值税实行价外征税,主要是使企业的成本核算、经济效益不受税金的影响。

(3) 统一实行购进扣税法

现行增值税规范了应纳税额的计算方法,取消实耗扣税法,统一实行购进扣税法;改变了原来购进货物进项税额的抵扣以计算为主的做法,实行凭合理合法的扣税凭证(增值税专用发票、关税完税凭证等)注明税款为抵扣依据的扣税制度。

(4) 增值税的纳税人按规定划分为一般纳税人和小规模纳税人

现行增值税将纳税人分为一般纳税人和小规模纳税人,并且对其采用不同的征收管理办法。对于一般纳税人采用规范的征收管理办法,可以使用增值税专用发票并享有税款抵扣权;而对小规模纳税人则采用简易征收的办法,按销售额适用规定的征收率进行计征。

(5) 减少了税收减免项目,并将减免税权限高度集中于国务院

为了增强增值税的刚性,实行依法治税,鼓励企业公平竞争,根据国际惯例,增值税一般不设减免税项目。不经国务院批准,任何部门、地区都无权决定减免税。

2.1.2 增值税的纳税义务人

增值税的纳税义务人是指一切从事销售或进口货物、提供应税劳务的单位和个人。其中"单位"包括各类中、外资企业、事业单位和军事单位、社会团体及其他单位。"个人"是指个体工商户及其他个人,包括中华人民共和国公民及外国公民。注意,单位租赁或者承包给其他单位或者个人经营的,以承包人和承租人为纳税人;境外单位或者个人在境内销售应税劳务而在境内未设有经营机构的,以代理人或购买人为扣缴义务人。

由于增值税实行凭增值税专用发票抵扣进项税额的制度,因此要求增值税的纳税义务人会计核算健全,能够准确提供会计核算资料,计算进项、销项税额和应纳税额。为了严格增值税的征收管理,《中华人民共和国增值税暂行条例》(以下简称《增值税暂行条例》)规定将纳税义务人按其经营规模大小和会计核算是否健全划分为一般纳税人和小规模纳税人。

1. 一般纳税人

一般纳税人是指年应纳增值税销售额(以下简称应税销售额)超过一定标准且会计核算制度健全的企业和企业性单位(以下简称企业)。一般纳税人的认定必须经过主管税务机关批准。

小规模纳税企业只要会计核算健全,能够准确提供会计核算资料,年应税销售额大于规定标准的,经主管税务机关批准可以认定为一般纳税人。

2. 小规模纳税人

小规模纳税人是指年应纳增值税销售额在规定标准以下,并且会计核算不健全,不能够准确提供会计核算资料并报送纳税资料的增值税纳税义务人。小规模纳税义务人的认定标准如下。

(1) 从事货物生产或提供应税劳务的纳税人,以及以从事货物生产或提供应税劳务为主,并兼营货物批发或者零售的纳税人,年应征增值税销售额在50万元(含本数)以下的。

以从事货物生产或提供应税劳务为主,是指纳税人的年货物生产或者提供应税劳务的销售额占年应税销售额的比重在50%以上。

(2) 除"从事货物生产或提供应税劳务的纳税义务人,以及以从事货物生产或提供应税劳务为主,并兼营货物批发或者零售的纳税人"等规定以外的纳税人,年应税销售额在80万元以下的。

(3) 年应税销售额超过小规模纳税人标准的其他个人按小规模纳税人纳税,非企业性单位、不经常发生应税行为的企业可选择按小规模纳税人纳税。

2.1.3 增值税的征税范围

现行增值税的征税范围是指在我国境内销售或进口货物,提供加工、修理修配应税劳务的行为。

其中,"货物"是指除不动产、无形资产之外的有形动产,包括电力、热力、气体在内。"销售"是指有偿转让货物所有权的行为,有偿是指从购买方取得货币、货物或者其他经济利益。"进口货物征税"是指海关在进口环节补征国内流转税的行为。"加工"是指受托加工货物,即委托方提供原材料和主要材料,受托方按照委托方的要求,制造货物并收取加工费的业务。在委托加工业务中,货物的所有权始终归委托方所有,受托方只代垫部分辅助材料。"修理修配"是指受托对损伤或丧失功能的货物进行修复,使其恢复原状和功能的业务。单位或者个体工商户聘用的员工为本单位或者雇主提供的加工、修理修配劳务,不包括在内。

增值税征税范围有如下特殊规定。

(1) 增值税的起征点

增值税起征点的适用范围仅限于个人,增值税起征点的幅度规定如下。

① 销售货物的,为月销售额5 000~20 000元。

② 销售应税劳务的,为月销售额5 000~20 000元。

③ 按次纳税的,为每次(日)销售额300~500元。

省、自治区、直辖市财政厅(局)和国家税务局应在规定的幅度内,根据实际情况确定本地区适用的起征点,并报财政部、国家税务总局备案。

(2) 增值税征税范围的特殊项目

① 货物期货(包括商品和贵重金属期货)在实物交割环节纳税。

② 银行销售金银的业务应当缴纳增值税。

③ 典当业死当物品销售的业务应当缴纳增值税。

④ 寄售业代委托人销售寄售物品的业务应当缴纳增值税。

⑤ 集邮商品(如邮票、首日封、邮折等)的生产、调拨,以及邮政部门以外的其他单位和个人销售集邮商品,均应当缴纳增值税。

(3) 增值税视同销售行为

① 货物代销双方的销售行为应当缴纳增值税,包含将货物交付其他单位或者个人代销,即销售代销货物。

② 设有两个以上机构并实行统一核算的纳税人,将货物从一个机构移送至其他机构用于销售的行为,应当缴纳增值税。但相关机构在同一县(市)的除外。

③ 将自产、委托加工的货物用于非增值税应税项目,应当缴纳增值税。

④ 将自产、委托加工的货物用于集体福利或者个人消费,应当缴纳增值税。

⑤ 将自产、委托加工或购进的货物作为投资,提供给其他单位和个体工商户,应当缴纳增值税。

⑥ 将自产、委托加工和购买的货物分配给股东或投资者或者无偿赠送其他单位和个人,应当缴纳增值税。

(4) 混合销售行为与兼营非增值税应税劳务行为

① 混合销售行为。它是指一项销售行为既涉及增值税应税货物销售,又涉及非增值税应税劳务,两者是从属关系。非增值税应税劳务是指属于应缴营业税的交通运输业、建筑业、金融保险业、邮电通信业、文化体育业、娱乐业、服务业税目征收范围的劳务。

混合销售行为的税务处理方法是:从事货物生产、批发或零售的企业、企业性单位、个体工商户的混合销售行为,或者以从事货物生产、批发或零售为主,并兼营非增值税应税劳务的单位及个体工商户在内的混合销售行为,视为销售货物,应当征收增值税;其他单位和个人的混合销售行为,视为销售非增值税应税劳务,不缴纳增值税,即营业税应税劳务,应当征收营业税。

注意,销售自产货物并同时提供建筑业劳务的行为,以及财政部、国家税务总局规定的其他情形,应当分别核算货物的销售额和非增值税应税劳务的营业额,并根据其销售货物的销售额计算缴纳增值税,非增值税应税劳务的营业额不缴纳增值税,未分别核算的,由主管税务机关核定其货物的销售额。

② 兼营非增值税应税劳务行为。它是指增值税纳税义务人在从事应税货物销售或提供应税劳务的同时,还从事非增值税应税劳务(即营业税的各项应税劳务),而且两者并无直接的联系和从属关系。

兼营非增值税应税劳务行为的税务处理方法是:纳税义务人兼营非增值税应税劳务

的,应当分别核算货物销售或提供应税劳务的销售额与提供非增值税应税项目的营业额,对货物销售或提供应税劳务的销售额征收增值税,对提供非增值税应税项目的营业额征收营业税;纳税义务人未分别核算货物销售或提供应税劳务的销售额与提供非增值税应税劳务的营业额的,由主管税务机关核定货物或者应税劳务的销售额。

2.1.4 增值税的税率和征收率

1. 一般纳税人的税率

根据国家发布的《增值税暂行条例实施细则》,我国增值税适用以下税率政策。

(1) 纳税人销售或进口货物,除规定的适用低税率以外,税率均为17%。

(2) 纳税人进口或销售下列货物,税率为13%。

① 粮食、食用植物油、鲜奶。

② 自来水、暖气、冷气、热水、煤气、石油液化气、天然气、沼气、居民用煤炭制品。

③ 图书、报纸、杂志。

④ 饲料、化肥、农药、农机、农膜。

⑤ 国务院规定的其他货物。

(3) 纳税人出口货物,税率为零。但是国务院另有规定的除外。

(4) 纳税人提供加工修理修配劳务(以下称应税劳务),税率为17%。

为了公平税负,规范税制,促进资源节约和综合利用,自2009年1月1日起,将部分金属矿、非金属矿采选产品的增值税税率由原来的13%恢复到17%,如铜沙矿及其精矿(非黄金价值部分)、镍沙矿及其精矿(非黄金价值部分)纯氯化钠、未锫烧的黄铁矿等。

注意,2011年先在上海的交通运输服务业和部分现代服务业营业税改征增值税试点,后又在北京、天津、江苏、浙江、湖北、广东(含深圳)、福建8省市扩大营业税改征增值税试点。试点政策的主要内容包括:试点地区从事交通运输业和部分现代服务业的纳税人自新旧税制转换之日起,由缴纳营业税改为缴纳增值税;在现行增值税17%和13%两档税率的基础上,新增11%和6%两档低税率,交通运输业适用11%税率,部分现代服务业中的研发和技术服务、信息技术服务、文化创意服务、物流辅助服务、签证咨询服务适用6%税率,部分现代服务业中的有形动产租赁服务适用17%税率;试点纳税人原享受的技术转让等营业税减免税政策,试点后调整为增值税免税或即征即退;试点地区和非试点地区现行增值税一般纳税人向试点纳税人购买增值税应税服务,可抵扣进项税额;试点纳税人提供的符合条件的国际运输服务、向境外提供的研发和设计服务,适用增值税零税率;试点纳税人在境外或向境外提供的符合条件的工程勘察勘探等服务,免征增值税;试点纳税人原适用的营业税差额征税政策,试点期间予以延续;原归属试点地区的营业税收入,改征增值税后仍归属试点地区;营业税改征的增值税,由国家税务局负责征管。

注意,纳税人兼营不同税率的货物或应税劳务,应分别核算其销售额。未分别核算的,从高确定适用税率。

2. 小规模纳税人的征收率

小规模纳税人销售货物或者应税劳务,实行按照销售额和征收率计算应纳税额的简易

办法,并不得抵扣进项税额。应纳税额计算公式:

$$应纳税额=销售额×征收率$$

小规模纳税人增值税征收率为3%。

注意,增值税的税率及征收率的调整,由国务院决定,任何地区和部门均无权改动。

2.1.5 增值税的税收优惠

1. 减免规定

免税是指对货物或应税劳务的应纳税额全部予以免征。税法对免税货物的确定实行严格控制,控制权集中于国务院,任何地区、部门不得规定增值税的减免项目。税法规定下列项目免征增值税。

(1) 农业(包括种植业、养殖业、林业、牧业、水产业)生产单位和个人销售的自产初级农业产品。

财税[2001]113号,自2001年8月1日执行,规定下列农业生产资料免税:农膜;生产销售的除尿素以外的氮肥、除磷酸二铵以外的磷肥,以及以免税化肥为主要原料的复混肥;批发和零售的种子、种苗、化肥、农药、农机。

(2) 来料加工复出口的货物。

(3) 进口免税规定:国家鼓励、支持发展的外商投资项目和国内投资项目,在投资总额内进口自用设备和按照合同随同设备进口的技术及配套件、备件;企业为生产《国家高新技术产品目录》中所列的产品而进口规定的自用设备和按照合同随同设备进口的技术及配套件、备件;企业为引进《国家高新技术产品目录》中所列的先进技术而向境外支付的软件费;利用外国政府和国际金融组织贷款项目进口的设备;外国政府、国际组织无偿援助的进口物资和设备;符合国家规定的科学研究机构和学校,在合理的数量范围以内,进口国内不能生产的科研和教学用品,直接用于科研或者教学的。

(4) 避孕药品和用具。

(5) 向社会收购的古旧图书。

(6) 个人销售自己使用过的物品(不含摩托车、游艇和应征消费税的小汽车)。

(7) 废旧物资回收经营单位销售其收购的废旧物资。注意,利用废旧物资加工生产的产品不享受废旧物资免征增值税的政策。

(8) 校办企业生产的应税货物如用于本校教学、科研方面,经严格审核确认后免税,其他货物销售,按照有关规定征收增值税。对高校后勤实体为高校师生食堂提供的粮食、食用植物油、蔬菜、肉、禽、蛋、调味品和食堂餐具,以及向其他高校提供快餐的外销收入,免征增值税。

(9) 供残疾人专用的假肢、轮椅、矫形器,残疾人组织进口供残疾人专用的物品,残疾人个人提供加工和修理修配劳务。

(10) 对国家定点企业生产和经销单位经销的专供少数民族饮用的边销茶。

(11) 根据财政部、国家税务总局关于粮食企业增值税征免问题的通知(财税字[1999]198号)的规定如下:

① 国有粮食购销企业必须按照等价原则销售粮食。对承担粮食收储任务的国有粮食购销企业销售的粮食免征增值税。

② 对其他粮食企业经营粮食,除下列项目免征增值税外,一律征收增值税:军队用粮,指凭军用粮票和军粮供应证按军供价,供应中国人民解放军和中国人民武装警察部队的粮食;救灾救济粮,指经县(含县)以上人民政府批准,凭救灾救济粮票(证)按规定的销售价格向需救助的灾民供应的粮食;水库移民口粮,指经县(含县)以上人民政府批准,凭水库移民口粮票(证)按规定的销售价格供应给水库移民的粮食。

③ 政府储备食用植物油的销售继续免征增值税。

注意,纳税人销售货物或者应税劳务适用免税规定的,可以放弃免税,依照《增值税暂行条例》的规定缴纳增值税。放弃免税后,36个月内不得再申请免税。

2. 即征即退、先征后退(返)规定

(1) 对党、政、团、军队等的机关报和机关刊物,以及学生课本和专为少年儿童出版发行的报纸、刊物,实行先征收后退还的办法。

(2) 企业以三剩物(采伐剩余物、造材剩余物、加工剩余物)和次、小、新材为原料加工的综合利用产品,实行即征即退政策。

(3) 对一般纳税人销售自行开发(包括将进口的软件进行转化等本地化改造后对外销售)的软件产品,按17%征税后,对其实行税负超过3%的部分执行即征即退政策。

(4) 对一般纳税人销售其自行生产的集成电路产品,按17%征税后,对其实际税负超过3%的部分,实行即征即退。

(5) 民政福利生产企业继续执行先征后退政策。

(6) 自2001年1月1日起,下列产品实行即征即退政策,内容如下。

① 利用煤炭开采过程中伴生的舍弃物油母页岩生产加工的页油及其他产品。

② 在生产原料中掺有不少于30%的煤矿石、石煤、粉煤灰、烧煤锅炉的炉低渣(不含高炉水渣)及其他废渣生产的水泥。

③ 在生产原料中掺有不少于30%的废旧沥青、混凝土生产的再生沥青混凝土。

④ 利用城市生活垃圾生产的电力。

2.1.6 增值税纳税义务发生的时间、地点、纳税期限

1. 增值税纳税义务发生的时间

(1) 纳税人销售货物或者应税劳务的,为收讫销售款项或者取得索取销售款项凭据的当天;如先开具发票的,为开具发票的当天。按销售结算方式的不同,具体规定如下。

① 采取直接收款方式销售货物,不论货物是否发出,均为收到销售款或者取得索取销售款凭据的当天。

② 采取托收承付和委托银行收款方式销售货物,为发出货物并办妥托收手续的当天。

③ 采取赊销和分期收款方式销售货物,为书面合同约定的收款日期的当天,无书面合同的或者书面合同没有约定收款日期的,为货物发出的当天。

④ 采取预收货款方式销售货物，为货物发出的当天，但生产销售生产工期超过 12 个月的大型机械设备、船舶、飞机等货物，为收到预收款或者书面合同约定的收款日期的当天。

⑤ 委托其他纳税人代销货物，为收到代销单位的代销清单或者收到全部或者部分货款的当天。未收到代销清单及货款的，为发出代销货物满 180 天的当天。

⑥ 销售应税劳务，为提供劳务同时收讫销售款或者取得索取销售款凭据的当天。

⑦ 纳税人发生除委托代销和受托代销以外的视同销售货物行为，为货物移送的当天。

(2) 纳税人进口货物的，为报关进口的当天。

注意，增值税扣缴义务发生时间，为增值税纳税人纳税义务发生的当天。

2. 增值税的纳税地点

根据《增值税暂行条例》的规定，不同的纳税义务人其纳税地点是有所区别的。

(1) 固定业户应当向其机构所在地的主管税务机关申报纳税。总机构和分支机构不在同一县(市)的，应当分别向各自所在地的主管税务机关申报纳税；经国务院财政、税务主管部门或者其授权的财政、税务机关批准，可以由总机构汇总向总机构所在地的主管税务机关申报纳税。

(2) 固定业户到外县(市)销售货物或者应税劳务，应当向其机构所在地的主管税务机关申请开具外出经营活动税收管理证明，并向其机构所在地的主管税务机关申报纳税；未开具证明的，应当向销售地或者劳务发生地的主管税务机关申报纳税；未向销售地或者劳务发生地的主管税务机关申报纳税的，由其机构所在地的主管税务机关补征税款。

(3) 非固定业户销售货物或者应税劳务，应当向销售地或者劳务发生地的主管税务机关申报纳税；未向销售地或者劳务发生地的主管税务机关申报纳税的，由其机构所在地或者居住地的主管税务机关补征税款。

(4) 进口货物，应当向报关地海关申报纳税。

(5) 扣缴义务人应当向其机构所在地或者居住地的主管税务机关申报缴纳其扣缴的税款。

3. 增值税的纳税期限

(1) 增值税的纳税期限分别为 1 日、3 日、5 日、10 日、15 日、1 个月或者 1 个季度。纳税人的具体纳税期限，由主管税务机关根据纳税人应纳税额的大小分别核定；不能按照固定期限纳税的，可以按次纳税。

(2) 纳税人以 1 个月或者 1 个季度为 1 个纳税期的，自期满之日起 15 日内申报纳税；以 1 日、3 日、5 日、10 日或者 15 日为 1 个纳税期的，自期满之日起 5 日内预缴税款，于次月 1 日起 15 日内申报纳税并结清上月应纳税款。以 1 个季度为纳税期限的规定仅适用小规模纳税人。

扣缴义务人解缴税款的期限，依照前两款规定执行。

(3) 纳税人进口货物，应当自海关填发海关进口增值税专用缴款书之日起 15 日内缴纳税款。

(4) 纳税人出口货物适用退(免)税规定的，应当向海关办理出口手续，凭出口报关单等有关凭证,在规定的出口退(免)税申报期内按月向主管税务机关申报办理该项出口货物的退(免)税。具体办法由国务院财政、税务主管部门制定。出口货物办理退税后发生退货或者退关的,纳税人应当依法补缴已退的税款。

2.2 增值税应纳税额的计算与申报

2.2.1 一般纳税人应纳增值税的计算与申报

纳税人销售货物或者提供应税劳务时,应纳税额为当期销项税额抵扣当期进项税额后的余额。当期销项税额小于当期进项税额不足抵扣时,其不足部分可以结转下期继续抵扣。应纳增值税的计算公式为:

$$应纳增值税＝当期销项税额－当期进项税额$$

【例 2-1】 某企业本期销售额为 100 万元,本期外购商品与劳务的价值为 60 万元,假设增值税税率为 17%,计算该企业应缴纳的增值税。

【解】
理论上的增值额＝100－60＝40(万元)
应纳增值税＝40×17%＝6.8(万元)
实践中,企业采用税额抵扣的办法计算,其应纳增值税＝100×17%－60×17%＝6.8(万元)

1. 销项税额的计算

销项税额是指纳税人销售货物或应税劳务,按照销售额和规定的税率计算并向购买方收取的增值税额。其计算公式为:

$$销项税额＝销售额×增值税税率$$

(1) 一般销售方式下销售额的确定

销售额为纳税人销售货物或者应税劳务向购买方收取的全部价款和价外费用。

所谓价外费用,是指在价格以外向购买方收取的手续费、补贴、基金、集资费、返还利润、奖励费、违约金、滞纳金、延期付款利息、赔偿金、代收款项、代垫款项、包装费、包装物租金、储备费、优质费、运输装卸费及其他各种性质的价外收费。凡价外费用,无论其会计制度如何核算,均应并入销售额计征增值税。

需要注意,下列项目不包括在价外费用内。

① 向购买方收取的销项税额。

② 受托加工应征消费税的消费品所代收代缴的消费税。

③ 同时符合以下条件的代垫运输费用:承运部门的运费发票开具给购货方的;纳税人将该项发票转交给购货方的。

④ 同时符合以下条件的代收费用:由国务院或者财政部批准设立的政府性基金;由国务院或者省级人民政府及其财政、价格主管部门批准设立的行政事业性收费;收取时开具省级以上财政部门印制的财政票据;所收款项全额上缴财政。

⑤ 销售货物的同时代办保险等,而收取的保险费、车辆购置费、车辆牌照费。

注意,销售额以人民币计算。如果纳税人以人民币以外的货币结算销售额的,应当折合成人民币计算。其销售额的人民币折合率可以选择销售额发生的当天或者当月1日的人民币汇率中间价,纳税人应在事先确定采用何种折合率,确定后一年内不得变更。

(2) 特殊销售方式下销售额的确定

① 折扣销售。纳税人采取折扣方式销售货物,如果销售额和折扣额在同一张发票上分别注明的,可按折扣后的销售额征收增值税;如果将折扣额另开发票,则不论其在财务上如何处理,均不得从销售额中减除折扣额。

② 以旧换新销售。纳税人采取以旧换新方式销售货物的,应按新货物的同期销售价格确定销售额,不得减除旧货物的回收价格。

③ 还本销售。纳税人采取还本方式销售货物的,以实际收到的全部收入确定销售额,不得从销售额中减除还本支出。

④ 销货退回或折让。一般纳税人因销售货物或者应税劳务,开具增值税专用发票后,发生销售货物退回或折让、开票有误等情形,应按国家税务总局的规定开具红字增值税专用发票。未按规定开具红字增值税专用发票的,增值税不得从销项税额中扣减。

⑤ 以物易物方式销售。双方都视同购进、销售,分别开出和取得增值税专用发票。

⑥ 出租、出借包装物。纳税人为销售货物而出租、出借包装物收取的押金,单独记账核算的,不并入销售额征税。但对因逾期未收回包装物不再退还的押金,应并入销售额,按所包装货物的适用税率征税。

⑦ 纳税人销售货物或者应税劳务的价格明显偏低并无正当理由的,或者有视同销售行为而无销售额者,按下列顺序确定销售额。

a. 按纳税人最近时期的同类货物的平均销售价格确定。

b. 按其他纳税人最近时期同类货物的平均销售价格确定。

c. 按组成计税价格确定。组成计税价格的公式为:

$$组成计税价格 = 成本 \times (1 + 成本利润率)$$

组成计税价格中的成本是指:销售自产货物的为实际生产成本;销售外购货物的为实际采购成本。成本利润率由国家税务总局确定,一般为10%。

注意,属于应征消费税的货物,其组成计税价格中应加计应纳的消费税额。属于应从价定率征收消费税的货物,组成计税价格中的成本利润率参照消费税相关问题的规定。

⑧ 一般纳税人销售货物或者应税劳务采用销售额和销项税额合并定价方法的,按下列公式计算销售额:

$$不含税销售额 = 含税销售额 \div (1 + 增值税税率)$$

2. 进项税额的计算

进项税额是指纳税人购进货物或者接受应税劳务时,支付或者负担的增值税额。

(1) 准予从销项税额中抵扣的进项税额。

① 从销售方取得的增值税专用发票上注明的增值税额。

② 从海关取得的海关进口增值税专用缴款书上注明的增值税额。

③ 购进农产品,除取得增值税专用发票或者海关进口增值税专用缴款书外,按照农产品收购发票或者销售发票上注明的农产品买价和13%的扣除率计算的进项税额。进项税额

计算公式如下。

$$进项税额 = 买价 \times 扣除率(13\%)$$

④ 购进或者销售货物以及在生产经营过程中支付运输费用的,按照运输费用结算单据上注明的运输费用金额和7%的扣除率计算的进项税额。进项税额计算公式如下。

$$进项税额 = 运输费用金额 \times 扣除率(7\%)$$

准予抵扣的项目和扣除率的调整,由国务院决定。纳税人购进货物或者应税劳务,取得的增值税扣税凭证不符合法律、行政法规或者国务院税务主管部门有关规定的,其进项税额不得从销项税额中抵扣。

注意,增值税实行防伪税控系统开具的专用发票,需要经过增值税发票网上认证,认证通过的发票进项税额方可以抵扣。

(2) 不得从销项税额中抵扣的进项税额。

① 用于非增值税应税项目、免征增值税项目、集体福利或者个人消费的购进货物或应税劳务。

② 非正常损失的购进货物及相关的应税劳务。

③ 非正常损失的在产品、产成品所耗用的购进货物或者应税劳务。

④ 国务院财政、税务主管部门规定的纳税人自用消费品。例如,纳税人自用的应征消费税的摩托车、汽车、游艇,其进项税额不得从销项税额中抵扣。

⑤ 以上第①项至第④项规定的货物的运输费用和销售免税货物的运输费用。

注意,纳税人兼营免税项目或非应税项目,而无法准确划分不得抵扣的进项税额的,按下列公式计算不得抵扣的进项税额:

不得抵扣的进项税额 = 当月全部进项税额 × (当月免税项目销售额、非应税项目销售额合计 ÷ 当月全部销售额、营业额合计)

注意,纳税人因进货退出或折让而收回的增值税额,应从发生进货退出或折让当期的进项税额中扣减。因销售货物退回或者折让而退还给购买方的增值税额,应从发生销售货物退回或者折让当期的销项税额中扣减。

3. 一般纳税人应纳增值税的申报资料

根据《税收征收管理法》及其实施细则、《增值税暂行条例》和《中华人民共和国发票管理办法》(以下简称《发票管理办法》)的有关规定:一般纳税人进行纳税申报必须实行电子信息采集。使用防伪税控系统开具增值税专用发票的纳税人必须在抄报税成功后,方可进行纳税申报。

(1) 必报资料

①《增值税纳税申报表(适用于增值税一般纳税人)》及其《增值税纳税申报表附列资料(表一)、(表二)、(表三)、(表四)》。

② 使用防伪税控系统的纳税人,必须报送记录当期纳税信息的IC卡(明细数据备份在软盘上的纳税人,还需报送备份数据软盘)、《增值税专用发票存根联明细表》及《增值税专用发票抵扣联明细表》。

③《资产负债表》和《损益表》。

④《成品油购销存情况明细表》(发生成品油零售业务的纳税人填报)。

⑤ 主管税务机关规定的其他必报资料。

注意,纳税申报实行电子信息采集的纳税人,除向主管税务机关报送上述必报资料的电子数据外,还需报送纸质的《增值税纳税申报表(适用于一般纳税人)》(主表及附表),具体格式如表 2-1 所示。

表 2-1 增值税纳税申报表
(适用于增值税一般纳税人)

根据《中华人民共和国增值税暂行条例》第二十二条和第二十三条的规定制定本表。纳税人不论有无销售额,均应按主管税务机关核定的纳税期限按期填报本表,并于次月一日起十五日内,向当地税务机关申报。

税款所属时间:自　年　月　日至　年　月　日

填表日期:　年　月　日　　　　　　　　　　　　　　金额单位:元(列至角分)

纳税人识别号						所属行业:			
纳税人名称		（公章）法定代表人姓名			注册地址		营业地址		
开户银行及账号			企业登记注册类型				电话号码		

	项目	栏次	一般货物及劳务		即征即退货物及劳务	
			本月数	本年累计	本月数	本年累计
销售额	(一)按适用税率征税货物及劳务销售额	1				
	其中:应税货物销售额	2				
	应税劳务销售额	3				
	纳税检查调整的销售额	4				
	(二)按简易征收办法征税货物销售额	5				
	其中:纳税检查调整的销售额	6				
	(三)免、抵、退办法出口货物销售额	7			—	—
	(四)免税货物及劳务销售额	8			—	—
	其中:免税货物销售额	9			—	—
	免税劳务销售额	10			—	—
税款计算	销项税额	11				
	进项税额	12				
	上期留抵税额	13		—		
	进项税额转出	14				
	免抵退货物应退税额	15				
	按适用税率计算的纳税检查应补缴税额	16				
	应抵扣税额合计	17=12+13−14−15+16		—		
	实际抵扣税额	18(若 17<11,则为 17;否则为 11)				
	应纳税额	19=11−18				
	期末留抵税额	20=17−18				
	简易征收办法计算的应纳税额	21				
	按简易征收办法计算的纳税检查应补缴税额	22		—		
	应纳税额减征额	23				
	应纳税额合计	24=19+21−23				

续表

<table>
<tr><th colspan="2">项目</th><th>栏次</th><th colspan="2">一般货物及劳务</th><th colspan="2">即征即退货物及劳务</th></tr>
<tr><th colspan="2"></th><th></th><th>本月数</th><th>本年累计</th><th>本月数</th><th>本年累计</th></tr>
<tr><td rowspan="13">税款缴纳</td><td>期初未缴税额（多缴为负数）</td><td>25</td><td></td><td></td><td></td><td></td></tr>
<tr><td>实收出口开具专用缴款书退税额</td><td>26</td><td></td><td>—</td><td>—</td><td>—</td></tr>
<tr><td>本期已缴税额</td><td>27＝28＋29＋30＋31</td><td></td><td></td><td></td><td></td></tr>
<tr><td>① 分次预缴税额</td><td>28</td><td></td><td>—</td><td>—</td><td>—</td></tr>
<tr><td>② 出口开具专用缴款书预缴税额</td><td>29</td><td></td><td></td><td></td><td></td></tr>
<tr><td>③ 本期缴纳上期应纳税额</td><td>30</td><td></td><td></td><td></td><td></td></tr>
<tr><td>④ 本期缴纳欠缴税额</td><td>31</td><td></td><td></td><td></td><td></td></tr>
<tr><td>期末未缴税额（多缴为负数）</td><td>32＝24＋25＋26－27</td><td></td><td></td><td></td><td></td></tr>
<tr><td>其中：欠缴税额（≥0）</td><td>33＝25＋26－27</td><td></td><td>—</td><td>—</td><td>—</td></tr>
<tr><td>本期应补(退)税额</td><td>34＝24－28－29</td><td></td><td>—</td><td>—</td><td>—</td></tr>
<tr><td>即征即退实际退税额</td><td>35</td><td>—</td><td>—</td><td></td><td></td></tr>
<tr><td>期初未缴查补税额</td><td>36</td><td></td><td></td><td>—</td><td>—</td></tr>
<tr><td>本期入库查补税额</td><td>37</td><td></td><td></td><td>—</td><td>—</td></tr>
<tr><td></td><td>期末未缴查补税额</td><td>38＝16＋22＋36－37</td><td></td><td></td><td>—</td><td>—</td></tr>
<tr><td>授权声明</td><td colspan="2">如果你已委托代理人申报，请填写下列资料：为代理一切税务事宜，现授权（地址）为本纳税人的代理申报人，任何与本申报表有关的往来文件，都可寄予此人。

授权人签字：</td><td colspan="4">申报人声明：此纳税申报表是根据《中华人民共和国增值税暂行条例》的规定填报的，我相信它是真实的、可靠的、完整的。

声明人签字：</td></tr>
</table>

以下由税务机关填写：

收到日期： 　　　　　　　　接收人： 　　　　　　　　主管税务机关盖章：

(2) 备查资料

① 已开具的增值税专用发票和普通发票存根联。

② 符合抵扣条件并且在本期申报抵扣的增值税专用发票抵扣联。

③ 海关进口货物完税凭证、运输发票、购进农产品普通发票及购进废旧物资普通发票的复印件。

④ 收购凭证的存根联或报查联。

⑤ 代扣代缴税款凭证存根联。

⑥ 主管税务机关规定的其他备查资料。

备查资料是否需要在当期报送，由各省级国家税务局确定。

(3) 申报期限

纳税人应按月进行纳税申报，申报期为次月1日起至15日止，遇最后一日为法定节假日的，顺延1日；在每月1日至15日内有连续3日以上法定休假日的，按休假日天数顺延。

2.2.2 小规模纳税人应纳增值税的计算与申报

1. 小规模纳税人应纳增值税的计算

小规模纳税人销售货物或者应税劳务采用销售额和应纳税额合并定价方法的，其销售额比照一般纳税人的有关办法确定,即纳税人向购买方收取的全部价款和价外费用。小规模纳税人的销售额不包括其应纳税额。按下列公式计算销售额。

$$不含税销售额＝含税销售额÷(1＋征收率)$$

小规模纳税人因销售货物退回或者折让退还给购买方的销售额,应从发生销售货物退回或者折让当期的销售额中扣减。

小规模纳税人的征收率统一规定为3‰,征收率的调整由国务院规定。

【例2-2】 某零售小商店为小规模纳税人,2009年3月取得含税销售额107 600元,因货物质量规格问题而发生销货退回4 600元,计算该纳税人当月应纳的增值税。

【解】 应纳增值税＝(107 600－4 600)÷(1＋3%)×3%＝100 000×3%＝3 000(元)

2. 小规模纳税人的纳税申报

小规模纳税人无论有无计税销售额,均应按主管税务机关核定的纳税期限填列《增值税纳税申报表(适用于增值税小规模纳税人)》,并于次月1日至15日内办理纳税申报,结清上月应纳税款。增值税纳税申报表的具体格式如表2-2所示。

表2-2 增值税纳税申报表

(适用小规模纳税人)

纳税人识别号：

纳税人名称(公章)： 金额单位：元(列至角分)

税款所属期： 年 月 日至 年 月 日 填表日期： 年 月 日

	项　目	栏　次	本期数	本年累计
一、计税依据	(一)应征增值税货物及劳务不含税销售额	1		
	其中：税务机关代开的增值税专用发票不含税销售额	2		
	税控器具开具的普通发票不含税销售额	3		
	(二)销售使用过的应税固定资产不含税销售额	4		
	其中：税控器具开具的普通发票不含税销售额	5		
	(三)免税货物及劳务销售额	6		
	其中：税控器具开具的普通发票销售额	7		
	(四)出口免税货物销售额	8		
	其中：税控器具开具的普通发票销售额	9		
二、税款计算	本期应纳税额	10		
	本期应纳税额减征额	11		
	应纳税额合计	12=10-11		
	本期预缴税额	13		—
	本期应补(退)税额	14=12-13		—

纳税人或代理人声明： 此纳税申报表是根据国家税收法律的规定填报的,我确定它是真实的、可靠的、完整的。	如纳税人填报,由纳税人填写以下各栏：
	办税人员(签章)： 　 财务负责人(签章)：
	法定代表人(签章)： 　 联系电话
	如委托代理人填报,由代理人填写以下各栏：
	代理人名称： 　 经办人(签章)： 　 联系电话
	代理人(公章)：

受理人： 　 受理日期： 年 月 日 　 受理税务机关(签章)：

本表为A3竖式一式三份,一份纳税人留存,一份主管税务机关留存,一份征收部门留存

2.2.3 进出口货物应纳(退)增值税的计算

1. 进口货物应纳增值税的计算

进口货物应纳税额,应按照组成计税价格和规定的税率计算,不得抵扣任何进项税额。组成计税价格和应纳税额的计算公式如下。

$$组成计税价格 = 关税完税价格 + 关税 + 消费税$$
$$应纳税额 = 组成计税价格 \times 税率$$

【例 2-3】 某进出口公司当月进口一批货物,海关审定的关税完税价格为 900 万元,该货物关税税率为 10%,增值税税率为 17%,计算该企业进口货物应纳的增值税。

【解】 组成计税价格 = 900 + 900 × 10% = 990(万元)

进口货物应纳增值税 = 990 × 17% = 168.3(万元)

2. 出口货物退税的计算

出口货物退税在货物出口前实际承担的税收负担进行退付。目前,我国的出口货物退税政策分为三种形式:出口免税并退税;出口免税但不退税;出口不免税也不退税。

出口货物只有在适用既免税又退税的政策时,才会涉及如何计算退税的问题。出口退税的计算方法有两种:第一"免、抵、退"方法,主要适用于自营和委托出口自产货物的生产企业;第二"先征后退"方法,主要适用于收购货物出口的外(工)贸企业。

(1) 免、抵、退计算方法

具有实际生产能力的生产企业(一般纳税义务人)自营或委托外贸企业代理出口自产货物,除另有规定外,增值税一律实行免、抵、退税管理办法。增值税小规模纳税义务人出口货物实行免税办法。生产企业自产货物属于应征消费税的货物,实行免征消费税的办法。

实行免、抵、退税管理办法的,免税是指对生产企业出口的自产货物,免征本企业生产、销售环节的增值税;抵税是指生产企业出口自产货物所耗用的原材料、零部件、燃料、动力等所含应予退还的进项税额,抵顶内销货物的应纳税额;退税是指生产企业出口的自产货物在当月内抵顶的进项税额大于应纳税额时,对未抵顶完的部分予以退税。

实行免、抵、退方法的计算过程如下。

① 出口货物免税。

② 计算出口环节当期应纳税额,公式如下。

出口环节当期应纳税额 = 当期内销货物的销项税额 -(当期进项税额 - 当期免、抵、退税不得免征和抵扣税额) - 上期留抵税额

当期免、抵、退税不得免征和抵扣税额 = 出口货物离岸价格 × 外汇人民币牌价 ×(出口货物征税率 - 出口货物退税率) - 免、抵、退税不得免征和抵扣的税额抵减额

免、抵、退税不得免征和抵扣的税额抵减额 = 免税购进的原材料价格 ×(出口货物征税率 - 出口货物退税率)

公式中,当期免、抵、退税不得免征和抵扣税额是指在征税率不等于退税率的情况下,征税率大于退税率所形成的征税额。

出口货物离岸价(FOB)是以出口发票计算的离岸价格为准。出口发票不能如实反映实际离岸价的,企业必须按照实际离岸价向主管国税机关进行申报,并由主管国税机关予以核定。

免税购进原材料包括从国内购进免税原材料和进料加工免税进口的料件,其中进料加工免税进口的料件的价格为组成计税价格,其计算公式为:

进料加工免税进口的料件的组成计税价格＝货物到岸价格＋关说＋消费税

当出口环节当期应纳税额等于正数,即出口环节当期应纳税额大于零时,按照现行增值税征收管理制度进行申报纳税。当出口环节当期应纳税额等于负数,即出口环节当期应纳税额小于零时,与本期免、抵、退税额比较,按其中数额较小的进行退税。在国内流转环节也有可能出现应纳税额为负数的情况,在我国现行税制下,不可以申请退税,但允许结转下期继续抵扣。

③ 计算免、抵、退税额,公式如下。

免、抵、退税额＝出口离岸价格×外汇人民币牌价×出口货物退税率－免、抵、退税额抵减额

免、抵、退税额抵减额＝免税购进原材料价格×出口货物退税率

④ 计算当期应退税额和免抵税额。

a. 如果当期留抵税额≤当期免、抵、退税额,则:

  当期应退税额＝当期期末留抵税额

  当期免抵税额＝当期免、抵、退税额－当期应退税额

  当期期末留抵税额＝0

b. 如果当期留抵税额＞当期免、抵、退税额,则:

  当期应退税额＝当期免、抵、退税额

  当期免抵税额＝0

  期末留抵税额＝当期留抵税额－当期免、抵、退税额

(2) 先征后退计算方法

① 外贸企业从一般纳税人处购进货物出口的应退税额

外贸企业的应退税额＝外贸收购货物不含增值税的购进金额×退税率

其中,外贸收购货物不含增值税的购进金额是指外贸企业购进出口货物增值税专用发票上所注明的进项金额。

② 外贸企业从小规模纳税人处购进货物出口的应退税额

从小规模纳税人处购进货物,开具普通发票的,退税额计算公式如下。

本期应退税额＝普通发票注明的含税销售额÷(1＋征收率)×退税率

凡从小规模纳税义务人购进税务机关代开增值税专用发票的出口货物,按以下公式计算。

本期应退税额＝增值税专用发票注明的金额×退税率

出口货物的退税率是出口货物的实际退税额与退税计税依据的比例,现行出口货物的增值税退税率由17%、15%、14%、13%、11%、9%、8%、6%、5%等,退税率依具体规定确定。

③ 外贸企业委托生产企业加工出口货物应退税额。

外贸企业委托生产企业加工收回后报关出口的货物,按购进国内原辅材料的增值税专用发票上注明的进项金额,依原辅材料的退税率计算原辅材料应退税额。支付的加工费,凭受托方开具货物的退税率计算加工费的应退税额。其计算公式为:

本期应退税额＝增值税专用发票注明的购进原辅材料的金额×购进原辅材料适用的退税率＋增值税专用发票注明的加工费×加工费适用的退税率

2.3 增值税会计核算

2.3.1 一般纳税人增值税进项税额的会计核算

1. 一般纳税人增值税核算的账户设置

增值税的一般纳税人为了准确核算增值税的计提缴纳情况,首先在会计核算上要专门设置"应交税费——应交增值税"和"应交税费——未交增值税"两个二级账户。

其中,"应交税费——应交增值税"二级账户专门用来核算纳税人当期发生的增值税的计提缴纳情况;并下设"进项税额"、"已交税金"、"减免税款"、"转出未交增值税"、"销项税额"、"进项税额转出"、"出口退税"、"转出多交增值税"、"出口抵减内销产品应纳税额"等栏目,其中,"进项税额"、"已交税金"、"减免税款"、"转出未交增值税"等为借方栏目,"销项税额"、"进项税额转出"、"出口退税"、"转出多交增值税"等为贷方栏目。期末结账前,无论是借方余额(多交增值税)还是贷方余额(未交增值税),都应转入"应交税费——未交增值税"二级账户,结转后本二级账户无余额。注意,若是借方余额表现为未抵扣完的进项税额,仍然留在"应交税费——应交增值税"二级账户中,作为借方金额。

其中,"应交税费——未交增值税"二级账户用来专门核算纳税人以前各期发生的增值税的缴纳情况,其中前期未交增值税计入贷方,前期多交增值税计入借方,本期实际缴纳前期应交增值税计入借方,期末余额可能在借方,也可能在贷方,贷方余额表示前期结余的未交增值税,借方余额表示前期结余的多交增值税。

2. 一般纳税人购进项目进项税额的会计核算

增值税一般纳税人进项税额的会计核算,主要是通过"应交税费——应交增值税"二级账户下的"进项税额"、"进项税额转出"和"转出多交增值税"三级明细账户进行。

其中,"进项税额"是用来专门记录取得货物或接受应税劳务而支付的准予从销项税额抵扣的增值税税额,纳税人取得货物或接受应税劳务支付进项税额时,用蓝字登记在借方;退回所取得货物或取得销售折扣、折让的进项税额用红字登记在借方。

"进项税额转出"是用来专门记录购进的货物和生产的在产品、库存商品等,当它们发生非正常损失或改变用途时,其进项税额不应从销项税额中抵扣。

"转出多交增值税"是用来专门记录期末将"应交税费——应交增值税"账户借方余额转入"应交税费——未交增值税"账户的数额。

(1) 一般纳税人国内购进货物进项税额的会计核算

国内购进货物,在会计核算上应按专用发票上注明的增值税税额,借记"应交税费——应交增值税(进项税额)"账户;按照专用发票上记载的应计入采购成本的金额,借记"物资采购"、"在途物资"、"原材料"、"库存商品"、"包装物"、"低值易耗品"、"管理费用"、"制造费用"、"销售费用"、"其他业务支出"等账户;按照应付或实际支付的金额,贷记"应付账款"、"应付票据"、"预付账款"、"银行存款"、"其他货币资金"等账户;购入的货物发生退货、取得进货折扣、折让时,应做相反的会计核算,但进项税额只能用红字登记在借方。

【例 2-4】 光明公司 2009 年 6 月 4 日用银行承兑汇票,从外地购入原材料一批,取得对方开具的增值税专用发票,列明货款 200 000 元,增值税税额 34 000 元,同时以转账支票支付该批材料运费 10 000 元,取得专业运输发票。材料到达时按计划成本 210 000 元验收入库。该企业如何进行会计核算?

【解】

① 付款时,会计核算如下:

应抵扣进项税额=34 000+10 000×7%=34 700(元)

借:物资采购	209 300
应交税费——应交增值税(进项税额)	34 700
贷:其他货币资金——银行汇票	234 000
银行存款	10 000

② 验收入库时,会计核算如下:

借:原材料	210 000
贷:物资采购	209 300
材料成本差异	700

【例 2-5】 国华家用电器批发公司,从生产厂家购入电冰箱一批,取得厂家开来的增值税专用发票,上列电冰箱数量 100 台,每台单价 3 000 元,价款合计 300 000 元,增值税税额 51 000 元,公司已将电冰箱验收入库,但款项尚未支付。该企业如何进行会计核算?

【解】 该企业的会计核算如下:

借:库存商品——电冰箱	300 000
应交税费——应交增值税(进项税额)	51 000
贷:应付账款	351 000

如果一般纳税人购进应税货物并取得合法扣税凭证后,发生进货退出或进货折扣、折让,应在冲减退回应税货物采购成本的同时,冲减抵扣的进项税额,根据对方开具的红字专用发票上的注明增值税税额,以红字借记"应交税费——应交增值税(进项税额)"账户,同时,以红字借记"原材料"、"库存商品"、"包装物"、"低值易耗品"、"生产成本"、"制造费用"等账户,以红字贷记"银行存款"、"应付账款"、"应付票据"、"其他应付款"等账户。

例 2-5 中,对所购电冰箱全部退货,则会计核算如下:

借:库存商品——电冰箱	300 000
应交税费——应交增值税(进项税额)	51 000

贷：应付账款　　　　　　　　　　　　　　　　　　　　　　　　351 000

　（2）一般纳税人接受应税劳务进项税额的会计核算

　　纳税人接受应税劳务时，应按取得的专用发票上注明的增值税税额，借记"应交税费——应交增值税（进项税额）"账户；按专用发票上的记载的应计入加工修理修配货物、劳务成本的金额，借记"委托加工物资"、"制造费用"、"管理费用"、"销售费用"、"其他业务成本"等账户；按应付或实际支付的金额，贷记"应付账款"、"银行存款"等账户。

　　【例2-6】　海象公司拨付原材料100 000元，委托外协单位配套加工一批产品，以转账支票支付加工费，取得外协单位开具的增值税专用发票，上列加工费20 000元，增值税税额3 400元，材料加工完成按实际成本验收入库。该企业如何进行会计核算？

　　【解】
　　① 拨付加工材料时，会计核算如下：
　　借：委托加工物资　　　　　　　　　　　　　　　　　　　　　　100 000
　　　　贷：原材料　　　　　　　　　　　　　　　　　　　　　　　　100 000
　　② 支付加工费时，会计核算如下：
　　借：委托加工物资　　　　　　　　　　　　　　　　　　　　　　 20 000
　　　　应交税费——应交增值税（进项税额）　　　　　　　　　　　 3 400
　　　　贷：银行存款　　　　　　　　　　　　　　　　　　　　　　　23 400
　　③ 加工完验收入库时，会计核算如下：
　　借：原材料　　　　　　　　　　　　　　　　　　　　　　　　　120 000
　　　　贷：委托加工物资　　　　　　　　　　　　　　　　　　　　　120 000

　（3）一般纳税人进口货物进项税额的会计核算

　　纳税人进口货物，应按照海关提供的完税凭证上注明的增值税税额，借记"应交税费——应交增值税（进项税额）"账户；按照进口货物的实际采购成本，借记"物资采购"、"在途物资"、"原材料"、"库存商品"、"包装物"、"低值易耗品"等账户；按照应付或实际支付的金额，贷记"应付账款"、"银行存款"、"其他货币资金"等账户。

　　【例2-7】　深圳一家电子公司从国外进口电子元件一批，到岸价格580 000元，以信用证方式结算，同时以银行汇票支付进口关税145 000元，进口增值税税额123 250元，以转账支票支付该批电子元件国内运费10 000元，并取得专业运输公司开具的运费发票。电子元件按实际成本验收入库。该企业如何进行会计核算？

　　【解】　该企业的会计核算如下：
　　应抵扣的进项税额＝(580 000＋145 000)×17％＋10 000×7％＝123 950(元)
　　借：原材料　　　　　　　　　　　　　　　　　　　　　　　　　734 300
　　　　应交税费——应交增值税（进项税额）　　　　　　　　　　 123 950
　　　　贷：其他货币资金——信用证　　　　　　　　　　　　　　　 580 000
　　　　　　其他货币资金——银行汇票　　　　　　　　　　　　　　268 250
　　　　　　银行存款　　　　　　　　　　　　　　　　　　　　　　 10 000

(4) 一般纳税人购进免税农产品和废旧物资进项税额的会计核算

一般纳税人购进免税农业产品和废旧物资时,应按购入农业产品的买价、收购废旧物资的收购金额和规定的扣除率计算的进项税额,借记"应交税费——应交增值税(进项税额)"账户;按购进农业产品、收购废旧物资的实际成本数额,借记"物资采购"、"在途物资"、"原材料"、"库存商品"等账户;按照应付或实际支付的金额,贷记"应付账款"、"银行存款"、"现金"等账户。

【例 2-8】 百泉干鲜果品批发公司 2009 年 9 月以现金向甘肃果农收购水果一批,法定收购凭证内列买价 200 000 元,同时以转账支票支付该批水果运输费 5 000 元,取得专业运输公司开具的运费发票。该企业如何进行会计核算?

【解】 付款时,会计核算如下:

应抵扣的进项税额 = 200 000 × 13% + 5 000 × 7% = 26 350(元)

借:在途物资	178 650
应交税费——应交增值税(进项税额)	26 350
贷:现金	200 000
银行存款	5 000

【例 2-9】 鑫旺废旧物资回收公司,以现金收购废钢材料一批,废旧物资收购凭证内列收购金额 57 000 元,废钢材验收入库。该企业如何进行会计核算?

【解】 该企业的会计核算如下:

借:库存商品	51 300
应交税费——应交增值税(进项税额)	5 700
贷:现金	57 000

3. 一般纳税人转入扣除项目的会计核算

(1) 一般纳税人接受货物投资进项税额的会计核算

一般纳税人接受投资者以应税货物投资入股时,应按投资者开具的专用发票上注明的增值税税额,借记"应交税费——应交增值税(进项税额)"账户;按投资双方确认的应税货物的价值,贷记"实收资本"、"股本"、"资本公积"账户;按投资双方确认的应税货物的价值减去应抵扣的增值税税额,加上支付的其他税费,借记"原材料"、"库存商品"、"包装物"、"低值易耗品"账户;按支付或应付的其他款项,贷记"银行存款"、"应付账款"等账户。

【例 2-10】 龙丰股份有限公司收到股东的原材料投资入股,双方协商确认价值为 1 000 000 元,取得投资方开具的增值税专用发票,内列增值税税额 136 000 元。公司以转账方式支付该批原材料运费 6 000 元,取得专业运输公司开具的运费结算单据。按投资协议投资者在公司享有股份 40 万股,每股面值 1 元。原材料按 910 000 元的计划成本验收入库。该企业如何进行会计核算?

【解】 该企业的会计核算如下:

应抵扣的进项税额 = 136 000 + 6 000 × 7% = 136 420(元)

借:原材料	910 000
应交税费——应交增值税(进项税额)	136 420

贷：股本	400 000
资本公积——股票溢价	600 000
银行存款	6 000
材料成本差异	40 420

(2) 一般纳税人接受捐赠货物进项税额的会计核算

一般纳税人接受捐赠应税货物，如果捐出方提供有关发票账单的，应按发票账单上标明的金额加上有关税费作为受赠货物的实际成本；如果捐出方没有提供有关发票账单的，应按以下顺序确定受赠货物的实际成本：存在同类或类似货物的活跃市场的，按同类或类似货物的市场价格加上支付的相关税费确定受赠货物的实际成本；不存在同类或类似货物活跃市场的，按所受赠货物的预计未来现金流量的现值确定受赠货物的实际成本。受赠货物一般按确定的实际成本计价入账。

【例 2-11】 创业科技电子有限公司为中外合资经营企业，本期接受国外客户捐赠模具一批，捐赠方提供的发票账单内列该批模具价值 100 000 元。公司以转账支票支付报关进口关税 20 000 元，进口增值税税额 20 400 元。企业适用的所得税率为 25%，受赠模具按实际成本验收入库，该企业如何进行会计核算？

【解】 受赠货物验收入库时，会计核算如下：

借：低值易耗品——模具	120 000	
应交税费——应交增值税（进项税额）	20 400	
贷：银行存款		40 400
营业外收入		100 000

(3) 一般纳税人接受债务人以应税货物抵债的进项税额的会计核算

一般纳税人在债务重组中，如果债权人同意债务人以应税货款抵债时，应当将重组债权的账面价值与受让的非现金资产的公允价值之间的差额，确认为债务重组损失，债权人收到非现金资产发生的运杂费、保险费也计入相关资产的价值。但是如果涉及补价的，应在上述确定实际成本基础上，加上支付的补价，减去收到的补价计价入账。如果取得债务人开具的增值税专用发票的，应按专用发票上注明的增值税税额，借记"应交税费——应交增值税（进项税额）"账户；按重组债权已提取的坏账准备，借记"坏账准备"账户；按收到的补价款借记"银行存款"账户；按确定的入账价值扣除进项税额后的余额，借记"原材料"、"库存商品"、"包装物"、低值易耗品"等账户；按放弃的债权账面余额，贷记"应收账款"、"其他应收款"等账户；按支付的补价和相关税费，贷记"银行存款"等账户。

【例 2-12】 兴隆电器设备制造公司应收甲公司销售货款 180 000 元，已逾期 3 年，并提取坏账准备 9 000 元，经协商与甲公司签订债务重组协议，同意甲公司在支付 50 000 元现款后，其余的以其所生产的产品钢材抵付，钢材由甲公司运抵兴隆电器设备制造公司，甲公司开具的增值税专用发票，内列价款 100 000 元，增值税款 17 000 元。该企业如何进行会计核算？

【解】 该企业的会计核算如下：

借：原材料	100 000
坏账准备	9 000

银行存款	50 000
应交税费——应交增值税(进项税额)	17 000
营业外支出——债务重组损失	4 000
贷：应收账款	180 000

(4) 一般纳税人以非货币性资产交换换入应税货物的进项税额的会计核算

一般纳税人以非货币性资产交换换入应税货物时，如果交换具有商业实质且公允价值能够可靠计量，则应以换出资产的公允价值加上相关税费减去可抵扣的进项税额后的余额作为实际成本计价入账；如果涉及补价的，应在上述实际成本的基础上，加上支付的补价和应确认的收益(减去收到的补价后)计价入账。即按确定的货物入账价值，借记"原材料"、"库存商品"、"包装物"、"低值易耗品"等账户；按取得的增值税专用发票上注明的增值税税额，借记"应交税费——应交增值税(进项税额)"账户；按换出资产提取的资产损失准备，借记"存货跌价准备"、"长期股权投资减值准备"、"无形资产减值准备"等账户；按支付的补价和相关税费，贷记"银行存款"等账户；按换出公允价值和换出资产账面价值的差额，计入"营业外收入"或者"营业外支出"账户。

【例2-13】 华科电器设备制造有限公司因资金周转困难，用所生产的一批产品换入生产急需的原材料，换出库存商品账面实际制造成本额为500 000元，并已提取存货跌价准备金额3 900元，该批产品公允价值为600 000元，适用的增值税税率为17%。以现金支付该批材料运费800元，取得专业运输公司开具的普通运费发票。该企业如何进行会计核算？

【解】 该企业的会计核算如下：

应抵扣进项税额 = 600 000 × 17% + 800 × 7% = 102 056(元)

借：原材料	600 744
应交税费——应交增值税(进项税额)	102 056
贷：主营业务收入	600 000
应交税费——应交增值税(销项税额)	102 000
现金	800

同时，

借：主营业务成本	496 100
存货跌价准备	3 900
贷：库存商品	500 000

(5) 一般纳税人接受被投资人应税货物分配实物股利的进项税额的会计核算

一般纳税人对外投资后，如果接受被投资者发放实物股利，而且发放股利的实物是应税货物，则应按被投资者开具的增值税专用发票上注明的增值税税额，借记"应交税费——应交增值税(进项税额)"账户；按照已宣告发放的应收股利数额加上支付的相关税费，减去可抵扣的进项税额后的数额，借记"原材料"、"库存商品"、"包装物"、"周转材料"等账户；按照已宣告发放的应收股利数额，贷记"应收股利"、"投资收益"账户；按支付的相关税费，贷记"银行存款"、"现金"等账户。

【例2-14】 星光电缆公司持有的对甲公司长期股权投资200万元，占甲公司所有者权益的40%。上一年甲公司已宣告发放现金股利80万元,因现金周转出现暂时困难,决定以其库存商品发放实物股利,本期收到甲公司发放的实物股利按实际成本验收入材料库,取得甲公司开具的增值税专用发票,内列增值税税额46 495.73元,同时公司以转账方式支付该批材料运费1 200元,取得专业运输公司开具的普通运费发票。该企业如何进行会计核算?

【解】
应抵扣进项税额=46 495.73+1 200×7%=46 579.73(元)
该业务的会计核算如下:

借:原材料　　　　　　　　　　　　　　　　　　　　　　　274 620.27
　　应交税费——应交增值税(进项税额)　　　　　　　　　 46 579.73
　贷:应收股利　　　　　　　　　　　　　　　　　　　　　320 000
　　　银行存款　　　　　　　　　　　　　　　　　　　　　　1 200

4. 一般纳税人进项税额转出的会计核算

(1) 一般纳税人取得应税货物改变用途的进项税额的会计核算

一般纳税人取得的应税货物,已于取得时将其所负担的增值税税额作为进项税额登记入账,如果将应税货物改变用途,用于免税项目、非应增值税项目、集体福利、个人消费等,未来不会产生销项税额,也应将该部分进项税额从已登记的进项税额中转出,借记"生产成本"、"在建工程"、"制造费用"、"应付职工薪酬"、"盈余公积"、"其他应付款"等账户,贷记"应交税费——应交增值税(进项税额转出)"账户。

【例2-15】 企业将原购进准备用于生产产品的材料用于工程建设,其进价为1 000元,应负担的增值税进项税额为170元。该企业如何进行会计核算?

【解】 该业务的会计核算如下:
借:在建工程　　　　　　　　　　　　　　　　　　　　　　1 170
　贷:原材料　　　　　　　　　　　　　　　　　　　　　　1 000
　　　应交税费——应交增值税(进项税额转出)　　　　　　　170

(2) 一般纳税人取得应税货物发生非正常损失的会计核算

一般纳税人购进的应税货物发生非正常损失,其进项税额不得从销项税额中扣除,但因发生非正常损失的应税货物所负担的增值税税额在取得时已作为进项税额登记入账,因此,在发生非正常损失时,应将这部分进项税额从已登记入账的进项税额中转出,借记"生产成本"、"制造费用"、"管理费用"、"营业外支出"、"其他应收款"、"待处理财产损溢"等账户,贷记"应交税费——应交增值税(进项税额转出)"账户。

【例2-16】 格赛科技电子公司发生火灾,烧毁大量电子元件,盘点清单列明烧毁电子元件实际成本为160 000元,经与保险公司协商应由保险公司赔偿80%。该企业如何进行会计核算?

【解】 该业务的会计核算如下:
应转出进项税额=160 000×17%=27 200(元)
借:其他应收款——保险公司　　　　　　　　　　　　　　149 760
　　营业外支出——非常损失　　　　　　　　　　　　　　 37 440

贷：原材料　　　　　　　　　　　　　　　　　　　　　　　　160 000
　　　　应交税费——应交增值税（进项税额转出）　　　　　　　　 27 200

5. 一般纳税人几种特殊情况的会计核算

（1）一般纳税人购入直接用于非应税项目、免税项目、集体福利、个人消费货物或劳务的进项税额的会计核算

一般纳税人购入应税货物或应税劳务，如果直接用于非应税项目、免税项目、集体福利、个人消费，无论是否取得合法扣税凭证，其进项税额都不得抵扣，只能按照取得有关发票账单上的价税合计，借记"原材料"、"在途物资"、"物资采购"、"制造费用"、"生产成本"、"其他业务成本"、"应付职工薪酬"、"盈余公积"等账户，按照应付或实际支付的价款合计，贷记"银行存款"、"应付账款"、"应付票据"等账户。

【例 2-17】　康复制药有限公司以转账支票购入生产避孕药物所需原材料一批，取得对方开具的增值税专用发票，内列货款 300 000 元，增值税税额 51 000 元。该企业如何进行会计核算？

【解】　支付材料款时，会计核算如下：
　　借：物资采购　　　　　　　　　　　　　　　　　　　　　　　351 000
　　　　贷：银行存款　　　　　　　　　　　　　　　　　　　　　　351 000

【例 2-18】　星光电缆公司年终表彰优秀员工，以转账方式购买表彰用品一批，取得某批发商开具的增值税专用发票，内列货款 7 000 元，增值税税额 1 190 元，款项由工会经费和集体福利费各出资 50%。该企业如何进行会计核算？

【解】　该企业的会计核算如下：
　　借：其他应付款——工会经费　　　　　　　　　　　　　　　　 4 095
　　　　应付职工薪酬——职工福利　　　　　　　　　　　　　　　 4 095
　　　　贷：银行存款　　　　　　　　　　　　　　　　　　　　　　8 190

（2）一般纳税人购进应税货物或接受应税劳务取得普通发票的进项税额的会计核算

一般纳税人购进应税货物或接受应税劳务，如果不能取得增值税专用发票等合法扣款凭证，尽管其所支付或负担的款项中含有增值税税额，也一律不得抵扣进项税额，只能按取得的有关发票账单所列金额合计，借记"在途物资"、"物资采购"、"原材料"、"库存商品"、"包装物"、"低值易耗品"、"生产成本"、"制造费用"、"管理费用"等账户，贷记"银行存款"、"应付账款"、"应付票据"等账户。增值税合法扣税凭证是指增值税专用发票、海关进口增值税专用缴款书、农产品收购发票和农产品销售发票以及运输费用结算单据等。

【例 2-19】　益民环保设备有限公司，以现金方式从零售商店购入办公用品一批，取得普通零售发票，内列办公用品价款合计 654 元。该企业如何进行会计核算？

【解】　该企业的会计核算如下：
　　借：管理费用　　　　　　　　　　　　　　　　　　　　　　　　654
　　　　贷：现金　　　　　　　　　　　　　　　　　　　　　　　　　654

2.3.2 一般纳税人增值税销项税额的会计核算

销项税额是指一般纳税人销售货物和提供应税劳务,按照销售额和税率计算并向购买方收取的增值税税额。一般纳税人的销项税额在会计核算上主要是运用"应交税费——应交增值税"二级账户下的"销项税额"、"转出未交增值税"三级明细账户进行的。

其中,"销项税额"账户专门用来记录纳税人销售货物或提供应税劳务应收取的增值税税额,发生时用蓝字登记在贷方,销货退回或销售折让时用红字登记在贷方。"转出未交增值税"账户专门用来记录纳税人期末将"应交税费——应交增值税"二级账户的贷方数额转入"应交税费——未交增值税"账户的贷方数额,发生时用蓝字登记在借方。

1. 一般销售行为销项税额的会计核算

一般纳税人在采取直接收款销售时,应在收讫价款、开出发票账单,并将提货单交给对方时确认销项税额,不管对方是否提货;在采用托收承付和委托银行收款方式销售货物时,应在发出货物,开出发票账单,并向银行办妥收款手续时确认销项税额。

在会计核算上,按已确认的销项税额贷记"应交税费——应交增值税(销项税额)"账户;按已确认的收入额贷记"主营业务收入"、"其他业务收入"等账户;按已确认的销项税额和收入的合计,借记"银行存款"、"现金"、"应收账款"等账户。但是如果尚未将发出货物所有权上的主要风险和报酬转移给购货方时,既不能确认销项税额,也不能确认收入,只能将发出的货物实际成本借记"发出商品"账户。

【例 2-20】 奥迪斯电梯设备制造有限公司销售所产电梯两台,对外开出增值税专用发票,内列设备价款 400 000 元,增值税税额 68 000 元,款项收妥存入银行。该企业如何进行会计核算?

【解】 该企业的会计核算如下:

借:银行存款　　　　　　　　　　　　　　　　　　　　　　468 000
　　贷:主营业务收入　　　　　　　　　　　　　　　　　　　　400 000
　　　　应交税费——应交增值税(销项税额)　　　　　　　　　 68 000

纳税人销售应税货物,如果发生销货退回或销售折让,不论是当月销售的退货与折让,还是以前月份销售的退货与折让,均应红字贷记当月的"主营业务收入"账户;如果销货方能够收到购货方开具的原增值税专用发票的发票联和税款抵扣联或取得购货方税务机关开具的"进货退出或索取折让证明单",销售方可以开具红字专用发票,并凭红字专用发票上记载的增值税税额,以红字贷记"应交税费——应交增值税(销项税额)"账户,否则一律不得冲减销项税额;如果发生销售折扣,不能将折扣额与正常销售额开在同一张发票上,销售折扣额只能全部作为销货方的融资费用,在发生当期,借记"财务费用"账户,不能冲减销项税额。

注意,一般纳税人销售货物或者应税劳务,开具增值税专用发票后,发生销售货物退回或者折让、开票有误等情形,应按国家税务总局的规定开具红字增值税专用发票。未按规定开具红字增值税专用发票的,增值税额不得从销项税额中扣减。

【例 2-21】 家家乐家用电器批发公司上期对外销售家电产品一批,对外开具专用发票,内列价款 430 000 元,增值税税额 73 100 元,该批家电产品实际采购成本为 400 000 元,并承诺保修期为 6 个月,保修期内如果发生质量问题准予退货。本期发生退货两笔,其中一笔已退回原来开具的专用发票,并凭此开具红字专用发票,内列退回家电 7 台,每台售价 2 000 元,增值税税额 340 元;另一笔退回的 4 台既没退回原开具的专用发票,也未取得对方税务机关开具的"进货退出或索取折让证明单",两笔共计退现金 25 740 元。所退家电共 11 台重新验收入库,每台实际采购成本 1 700 元。该企业如何进行会计核算?

【解】
① 对外销售家电产品时,会计核算如下:

借:银行存款　　　　　　　　　　　　　　　　　　503 100
　　贷:主营业务收入　　　　　　　　　　　　　　　　430 000
　　　　应交税费——应交增值税(销项税额)　　　　　73 100

同时,
借:主营业务成本　　　　　　　　　　　　　　　　400 000
　　贷:库存商品　　　　　　　　　　　　　　　　　　400 000

② 开具红字专用发票,发生销货退回时,会计核算如下:

借:库存现金　　　　　　　　　　　　　　　　　　16 380
　　贷:主营业务收入　　　　　　　　　　　　　　　　14 000
　　　　应交税费——应交增值税(销项税额)　　　　　2 380

③ 未取得"进货退出或索取折让证明单",未开具红字发票,会计核算如下:

借:主营业务收入　　　　　　　　　　　　　　　　9 360
　　贷:库存现金　　　　　　　　　　　　　　　　　　9 360

同时,
借:库存商品　　　　　　　　　　　　　　　　　　18 700
　　贷:主营业务成本　　　　　　　　　　　　　　　　18 700

2. 委托代销和受托代销的销项税额的会计核算

一般纳税人将其生产、经营的应税货物委托代理商代为销售的,由于应税货物在实质对外销售前,委托商和代理商之间只是代理关系,而不是真正意义上的购销关系,因此,在会计核算上,发出委托代销商品并不确认销售收入和销项税额,应按发出的委托代销货物的实际成本,借记"委托代销商品"账户,贷记"库存商品"、"原材料"、"包装物"等账户。收到代理商转来代销清单时,标志着代理关系结束,真正意义上的购销关系成立,因此在会计核算上,借记"银行存款"、"应收账款"账户,贷记"主营业务收入"、"其他业务收入"和"应交税费——应交增值税(销项税额)"账户。但是如果委托商与代理商之间在代理合同中约定,采取只结算代理手续费,具体对外销售价由代理商根据市场供求自由确定的,委托商支付的代理手续费不得抵减应确认的销售收入和销项税额,应借记"销售费用"账户。

代理商收到委托商发来的委托代销货物时,按接受价,借记"受托代销商品"账户,贷记"代销商品款"账户;若代理商为零售企业,还应按代理商品的进销差价,贷记"商品进销差价"账户。代理商品代为销售后,要依据代理合同约定的代理商是否具有实质上的代理货物市场定价权,分别处理。若代理商有实质市场定价权,称其为视同买断,应既反映销售收入、销售成本,又反映销项税额;若代理商没有实质市场定价权,称其为只结算手续费,虽然也照样反映销项税额,但代理商只反映代购代销收入。

【例 2-22】 辉瑞制药有限公司委托甲代理商销售中成药,账面制造成本为 320 000 元,产品适用的增值税税率为 17%,代理合同约定该批中成药的具体市场售价多少由甲代理商自定,公司与甲代理商约定含税结算价为 468 000 元。甲代理商将该批中成药按含税售价 538 200 元出售后,向公司开具代销清单,并结清全部代理款项为 468 000 元。该企业如何进行会计核算?

【解】
① 辉瑞制药有限公司发出代理销售货物时,会计核算如下:
借:委托代销商品　　　　　　　　　　　　　　　　　　　　320 000
　　贷:库存商品　　　　　　　　　　　　　　　　　　　　　　320 000
② 收到代销清单时,会计核算如下:
借:银行存款　　　　　　　　　　　　　　　　　　　　　　468 000
　　贷:主营业务收入　　　　　　　　　　　　　　　　　　　400 000
　　　　应交税费——应交增值税(销项税额)　　　　　　　　 68 000
同时,
借:主营业务成本　　　　　　　　　　　　　　　　　　　　320 000
　　贷:委托代销商品　　　　　　　　　　　　　　　　　　　320 000
③ 甲代理商收到代销货物时,会计核算如下:
借:受托代销商品　　　　　　　　　　　　　　　　　　　　400 000
　　贷:代销商品款　　　　　　　　　　　　　　　　　　　　400 000
④ 代销货物销售后,会计核算如下:
借:银行存款　　　　　　　　　　　　　　　　　　　　　　538 200
　　贷:主营业务收入　　　　　　　　　　　　　　　　　　　460 000
　　　　应交税费——应交增值税(销项税额)　　　　　　　　 78 200
同时,
借:主营业务成本　　　　　　　　　　　　　　　　　　　　400 000
　　贷:受托代销商品　　　　　　　　　　　　　　　　　　　400 000
借:代销商品款　　　　　　　　　　　　　　　　　　　　　400 000
　　贷:应付账款　　　　　　　　　　　　　　　　　　　　　400 000
⑤ 开具代销清单并结清代销款项时,会计核算如下:
借:应付账款　　　　　　　　　　　　　　　　　　　　　　400 000
　　应交税费——应交增值税(进项税额)　　　　　　　　　　 68 000
　　贷:银行存款　　　　　　　　　　　　　　　　　　　　　468 000

【例 2-23】 辉瑞制药有限公司委托乙代理商代理销售针剂药品一批,账面制造成本为 45 000 元,产品适用的增值税税率为 17%,代理合同约定该批针剂的具体市场售价只能按委托方统一要求 70 200 元出售,公司按含税销售额的 6% 向代理商支付代销手续费。乙代理商已将代销货物销售出去并向委托商开具代销清单,公司已结清与委托商的相应款项,取得委托方开具的增值税专用发票。该企业如何进行会计核算?

【解】

① 辉瑞制药有限公司发出代理销售货物时,会计核算如下:

借:委托代销商品 45 000
 贷:库存商品 45 000

② 收到代销清单时,会计核算如下:

借:银行存款 65 988
  销售费用 4 212
 贷:主营业务收入 60 000
   应交税费——应交增值税(销项税额) 10 200

同时,

借:主营业务成本 45 000
 贷:委托代销商品 45 000

③ 乙代理商收到代理货物时,会计核算如下:

借:受托代销商品 60 000
 贷:代销商品款 60 000

④ 代销货物销售后,会计核算如下:

借:银行存款 70 200
 贷:应付账款 60 000
   应交税费——应交增值税(销项税额) 10 200

同时,

借:代销商品款 60 000
 贷:受托代销商品 60 000

⑤ 计提代销手续费时,会计核算如下:

借:应付账款 4 212
 贷:其他业务收入——代购代销收入 4 212

⑥ 向委托商开具代销清单并结清代销款项时,会计核算如下:

借:应付账款 55 788
  应交税费——应交增值税(进项税额) 10 200
 贷:银行存款 65 988

3. 包装物销售及包装物押金的销项税额的会计核算

一般纳税人无论是单独出售包装物还是随货出售单独计价包装物,都应在反映包装物销售收入的同时,反映包装物的销项税额,借记"应收账款"、"银行存款"等账户,贷记"其他业务收入"、"应交税费——应交增值税(销项税额)"账户。如果纳税人出租出借包装物,虽然出租包装物的租金收入计入"其他业务收入"账户,不缴纳增值税而缴纳营业税,但出租出借包装物收取的逾期一年未退的押金、逾期未收回出租出借包装物而没收的押金以及加收的押金,都应作为计税销售额反映包装物押金的销项税额,借记"其他应付款——存入保证金"账户,贷记"应交税费——应交增值税(销项税额)"账户。

【例 2-24】 星光电缆公司本期对外销售电缆一批,同时随货销售包装物木轴 4 个,对外开具增值税专用发票,内列电缆货款为 90 000 元,增值税税额 15 300 元;木轴款 4 000 元,增值税税额 680 元,款项尚未收到。该企业如何进行会计核算?

【解】 该企业的会计核算如下:

借:应收账款	109 980
贷:主营业务收入	90 000
其他业务收入	4 000
应交税费——应交增值税(销项税额)	15 980

4. 混合销售的销项税额的会计核算

一般纳税人在生产经营活动中,如果销售应税货物或应税劳务的同时涉及非应税的劳务时,应将非应税劳务收入额作为混合收入,一并缴纳增值税。在会计核算上,借记"银行存款"、"现金"、"应收账款"等账户,贷记"主营业务收入"、"其他业务收入"、"应交税费——应交增值税(销项税额)"账户。

【例 2-25】 奥迪斯设备有限公司本期销售所产设备 10 台,对外开具增值税专用发票,内列设备价款 580 000 元,增值税税额 98 600 元,设备安装费 50 000 元,增值税税额 8 500 元,款项总计 737 100 元,收讫存入银行。该企业如何进行会计核算?

【解】 该企业的会计核算如下:

借:银行存款	737 100
贷:主营业务收入	580 000
其他业务收入	50 000
应交税费——应交增值税(销项税额)	107 100

5. 以旧换新销售的销项税额的会计核算

一般纳税人采取以旧换新方式销售应税货物的,除了金银首饰可以按实际收取的不含税价款作为计税销售额外,其他的以旧换新销售业务,必须以新货物的同期正常销售价格确定计税销售额,不得扣减旧货物的回收价。在会计核算上,按扣除回收旧货物应收或实收价税合计,借记"银行存款"、"应收账款"、"应收票据"账户;按回收的旧货物所得价款,借记"原材料"账户;按新货物正常对外销售不含税价款计提的销项税额,贷记"应交税费——应交增值税(销项税额)"账户。

【例 2-26】 家家乐电器有限公司在促销月活动中,推出以旧换新销售冰箱业务,今日共销售冰箱 400 台,每台冰箱正常对外销售含税价为 2 925 元,采取以旧换新方式回收一台旧冰箱抵付货款 800 元后,每台冰箱实收价款 2 125 元,冰箱组开来销售日报。该企业如何进行会计核算?

51

【解】 该企业的会计核算如下：

借：银行存款　　　　　　　　　　　　　　　　　　　　　　　850 000
　　原材料　　　　　　　　　　　　　　　　　　　　　　　　320 000
　　贷：主营业务收入　　　　　　　　　　　　　　　　　　　1 000 000
　　　　应交税费——应交增值税（销项税额）　　　　　　　　170 000

同时，

借：主营业务成本　　　　　　　　　　　　　　　　　　　　　1 170 000
　　贷：库存商品——冰箱组　　　　　　　　　　　　　　　　1 170 000

6. 视同销售行为销项税额的会计核算

(1) 将应税货物用于非应税项目、免税项目、集体福利和个人消费的销项税额的会计核算

一般纳税人如果将应税货物用于非应税项目、免税项目、集体福利和个人消费，除了用于发放职工实物工资外，按会计制度规定一律不反映应税货物的销售收入和销售成本，但按税法规定，应于货物移送使用时作视同销售处理，按应税货物正常的市场销售的公允价值作为计税销售额，计算增值税的销项税额，贷记"应交税费——应交增值税（销项税额）"账户；按应税货物的账面价值加上相关税费后的数额，借记"生产成本"、"制造费用"、"应付职工薪酬"、"其他应付款"、"销售费用"等账户；按照应税货物的账面余额，贷记"原材料"、"库存商品"、"自制半成品"等账户。

【例 2-27】 万家乐热水器有限公司，将一批含税售价为 187 200 元的家用电器作为实物工资发放给职工，该批电器的制造成本为 140 000 元。该企业如何进行会计核算？

【解】 该企业的会计核算如下：

借：应付职工薪酬　　　　　　　　　　　　　　　　　　　　　187 200
　　贷：主营业务收入　　　　　　　　　　　　　　　　　　　160 000
　　　　应交税费——应交增值税（销项税额）　　　　　　　　27 200

同时，

借：主营业务成本　　　　　　　　　　　　　　　　　　　　　140 000
　　贷：库存商品　　　　　　　　　　　　　　　　　　　　　140 000

(2) 将应税货物用于基本建设的销项税额的会计核算

一般纳税人如果将应税货物用于基本建设，虽然按会计制度不反映应税货物的销售收入和销售成本，但按税法规定应于移送使用时，按应税货物的正常对外销售市场公允价值作为计税销售额，计提增值税的销项税额，并贷记"应交税费——应交增值税（销项税额）"账户；按用于基本建设的应税货物的账面价值，贷记"库存商品"等账户；按账面价值和销项税额的合计，借记"在建工程"账户。

【例 2-28】 创新科技电子公司将其所生产的一批感应节水器领用出库，用于公司的基本建设工程，该批感应节水器账面成本为 400 000 元，市场正常销售公允价值为 590 000 元。该企业如何进行会计核算？

【解】 该企业的会计核算如下：

借：在建工程　　　　　　　　　　　　　　　　　　　　　　　500 300

    贷：库存商品   400 000
       应交税费——应交增值税（销项税额）   100 300

（3）将应税货物用于对外投资的销项税额的会计核算

一般纳税人将应税货物用于对外投资时，按税法规定应于货物移送时，按正常对外销售的市场公允价值作为计税销售额，计提增值税的销项税额，贷记"应交税费——应交增值税（销项税额）"账户；按应税货物的账面余额，贷记"库存商品"、"自制半成品"等账户；按应税货物已提的资产损失准备，借记"存货跌价准备"账户；按支付的相关费用贷记"银行存款"等账户；按应税货物的账面价值加上相关税费的合计额，借记"长期股权投资"等账户。但是如果以应税货物取得的股权投资包含了已宣告尚未发放的现金股利，则已宣告的应收股利应从投资成本中扣除，单独作为应收股利入账，借记"应收股利"账户。

【例2-29】 利民环保设备有限公司以其库存商品对外投资入股，组建股份有限公司，该批库存商品账面成本为300 000元，并已计提存货跌价准备30 000元，正常对外销售不含税售价为330 000元，为运送该批产品以转账方式支付运费6 000元，取得专业运输公司开具普通运费发票，投资额占被投资企业所有者权益总额的比例为25%，新组建的股份有限公司所有者权益总额为1 500 000元。该企业如何进行会计核算？

【解】 该企业的会计核算如下：
    借：长期股权投资   391 680
       应交税费——应交增值税（进项税额）   420
       贷：主营业务收入   330 000
          应交税费——应交增值税（销项税额）   56 100
          银行存款   6 000
    借：主营业务成本   270 000
       存货跌价准备   30 000
       贷：库存商品   300 000

（4）将应税货物用于分配股利的销项税额的会计核算

一般纳税人将应税货物用于向投资者分配股利、利润、红利时，按税法要求，在应税货物移送环节作视同销售处理，计提增值税销项税额，而且还应反映应税货物的销售收入和销售成本，借记"应付股利"账户，贷记"主营业务收入"、"其他业务收入"和"应交税费——应交增值税（销项税额）"账户；同时，借记"主营业务成本"、"其他业务成本"账户，贷记"库存商品"、"自制半成品"、"原材料"等账户。

【例2-30】 通用汽车公司上年末已宣告发放股东现金股利4 680 000元，现因资金相对紧张，改用公司自产的别克高档轿车20辆向十大流通股东发放实物股利。该种轿车每辆制造成本为120 000元，每辆正常对外销售的不含税售价为200 000元。该企业如何进行会计核算？

【解】 该企业的会计核算如下：
    借：应付股利   4 680 000
       贷：主营业务收入   4 000 000

应交税费——应交增值税（销项税额）　　　　　　　　　　　　680 000

同时，
　　借：主营业务成本　　　　　　　　　　　　　　　　　　　2 400 000
　　　　贷：库存商品　　　　　　　　　　　　　　　　　　　　　　2 400 000

（5）将应税货物用于对外捐赠的销项税额的会计核算

按税法规定，一般纳税人将应税货物用于对外捐赠，无论是公益性捐赠还是非公益性捐赠，均应于货物移送时作视同销售处理，按其正常对外销售的市场价格计提增值税的销项税额，贷记"应交税费——应交增值税（销项税额）"账户；按对外捐赠货物的账面价值，贷记"库存商品"、"自制半成品"等账户；按对外捐赠货物的账面成本与相关税费之和，借记"营业外支出"账户。

【例2-31】 健民制药有限公司向汶川地震灾区捐赠账面成本为280 000的外伤应急药品，该批药品正常市场销售不含税售价为320 000元，适用增值税税率为17％。该企业如何进行会计核算？

【解】 该企业的会计核算如下：
　　借：营业外支出　　　　　　　　　　　　　　　　　　　　　334 400
　　　　贷：库存商品　　　　　　　　　　　　　　　　　　　　　　280 000
　　　　　　应交税费——应交增值税（销项税额）　　　　　　　　　54 400

7. 其他特殊情况下销项税额的会计核算

（1）将应税货物用于非货币性资产交换的销项税额的会计核算

一般纳税人将应税货物用于非货币性资产交换时，应按换出货物的公允价值作为计税销售额计算销项税额，贷记"应交税费——应交增值税（销项税额）"账户。如果非货币资产交换中换回应税货物，还可按对方开具的增值税专用发票等合法扣税凭证上注明的增值税税额，抵扣进项税额，借记"应交税费——应交增值税（进项税额）"账户；按确定的换入非货币资产的入账价值，借记"原材料"、"库存商品"、"包装物"、"周转材料"、"长期股权投资"、"固定资产"、"无形资产"等账户；按已提的换出资产跌价损失准备，借记"存货跌价准备"、"长期股权投资减值准备"、"无形资产减值准备"、"在建工程减值准备"等账户；按收到的补价款借记"银行存款"等账户；按换出资产的账面余额贷记"库存商品"、"原材料"、"持有至到期投资"、"长期股权投资"、"无形资产"、"固定资产清理"等账户；按支付的补价和有关费用，贷记"银行存款"等账户；按收到补价应确认的损益，借记"营业外支出"或贷记"营业外收入"账户。

【例2-32】 创维电器设备有限公司以一批库存商品交换B公司拥有的作为长期股权投资的D公司股票。创维设备有限公司库存商品账面余额为70 000元，在交换日的公允价值为80 000元，并已提存货跌价准备10 000元；B公司长期股权投资账面价值为80 000元，在交换日的公允价值为70 000元，已计提长期股权投资跌价准备2 000元。创维电器设备有限公司收到B公司支付的补价10 000元存入银行。在交易过程中，创维电器设备有限公司发生费用800元，以现金支付，增值税税率为17％，计税价格为公允价值。该企业如何进行会计核算？

【解】 首先判断该项交易是否属于非货币性资产交换。收到的补价/换出资产的公允价值的比例为 10 000/80 000＝12.5％，小于 25％，该项交易为非货币性资产交换。

该企业的会计核算如下：

增值税税额＝80 000×17％＝13 600(元)

应确认的损益＝(1－70 000/80 000)×10 000＝1 250(元)

换入长期股权投资的入账价值＝70 000＋1250＋13 600＋800＝85 650(元)

借：长期股权投资——D 公司股票	85 650
银行存款	10 000
贷：主营业务收入	80 000
应交税费——应交增值税(销项税额)	13 600
营业外收入——非货币性交易收益	1 250
现金	800

同时，

借：主营业务成本	60 000
存货跌价准备	10 000
贷：库存商品	70 000

(2) 将应税货物用于抵债的销项税额的会计核算

一般纳税人将应税货物用于抵付应付债务，实行债务重组时，按税法规定，用于抵债的应税货物应于移送环节作视同销售处理，计算销项税额，以用于抵债的应税货物的公允价值作为计税销售额，计提增值税的销项税额，贷记"应交税费——应交增值税(销项税额)"账户；按重组日应付债务的账面余额，借记"应付账款"、"应付票据"、"预收账款"、"其他应付款"、"短期借款"、"长期借款"等账户；按用于抵债的应税货物已提的资产损失准备，借记"存货跌价准备"等账户；按收到的补价款借记"银行存款"账户；按用于抵债的应税货物的账面余额，贷记"库存商品"、"自制半成品"、"原材料"、"包装物"、"低值易耗品"等账户；按支付的补价和有关费用，贷记"银行存款"、"现金"等账户；按债务重组损失借记"营业外支出"账户；按债务重组收益，贷记"营业外收入"账户。

【例 2-33】 星光电缆公司与其原料供应商签订债务重组协议，供应商同意星光电缆公司以其电缆产品抵付应付的材料款项 520 000 元，星光电缆公司向供应商开具增值税专用发票，内列电缆款 400 000 元，增值税税额 68 000 元，该批电缆实际生产成本为 320 000 元，并已提存货跌价准备 12 000 元，公司为运送此批电缆以现金支付运费 1 000 元，取得专业运输公司开具的普通运费发票。该企业如何进行会计核算？

【解】 该企业的会计核算如下：

借：应付账款	520 000
应交税费——应交增值税(进项税额)	70
贷：主营业务收入	400 000
应交税费——应交增值税(销项税额)	68 000
现金	1 000

　　　　营业外收入——债务重组收益　　　　　　　　　　　　　　51 070
　　借：主营业务成本　　　　　　　　　　　　　　　　　　　　308 000
　　　　存货跌价准备　　　　　　　　　　　　　　　　　　　　 12 000
　　　　贷：库存商品　　　　　　　　　　　　　　　　　　　　320 000

（3）售后回购的销项税额的会计核算

一般纳税人在生产经营过程中，如果为了盘活存量资产，抓住有利的投资机会，可以采取售后回购方式销售其产品，通常情况下，由于售后回购属于融资交易，售出商品时，销货方对已售出商品仍然实施有效控制。因此，在会计核算上，不做销售处理，按照所收价款合计，借记"银行存款"账户；按售出商品账面价值，贷记"库存商品"、"原材料"、"包装物"等账户；按售出商品成交价作为计税销售额，计提增值税销项税额，贷记"应交税费——应交增值税（销项税额）"账户；按支付的其他税费额，贷记"银行存款"等账户，并将记账后账面上借贷双方的差额，贷记"其他应付款"账户。售出商品实际回购并补提回购价差时，计入"财务费用"之中，借记"财务费用"账户，贷记"其他应付款"账户。

【例 2-34】 安泰设备有限公司为了盘活资产，于 2008 年 5 月 8 日与客户签订一项售后回购合同，公司向客户销售所产设备一批，账面成本额为 800 000 元，向客户开具增值税专用发票，内列货款 1 000 000 元，增值税税额 170 000 元。回购合同约定，当年 9 月 8 日公司必须将所售给客户的设备以 1 100 000 元的不含税价回购，所售设备价税款已收讫。该企业如何进行会计核算？

【解】

① 售出商品时，会计核算如下：

　　借：银行存款　　　　　　　　　　　　　　　　　　　　　1 170 000
　　　　贷：应交税费——应交增值税（销项税额）　　　　　　　　170 000
　　　　　　其他应付款　　　　　　　　　　　　　　　　　　1 000 000
　　借：发出商品　　　　　　　　　　　　　　　　　　　　　　800 000
　　　　贷：库存商品　　　　　　　　　　　　　　　　　　　　800 000

② 每月补提回购价差时，会计核算如下：

　　借：财务费用　　　　　　　　　　　　　　　　　　　　　　 20 000
　　　　贷：其他应付款　　　　　　　　　　　　　　　　　　　 20 000

③ 回购商品并取得对方开具专用发票时，会计核算如下：

　　借：其他应付款　　　　　　　　　　　　　　　　　　　　1 100 000
　　　　应交税费——应交增值税（进项税额）　　　　　　　　　 187 000
　　　　贷：银行存款　　　　　　　　　　　　　　　　　　　1 287 000

同时，

　　借：库存商品　　　　　　　　　　　　　　　　　　　　　　800 000
　　　　贷：发出商品　　　　　　　　　　　　　　　　　　　　800 000

（4）售后回租的销项税额的会计核算

一般纳税人在生产经营活动中，为了盘活存量资产，也可以采取售后回租的方式销售其产品。但因售后回租的商品在销售方发出商品时,仍可对已售出商品实施控制,因此,在会计核算上,按售出商品所收价款合计,借记"银行存款"账户;按售出商品账面余额,贷记"库存商品"、"原材料"、"周转材料"等账户;按售出商品成交价计提增值税的销项税额,贷记"应交税费——应交增值税(销项税额)"账户;按支付的其他相关税费贷记"银行存款"等账户,将记账后账面上的借贷双方差额,贷记"递延收益"账户;并在售出商品日后回租时,根据租赁方式不同,分别将递延收益分期摊销,冲减融资租回各期所提折旧或冲减经营租回的租赁费用。

【例 2-35】 静安环保设备有限公司为了盘活资产,本月向客户销售环保设备一套,并与客户签订售后回租合同,约定从下月起公司融资租回所售出的环保设备,对外开具增值税专用发票,内列设备货款 2 000 000 元,增值税税额 340 000 元,最低租赁付款额为 3 200 000 元,该设备账面成本为 1 680 000 元。该企业如何进行会计核算?

【解】 交货时,会计核算如下:

借:银行存款	2 340 000
贷:库存商品	1 680 000
应交税费——应交增值税(销项税额)	340 000
递延收益——未实现售后租回损益	320 000

(5) 销售自己使用过的固定资产的销项税额的会计核算

一般纳税人对于应缴纳增值税的对外销售的固定资产(购进固定资产的进项税额准予抵扣),应计提增值税的销项税额,贷记"应交税费——应交增值税(销项税额)"账户。

【例 2-36】 2009 年 5 月,康泰设备制造有限公司因经营业务调整,出售已使用过的一辆小轿车和一辆摩托车,其中小轿车账面原值为 170 000 元,已提折旧 130 000 元,以 48 000 元的价格出售;摩托车账面原值为 9 000 元,已提折旧 1 000 元,以 9 200 元的价格出售。公司向对方开具普通发票,款已收妥存入银行。该企业如何进行会计核算?

【解】

① 转入清理时,会计核算如下:

借:固定资产清理	40 000
累计折旧	130 000
贷:固定资产——小轿车	170 000

同时,

借:固定资产清理	8 000
累计折旧	1 000
贷:固定资产——摩托车	9 000

② 取得出售价款时,会计核算如下:

应交增值税销项税额 = (48 000 + 9 200) ÷ 1.04 × 0.04 ÷ 2 = 1 100(元)

借:银行存款	56 100
贷:固定资产清理	55 000
应交税费——应交增值税(销项税额)	1 100

③ 结转出售净收益时,会计核算如下:
借:固定资产清理   7 000
　　贷:营业外收入   7 000

【例 2-37】 某家用电器生产企业为增值税一般纳税人,适用增值税税率17%,2009年5月有关生产经营业务如下:

① 销售甲产品给某家电商场,开具增值税专用发票,取得不含税销售额80万元;另外,开具普通发票,取得销售甲产品的送货运输费收入5.85万元。

② 销售乙产品给代理商,开具普通发票,取得含税销售额29.25万元。

③ 将研制的一批应税新产品用于本企业基建工程,成本价为20万元,成本利润率为10%,该新产品无同类产品市场销售价格,按组成计税价格计算纳税。

④ 销售使用过的进口摩托车5辆,开具普通发票,每辆取得含税销售额1.04万元;该摩托车原值每辆0.9万元。

⑤ 购进货物取得增值税专用发票:注明支付的货款60万元,进项税额10.2万元,货物验收入库;另外,支付购货的运输费用6万元,取得运输公司开具的普通发票。

⑥ 向农业生产者购进免税农产品一批,支付收购价30万元,支付给运输单位的运费5万元,取得相关的合法票据,农产品验收入库。本月下旬将购进的农产品的20%用于本企业职工福利。

⑦ 为扩大生产,新购置一条生产线价值50万元,专用发票上注明的税额为8.5万元。

计算该企业2009年5月应缴纳的增值税。

【解】
① 销售甲产品的销项税额=80×17%+5.85÷(1+17%)×17%=14.45(万元)
② 销售乙产品的销项税额=29.25÷(1+17%)×17%=4.25(万元)
③ 自用新产品的销项税额=20×(1+10%)×17%=3.74(万元)
④ 销售使用过的摩托车的销项税额=1.04÷(1+4%)×4%÷2×5=0.1(万元)
⑤ 外购货物应抵扣的进项税额=10.2+6×7%=10.62(万元)
⑥ 外购免税农产品应抵扣的进项税额=(30×13%+5×7%)×(1-20%)=3.4(万元)
⑦ 从2009年1月1日起,购进固定资产可抵扣进项税8.5万元
⑧ 该企业5月份应缴纳的增值税=14.45+4.25+3.74+0.1-10.62-3.4-8.5=0.02(万元)

2.3.3 增值税出口货物退税的会计核算

增值税出口退税是指国家按照有关政策制度的规定,对企业报关出口的货物退还其已缴纳增值税税额的行为。

1. 外贸企业出口退(免)税的会计核算

外贸企业出口货物有自营出口和委托出口两种形式,其出口货物所获得的增值税退税款,在账务处理上,应冲减相应的"进项税额"或"已交税金",而且不并入利润征收企业所得税。计算应退增值税税额时,借记"应收补贴款"账户,贷记"应交税费——应交增值税(出口

退税)"账户;计算不予退还的增值税税额时,借记"主营业务成本"账户,贷记"应交税费——应交增值税(进项税额转出)"账户;实际收到出口货物退回的增值税时,借记"银行存款"账户,贷记"应收补贴款"账户。

【例2-38】 威达外贸公司是有进出口经营权的外贸公司,本期该公司从海尔电器股份有限公司购进一批家电产品用于出口,取得海尔公司开具的增值税专用发票,内列家电货款100万元,增值税税额17万元,价税款合计以银行汇票付讫。该批所购家电产品本期全部出口,离岸价为18万美元,当日市场汇率为1USD=7.5CNY,申请退税的单证齐全,该家电产品出口退税率为13%。该企业如何进行会计核算?

【解】

① 申报出口退税时,会计核算如下:

应退增值税=1 000 000×13%=130 000(元)

出口货物不予退税的税额=1 000 000×(17%－13%)=40 000(元)

借:应收补贴款——增值税退税   130 000
  贷:应交税费——应交增值税(出口退税)   130 000
借:主营业务成本   40 000
  贷:应交税费——应交增值税(进项税额转出)   40 000

② 收到增值税退税款时,会计核算如下:

借:银行存款   130 000
  贷:应收补贴款——增值税退税   130 000

2. 生产企业"免、抵、退"增值税的会计核算

实行"免、抵、退"办法办理出口退税的生产企业,直接出口和委托外贸企业代理出口的货物,在出口销售环节免征增值税,并按规定的退税率计算出口货物的进项税额、出口抵减内销产品应纳税额,企业按购进原材料等取得的增值税进项税额,出口抵减内销产品应纳税额。企业按购进原材料等取得的增值税专用发票上记载的增值税税额与按照退税率计算的增值税税额的差额,借记"主营业务成本"账户,贷记"应交税费——应交增值税(进项税额转出)"账户;按规定的退税率计算出口货物的进项税额抵减内销产品的应纳税额,借记"应交税费——应交增值税(出口抵减内销产品应纳税额)"账户,贷记"应交税费——应交增值税(出口退税)"账户;对确因出口比重过大,在规定期限内不足抵减的,不足部分可按有关规定给予退税,借记"应收补贴款"账户,贷记"应交税费——应交增值税(出口退税)"账户。

【例2-39】 创维科技电子公司为有进出口自营权的生产企业,本期内销电子产品不含税价款为1 200 000元,出口销售电子产品折合成人民币为2 300 000元,同期购入货物的进项税额为90 000元,期初未交增值税借方余额为60 000元,出口退税率为15%,申请退税单证齐全。该企业如何进行会计核算?

【解】 该企业的会计核算如下:

内销产品销项税额=1 200 000×17%=204 000(元)

当期不予抵(退)税额=2 300 000×(17%－15%)=46 000(元)

当期应纳(退)增值税税额=204 000－(90 000－46 000)－60 000=100 000(元)

① 结转当期不予抵(退)税额时：

借：主营业务成本　　　　　　　　　　　　　　　　　　　　46 000
　　贷：应交税费——应交增值税(进项税额转出)　　　　　　　　46 000

② 上缴应交增值税税额时：

借：应交税费——应交增值税(已交税金)　　　　　　　　　　100 000
　　贷：银行存款　　　　　　　　　　　　　　　　　　　　　100 000

【例 2-40】　卫民环保设备有限公司为有进出口自营权的生产企业，本期内销产品不含税售价总额为 10 000 000 元，出口销售额折合成人民币 5 000 000 元，出口销售额占全部销售额的 33.33%，公司适用的增值税税率为 17%，适用的出口退税率为 15%，本期购入货物的进项税额 1 250 000 元，期初未缴增值税借方余额为 700 000 元，本期全部产品销售成本总额为 12 000 000 元，申请退税单证齐全。该企业如何进行会计核算？

【解】　该企业的会计核算如下：

本期内销货物销项税额＝10 000 000×17%＝1 700 000(元)

本期不予抵(退)税额＝5 000 000×(17%－15%)＝100 000(元)

当期应纳(退)税额＝1 700 000－(1 250 000－100 000)－700 000＝－150 000(元)

当期免抵退税额＝5 000 000×15%＝750 000(元)

当期免抵税额＝750 000－150 000＝600 000(元)

① 结转当期不予抵(退)税额时：

借：主营业务成本　　　　　　　　　　　　　　　　　　　　100 000
　　贷：应交税费——应交增值税(进项税额转出)　　　　　　　　100 000

② 结转出口抵减内销产品税额时：

借：应交税费——应交增值税(出口抵减内销产品应纳税额)　　　600 000
　　贷：应交税费——应交增值税(出口退税)　　　　　　　　　　600 000

③ 收到退税额时：

借：银行存款　　　　　　　　　　　　　　　　　　　　　　150 000
　　贷：应交税费——应交增值税(出口退税)　　　　　　　　　　150 000

3. 兼营内销和出口货物退税的会计核算

【例 2-41】　万通设备有限公司为有进出口自营权的生产企业，本期内销设备不含税收入 1 500 000 元，出口设备折合为人民币 3 500 000 元，本期国内购进原材料等进项税额合计 510 000 元，期初未缴增值税借方余额 215 000 元，国内销售价税款项合计已收妥存入银行，内销产品制造成本为 1 050 000 元，出口销售价款尚未收到，出口销售产品制造成本为 2 300 000 元。适用的增值税税率为 17%，出口退税率为 15%，申请退税单证齐全。该企业如何进行会计核算？

【解】

① 国内销售时，会计核算如下：

借：银行存款　　　　　　　　　　　　　　　　　　　　　　1 755 000
　　贷：主营业务收入　　　　　　　　　　　　　　　　　　　1 500 000

应交税费——应交增值税(销项税额)　　　　　　　　　　　255 000
同时,
　借:主营业务成本　　　　　　　　　　　　　　　　　　1 050 000
　　贷:库存商品　　　　　　　　　　　　　　　　　　　　　　1 050 000
② 出口销售时,会计核算如下:
　借:应收账款　　　　　　　　　　　　　　　　　　　　3 500 000
　　贷:主营业务收入　　　　　　　　　　　　　　　　　　　　3 500 000
同时,
　借:主营业务成本　　　　　　　　　　　　　　　　　　2 300 000
　　贷:库存商品　　　　　　　　　　　　　　　　　　　　　　2 300 000
③ 结转不予抵(退)税额时,会计核算如下:
本期内销货物销项税额=1 500 000×17%=255 000(元)
本期不予抵(退)税额=3 500 000×(17%-15%)=70 000(元)
本期应纳(退)税额=255 000-(510 000-70 000)-215 000=-400 000(元)
　借:主营业务成本　　　　　　　　　　　　　　　　　　　　70 000
　　贷:应交税费——应交增值税(进项税额转出)　　　　　　　　　70 000
④ 计提应退税额时,会计核算如下:
出口销售所占比例=3 500 000÷(1 500 000+3 500 000)×100%=70%>50%
　　3 500 000×15%=525 000(元)
由于400 000<525 000,所以应退税额为400 000元
　借:应收补贴款　　　　　　　　　　　　　　　　　　　　400 000
　　贷:应交税费——应交增值税(出口退税)　　　　　　　　　　400 000
⑤ 收到退税款时,会计核算如下:
　借:银行存款　　　　　　　　　　　　　　　　　　　　　400 000
　　贷:应收补贴款　　　　　　　　　　　　　　　　　　　　　400 000

4. 生产企业"先征后退"增值税的会计核算

　　没有进出口自营权的生产企业委托外贸企业出口货物时,只能采取"先征后退"的办法计算退税。在账务处理上,按出口离岸价,借记"应收账款"账户;按出口离岸价与增值税税率的乘积,贷记"应交税费——应交增值税(销项税额)"账户;按两者之差,贷记"主营业务收入"账户。收到出口退税款时,借记"银行存款"账户,内资企业贷记"补贴收入"账户,外资企业贷记"营业外收入——退税收入"账户。

【例 2-42】 海韵股份有限公司为没有进出口经营权的合资生产企业,本期国内销售锰钢 2 000 吨,每吨不含税售价为 2 000 元,委托外贸公司代理出口钢材 1 000 吨,每吨离岸价为 280 美元,出口日市场汇率为 1USD=7.2CNY,每吨制造成本为 1 360 元,销售价税款项全部收妥存入银行,公司适用增值税税率为 17%,适用退税率为 15%,当期购入原材料等发生进项税额共计 780 000 元,期初未缴增值税借方余额 120 000 元,申请出口退税单证齐全。该企业如何进行会计核算?

【解】

① 国内销售时,会计核算如下:

借:银行存款	4 680 000
贷:主营业务收入	4 000 000
应交税费——应交增值税(销项税额)	680 000

同时,

借:主营业务成本	2 720 000
贷:库存商品	2 720 000

② 委托出口销售时,会计核算如下:

借:银行存款	2 016 000
贷:主营业务收入——出口销售收入	2 016 000

同时,

借:主营业务成本——出口销售成本	1 360 000
贷:委托代销商品	1 360 000

③ 结转不予抵(退)税额时,会计核算如下:

本期不予抵(退)税额 $=1\,000\times280\times7.2\times(17\%-15\%)=40\,320$(元)

借:主营业务成本——出口销售成本	40 320
贷:应交税费——应交增值税(进项税额转出)	40 320

④ 缴纳应交增值税时,会计核算如下:

应交增值税 $=2\,000\times2\,000\times17\%+1\,000\times280\times7.2\times17\%-780\,000-120\,000$
$\qquad\qquad=122\,720$(元)

借:应交税费——应交增值税(已交税金)	122 720
贷:银行存款	122 720

⑤ 实际收到退税款时,会计核算如下:

应退增值税 $=1\,000\times280\times7.2\times15\%=302\,400$(元)

借:银行存款	302 400
贷:应收补贴款	302 400

2.3.4 小规模纳税人增值税的会计核算

小规模纳税人核算增值税,只要核算增值税的应交数、已交数及欠交或多交数即可。这样,只要在"应交税费"账户下设置"应交增值税"明细账户并采用"借、贷、余"三栏式账页即可。该明细账户的借方记录已缴纳的增值税,贷方记录应缴纳的增值税。月末如有借方余额,即为多交的增值税;如为贷方余额,即为应交未交的增值税。

1. 小规模纳税人购进货物及接受应税劳务支付的增值税的会计核算

小规模纳税人由于实行简易定率征收办法,其购入货物及接受应税劳务支付的增值税税额,应直接计入货物及劳务的成本,所以应按发票所列价款和税款合计数,直接借记"物资采购"、"委托加工物资"、"原材料"、"包装物"、"低值易耗品"、"库存商品"等账户,贷记"应付账款"、"应付票据"、"银行存款"等账户。

【例 2-43】 利民公司为小规模纳税人,2009 年 8 月份购进一批原材料,增值税专用发票注明价款为 10 000 元,增值税税额为 1 700 元。材料已验收入库,款项已支付。该企业如何进行会计核算?

【解】 该企业的会计核算如下:

借:原材料　　　　　　　　　　　　　　　　　　　　　　　　　　　11 700
　　贷:银行存款　　　　　　　　　　　　　　　　　　　　　　　　　　11 700

2. 小规模纳税人销售货物及提供应税劳务的会计核算

小规模纳税人销售货物或提供应税劳务,能认真履行纳税义务的,经县(市)税务局批准,可由税务所代开增值税专用发票;不认真履行纳税义务的,不能代开增值税专用发票,只能开具普通发票。能代开增值税专用发票的,根据专用发票上注明的价款和税额合计,借记"应收账款"、"银行存款"等账户;根据专用发票上注明的价款,贷记"主营业务收入"、"其他业务收入"等账户;根据专用发票上注明的税额,贷记"应交税费——应交增值税"账户。开具普通发票的,由于是价税合并定价的,因此应当将发票上注明的总金额分解为不含增值税的价款和按此价款的 3%计算的增值税税额,按发票总金额借记"应收账款"、"银行存款"等账户;按分解出的不含税价款贷记"主营业务收入"、"其他业务收入"等账户;按计算出的增值税税额,贷记"应交税费——应交增值税"账户。

【例 2-44】 利民公司为小规模纳税人,2009 年 8 月份销售 C 产品一批,由税务机关代开的增值税专用发票上注明的货款为 15 000 元,增值税税额为 450 元。产品已发出,款项已收妥存入银行。该企业如何进行会计核算?

【解】 该企业的会计核算如下:

借:银行存款　　　　　　　　　　　　　　　　　　　　　　　　　　　15 450
　　贷:主营业务收入　　　　　　　　　　　　　　　　　　　　　　　　15 000
　　　　应交税费——应交增值税　　　　　　　　　　　　　　　　　　　　450

【例 2-45】 利民公司 2009 年 8 月份销售 D 产品给星星公司(小规模纳税人),开具普通发票一张,金额 2 060 元。产品已售出,货款尚未收回。该企业如何进行会计核算?

【解】 该企业的会计核算如下:

不含税销售额=2 060÷(1+3%)=2 000(元)

应纳增值税额=2 000×3%=60(元)

借:应收账款——星星公司　　　　　　　　　　　　　　　　　　　　　2 060
　　贷:主营业务收入　　　　　　　　　　　　　　　　　　　　　　　　2 000
　　　　应交税费——应交增值税　　　　　　　　　　　　　　　　　　　　60

小规模纳税人将货物用于非应税项目、对外投资、捐赠、分配给投资者、用于集体福利或个人消费等项目,与一般纳税人一样,应当视同销售,按 3%的征收率计征增值税。

【例 2-46】 利民公司 8 月份将 D 产品一件作为本公司的固定资产,该产品成本为 8 000 元,按当月售价计算为 9 270 元。该企业如何进行会计核算?

【解】 该企业的会计核算如下：

不含税的价款＝9 270÷(1＋3％)＝9 000(元)

应纳增值税＝9 000×3％＝270(元)

借：固定资产　　　　　　　　　　　　　　　　　　　　　　8 270

　　贷：库存商品——D产品　　　　　　　　　　　　　　　　8 000

　　　　应交税费——应交增值税　　　　　　　　　　　　　　270

小规模纳税人销售货物发生退回及折让的业务，其会计核算方法与一般纳税人办理的手续相同。小规模纳税人因销售货物发生退回或者折让退还给购买方的销售额，应从发生销售货物发生退回或者折让当期的销售额中扣减。

【例2-47】 利民公司销售给星星公司G产品，因质量原因有部分退货206元，同时收到对方税务机关开具的"企业进货退出及索取折让证明单"一张。利民公司根据税务机关证明单开具红字发票一张，金额206元。该企业如何进行会计核算？

【解】

不含税的价款＝206÷(1＋3％)＝200(元)

应纳增值税＝200×3％＝6(元)

该企业编制红字金额的会计凭证如下：

借：应收账款　　　　　　　　　　　　　　　　　　　　　　206

　　贷：主营业务收入　　　　　　　　　　　　　　　　　　　200

　　　　应交税费——应交增值税　　　　　　　　　　　　　　6

3. 小规模纳税人当期缴纳增值税的会计核算

小规模纳税人企业应于月末计算和缴纳增值税，缴纳时，借记"应交税费——应交增值税"账户，贷记"银行存款"等账户。

【例2-48】 利民公司(小规模纳税人)本月应交增值税774元，以银行存款支付。该企业如何进行会计核算？

【解】 该企业的会计核算如下：

借：应交税费——应交增值税　　　　　　　　　　　　　　774

　　贷：银行存款　　　　　　　　　　　　　　　　　　　　　774

2.4 增值税税收筹划

2.4.1 一般纳税人与小规模纳税人身份的税收筹划

1. 一般纳税人与小规模纳税人的法律界定

小规模纳税人的标准为从事货物生产或提供应税劳务的纳税人，以及以从事货物生产或提供应税劳务为主，并兼营货物批发或者零售的纳税人，年应征增值税销售额在50万元

(含本数)以下;除从事货物生产或提供应税劳务的纳税义务人,以及以从事货物生产或提供应税劳务为主,并兼营货物批发或者零售的纳税人等规定以外的纳税人,年应税销售额在80万元以下。小规模纳税人当期应纳税额等于销售额乘以3%的征收率。

一般纳税人的认定标准为生产经营规模超过小规模纳税人标准,会计核算比较健全,经税务机关认定为一般纳税人,实行税款抵扣制,当期应纳税额等于销项税额减去进项税额。

2. 一般纳税人与小规模纳税人税收筹划判别方法

一般纳税人与小规模纳税人身份的税收筹划可以采用"增值率判别法",即根据每一个环节的增值率的高低来判断是作为一般纳税人还是作为小规模纳税人更符合纳税义务人利益最大化原则。具体方法如下。

第一步,计算实际增值率=增值额÷销售额

第二步,参照表2-3,查找适用的"无差别平衡点增值率"。推导原理:按一般纳税人税额抵扣办法计算的与按小规模纳税人征收率计算的应纳增值税额,当两者税负相等时的增值率即为无差别平衡点增值率,得到计算公式如下。

无差别平衡点增值率=征收率÷增值税税率

表2-3 无差别平衡点增值率

一般纳税人税率	小规模纳税人税率	无差别平衡点增值率
17%	3%	17.65%
13%	3%	23.08%

第三步,比较实际增值率、无差别平衡点增值率的高低,进而判别。判别方法是当增值率高于无差别平衡点增值率时,适合作为小规模纳税人。其原因是增值率越高,应纳增值税越多;而小规模纳税人按销售额而不是增值额计算,所以税负较低,反之亦然。

【例2-49】 某生产性企业,并兼营货物批发或者零售,年销售收入(不含税)为130万元,可抵扣购进金额为80万元,增值税税率为17%。作为一般纳税人时,年应纳增值税额为8.5万元。该企业如何进行税收筹划?

【解】 企业的实际增值率为(130-80)/130=38.46%,大于无差别平衡点增值率17.65%,因此企业选择作为小规模纳税人税负较轻。

纳税人可通过将企业分设为两个独立核算的单位,使其销售额分别为50万元和80万元,达到小规模纳税人的标准。分设后的应纳税额为3.9万元(80×3%+50×3%),可节约税款4.6万元(8.5-3.9)。

注意,税法对一般纳税人的认定包括会计核算制度是否健全、生产规模的大小两个方面。生产规模大、生产利润多就可能是一般纳税人,相对减少了作为小规模纳税人的筹划空间;而小规模纳税人要成为一般纳税人必须健全财务制度,这需要投入人力资源、财力资源。此外,还要考虑企业产品的性质及客户的类型,如果产品销售对象为一般纳税人就必须选择一般纳税人而没必要为了筹划利益改为小规模纳税人。

2.4.2 增值税计税依据的税收筹划

1. 销项税额的税收筹划

(1) 企业销售方式的税收筹划

企业的销售方式有现销、赊销、折扣销售、还本销售、以旧换新、以物易物等，企业应尽量选择能尽快收回货款的销售方式，提高资产的流动性，避免向金融机构借贷加大资金成本。

【例 2-50】 某商场商品销售利润率为 40%，即销售 100 元商品，其成本为 60 元，商场是增值税一般纳税人，购货均能取得增值税专用发票。商场为促销欲采用 3 种方案：① 将商品以 7 折销售；② 凡是购物满 100 元者，均可获赠价值 30 元的商品(成本为 18 元)；③ 凡是购物满 100 元者，将获返还现金 30 元。(以上价格均为含税价格)

假定消费者同样是购买一件价值 100 元的商品，则对该商场来说以上 3 种方案的应纳税情况及利润情况如何？

【解】 由于城市维护建设税及教育费附加对结果影响较小，因此计算时不考虑。

① 7 折销售，价值 100 元的商品的售价为 70 元。

应纳增值税 $= 70 \div (1+17\%) \times 17\% - 60 \div (1+17\%) \times 17\% = 1.45(元)$

利润额 $= 70 \div (1+17\%) - 60 \div (1+17\%) = 8.55(元)$

应缴企业所得税 $= 8.55 \times 25\% = 2.14(元)$

税后净利润 $= 8.55 - 2.14 = 6.41(元)$

② 购物满 100 元，赠送价值 30 元的商品(成本 18 元)。

应纳增值税 $= 100 \div (1+17\%) \times 17\% - 60 \div (1+17\%) \times 17\% = 5.81(元)$

赠送 30 元商品视同销售，应纳增值税 $= 30 \div (1+17\%) - 18 \div (1+17\%) \times 17\% = 1.74(元)$

合计应纳增值税 $= 5.81 + 1.74 = 7.55(元)$

为保证让顾客 30 元，商场赠送的价值 30 元的商品应不含个人所得税额，该税应由商场承担，因此赠送该商品时商场需代缴顾客偶然所得个人所得税为 $30 \div (1-20\%) \times 20\% = 7.5(元)$

利润额 $= 100 \div (1+17\%) - 60 \div (1+17\%) - 18 \div (1+17\%) - 7.5 = 11.3(元)$

由于赠送 30 元商品视同销售，且代顾客缴纳的个人所得税额不允许税前扣除，因此应纳企业所得税为 $[100 \div (1+17\%) + 30 \div (1+17\%) - 60 \div (1+17\%) - 18 \div (1+17\%)] \times 25\% = 11.11(元)$

税后利润 $= 11.3 - 11.11 = 0.19(元)$

③ 购物满 100 元返回现金 30 元。

应缴增值税 $= 100 \div (1+17\%) \times 17\% - 60 \div (1+17\%) \times 17\% = 5.81(元)$

代缴个人所得税 $= 7.5$ 元(计算同上)

利润额 $= 100 \div (1+17\%) - 60 \div (1+17\%) - 30 - 7.5 = -3.31(元)$

由此可看出，上述 3 种方案中，方案①最优，方案②次之，方案③最差。

(2) 企业结算方式的税收筹划

根据纳税义务发生时间的规定,在应收货款一时无法收回的情况下,选择分期收款结算方式或赊销方式、选择委托代销方。筹划目的是为了推迟纳税时间,获得纳税递延的利益。

(3) 企业销售价格的税收筹划

企业销售价格的税收筹划主要考虑两个方面:与关联企业之间合作定价,目的是为了减轻企业间的整体税负;制定一个稍低一点的价格,以获取更多的销量,从而获得更多的收益(考虑弹性后决定)。

【例2-51】 甲、乙、丙为集团公司内部3个独立核算的企业,彼此存在着购销关系;甲企业生产的产品可以作为乙企业的原材料,而乙企业制造的产品的80%提供给丙企业。假设甲企业进项税额为40 000元,市场月利率为2%,有关资料如表2-4所示。该企业如何进行税收筹划?

表2-4 甲、乙、丙3个企业的经营数据

企业名称	增值税税率	生产数量/件	正常市价/元	转移价格/元	所得税税率
甲	17%	1000	500	400	25%
乙	17%	1000	600	500	25%
丙	17%	1000	700	700	25%

【解】 如果3个企业均按正常市价结算货款,应纳增值税税额如下:

甲企业应纳增值税 $= 1\,000 \times 500 \div (1+17\%) \times 17\% - 40\,000 = 72\,650 - 40\,000$
$= 32\,650 (元)$

乙企业应纳增值税 $= 1\,000 \times 600 \div (1+17\%) \times 17\% - 72\,650 = 87\,180 - 72\,650$
$= 14\,529 (元)$

丙企业应纳增值税 $= 1\,000 \times 80\% \times 700 \div (1+17\%) \times 17\% - 87\,180 \times 80\%$
$= 81\,368 - 69\,744 = 11\,624 (元)$

集团合计应纳增值税 $= 32\,650 + 14\,529 + 11\,624 = 58\,803 (元)$

但是,当3个企业采用转移价格时,应纳增值税情况如下:

甲企业应纳增值税 $= 1\,000 \times 400 \div (1+17\%) \times 17\% - 40\,000 = 58\,120 - 40\,000$
$= 18\,120 (元)$

乙企业应纳增值税 $= (1\,000 \times 80\% \times 500 + 1\,000 \times 20\% \times 600) \div (1+17\%) \times 17\% - 58\,120$
$= 17\,436 (元)$

丙企业应纳增值税 $= 1\,000 \times 80\% \times 700 \div (1+17\%) \times 17\% - 1\,000 \times 80\% \times 500 \div (1+17\%) \times 17\% = 81\,367 - 58\,120 = 23\,247 (元)$

集团合计应纳增值税 $= 18\,120 + 17\,436 + 23\,247 = 58\,803 (元)$

这样,本应由甲企业当期应纳的税款相对减少14 530元(32 650-18 120),即延至第2、3期缴纳,乙企业第2期与丙企业第3期纳税额分别增加了2 907元和11 623元。

若将各期(设各企业生产周期为3个月,这里是月利率2%)相对增减金额折合为现值,则使纳税负担相对下降了 $14\ 530-2\ 907\div(1+2\%)^3-11\ 623\div(1+2\%)^6=1\ 471$(元)。

2. 进项税额的税收筹划

(1) 供货方选择一般纳税人还是小规模纳税人

因为一般纳税人从小规模纳税人处购买货物得不到抵扣或只能抵扣3%,这时需要与小规模纳税人进行价格谈判,小规模纳税人价格折让较多时,即达到价格折让临界点,才考虑从小规模纳税人处购货。价格折让临界点如表2-5所示。

表 2-5 价格折让临界点

一般纳税人的抵扣率	小规模纳税人的抵扣率	价格折让临界点
17%	3%	86.8%
17%	0%	84.02%
13%	3%	90.24%
13%	0%	87.35%

(2) 运费的筹划

根据税法规定,一般纳税人外购(允许计提进项税额的货物)和销售应税产品所发生的运输费,取得运输业发票,可以依据实际发生额及7%扣除率计算进项税额。

运输形式一般有两种,即自营运输和外购运输。自营一般不能计提进项税额,但自营过程中发生的外购货物如燃料、低值易耗品等实际支付的增值税税额,可以计提进项税额。

【例 2-52】 某企业以自营车辆采购材料一批。内部结算价为50 000元,已知运费中包含允许计提进项税额的物耗为10 000元,增值税综合扣除率为15%。如果采用外购运输,则运费为53 000万元。该企业是采用自营运输、外购运输还是设置内部独立核算的运输机构?

【解】

① 本企业自营运输时,可计提进项税额为1 500元(10 000×15%),即取得税收利益 1 500元。

② 外购运输时,运费多出3 000元(53 000−50 000),但可以抵扣进项税额为53 000× 7%=3 710(元)。则实际税收利益 3 710−3 000=710(元)。

③ 自设独立核算运输部门时,运输成本50 000元,可抵扣的进项税额为 50 000×7%= 3 500(元),但运输部门要缴纳营业税为1 500元(50 000×3%),实际税收利益2 000元 (3 500−1 500)。

通过3种方案的税收利益比较,第③种方案最好,即该企业采用设置内部独立核算的运输机构。

2.4.3 减免税的税收筹划

关于税收优惠有许多规定,如对企业生产的原料中掺有不少于30%的煤矿石、石煤、粉煤灰等建材产品免征增值税。税收筹划时必须充分利用这种减免税规定。

【例 2-53】 包源市牛奶公司主要生产流程如下：饲养奶牛生产牛奶，将产出的新鲜牛奶再进行加工制成奶制品，再将奶制品销售给各大商业公司，或直接通过销售网络转销给 B 市及其他地区的居民。由于奶制品的增值税税率适用 17％，进项税额主要有两部分组成：一是向农民个人收购的草料部分可以抵扣 13％的进项税额；二是公司水费、电费和修理用配件等按规定可以抵扣进项税额。与销项税额相比，这两部分进项税额数额较小，致使公司的增值税税负较高。该企业应如何进行税收筹划？

【解】 围绕进项税额，公司采取了以下筹划方案：公司将整个生产流程分成饲养场和牛奶制品加工厂两部分，饲养场和奶制品加工厂均实行独立核算。分开后，饲养场属于农产品生产单位，按规定可以免征增值税，奶制品加工厂从饲养场购入的牛奶可以抵扣 13％的进项税额。公司实施筹划方案前后有关数据对比分析如下。

实施前，假定 2009 年度从农民生产者手中购入的草料金额为 100 万元，允许抵扣的进项税额为 13 万元，其他水电费、修理用配件等进项税额为 8 万元，全年奶制品销售收入为 500 万元，则：

应纳增值税＝500×17％－(13＋8)＝64(万元)

税负率＝64÷500×100％＝12.8％

实施后，饲养场免征增值税，假定饲养场销售给奶制品加工厂的鲜奶售价为 350 万元，其他资料不变，则：

应纳增值税＝500×17％－(350×13％＋8)＝31.5(万元)

税负率＝31.5÷500×100％＝6.3％

方案实施后比实施前节省增值税税额＝64－31.5＝32.5(万元)

增值税纳税申报模拟

【资料】

A 公司 11 月份"应交税费——应交增值税"明细账的记录如表 2-6 所示。要求根据资料和统一的增值税纳税申报表，填制相关项目。

表 2-6　应交税费——应交增值税明细账

年		凭证号数	摘要	借方			贷方				余额
月	日			进项税额	已交税金	转出未交增值税	销项税额	出口退税	进项税额转出	转出多交增值税	
11			上月留抵进项税额								320
			购进材料	11 368							
			支付水电费	3 000							
			进口材料一批	6 842							
			销售产品一批				46 231				

续表

年		凭证号数	摘要	借方			贷方				余额
月	日			进项税额	已交余额	转出未交增值税	销项税额	出口退税	进项税额转出	转出多交增值税	
			工程领用产品				4 200				
			包装物租金收入				131				
略	略	略	以产品发放给职工				412				
			修理汽车	265							
			外加工产品	800							
			接受捐赠物资	698							
			工程领用原材料						342		
			出口退税					398			
			销货折让				150				
			购货折让	230							

【纳税申报】

根据A公司11月份"应交税费——应交增值税"明细账的记录,填报增值税纳税申报表,如表2-7所示。

表2-7 增值税纳税申报表(适用于增值税一般纳税人)

税款所属时间:自2011年11月1日至2011年11月30日
填表日期:2011年12月1日　　　　　　　　　　　　　　　　金额单位:元(列至角分)

纳税人识别号								
纳税人名称	A（公章）		法定代表人姓名	×××	注册地址	××××××	营业地址	×××××
开户银行及账号	××××××		企业登记注册类型		××××××		电话号码	×××××

	项目	栏次	一般货物及劳务		即征即退货物及劳务	
			本月数	本年累计	本月数	本年累计
销售额	(一)按适用税率征税货物及劳务销售额	1				
	其中:应税货物销售额	2				
	应税劳务销售额	3				
	纳税检查调整的销售额	4				
	(二)按简易征收办法征税货物销售额	5				
	其中:纳税检查调整的销售额	6				
	(三)免、抵、退办法出口货物销售额	7			—	—
	(四)免税货物及劳务销售额	8			—	—
	其中:免税货物销售额	9			—	—
	免税劳务销售额	10			—	—

续表

	项目	栏次	一般货物及劳务 本月数	一般货物及劳务 本年累计	即征即退货物及劳务 本月数	即征即退货物及劳务 本年累计
税款计算	销项税额	11	50 824			
	进项税额	12	22 743			
	上期留抵税额	13	320	—		—
	进项税额转出	14	342			
	免抵退货物应退税额	15	398		—	—
	按适用税率计算的纳税检查应补缴税额	16				
	应抵扣税额合计	17=12+13－14－15+16	23 803		—	—
	实际抵扣税额	18(若17＜11,则为17;否则为11)	23 803			
	应纳税额	19=11－18	27 021			
	期末留抵税额	20=17－18	0			
	简易征收办法计算的应纳税额	21				
	按简易征收办法计算的纳税检查应补缴税额	22				
	应纳税额减征额	23				
	应纳税额合计	24=19+21－23	27 021			
税款缴纳	期初未缴税额(多缴为负数)	25				
	实收出口开具专用缴款书退税额	26			—	—
	本期已缴税额	27=28+29+30+31				
	①分次预缴税额	28			—	—
	②出口开具专用缴款书预缴税额	29			—	—
	③本期缴纳上期应纳税额	30				
	④本期缴纳欠缴税额	31				
	期末未缴税额(多缴为负数)	32=24+25+26－27				
	其中:欠缴税额(≥0)	33=25+26－27		—		—
	本期应补(退)税额	34=24－28－29				
	即征即退实际退税额	35	—			
	期初未缴查补税额	36			—	—
	本期入库查补税额	37			—	—
	期末未缴查补税额	38=16+22+36－37			—	—

授权声明	如果你已委托代理人申报,请填写下列资料: 为代理一切税务事宜,现授权 (地址) 　　　　　为本纳税人的代理申报人,任何与本申报表有关的往来文件,都可寄予此人。 授权人签字:	申报人声明	此纳税申报表是根据《中华人民共和国增值税暂行条例》的规定填报的,我相信它是真实的、可靠的、完整的。 声明人签字:

以下由税务机关填写:

收到日期:　　　　　　　　接收人:　　　　　　　　主管税务机关盖章:

复习思考题

1. 简述增值税的基本税率、低税率、零税率及适用范围。
2. 什么是增值额？什么是销项税额、进项税额？
3. 列举不得从销项税额中抵扣的进项税额。
4. 简述小规模纳税人确定的定量、定性标准。
5. 写出含税销售额换算为不含税销售额的计算公式。
6. 进口货物如何计算缴纳增值税？
7. 什么是出口退税？
8. 对几种兼营或混合销售行为如何进行税务处理？
9. 写出"应交税费——应交增值税"明细账的项目。

【业务题】

1. 富博娜床上用品公司为增值税一般纳税人，某月销售给美尔雅服饰公司棉布、涤棉，开出增值税专用发票 300 000 元，销项税额 51 000 元；又将坯布一批 50 000 元投资丝光印染厂，销售给小规模纳税人 20 000 元棉纱，开出普通发票。当月又从燃气公司购进 40 000 元液化天燃气(液化天燃气增值税税率为 13％)；购入三纺机机器一台，增值税专用发票注明价款为 32 000 元，税金 5 440 元；当月生产用外购电力价款 8 000 元，发票注明进项税额为 1 360 元；生产用外购水费 5 000 元，发票注明进项税额为 300 元。根据以上资料，计算该公司当月应纳增值税税额。

2. 金星商业零售公司是小规模纳税人，8月份购入原材料一批，增值税专用发票上注明，材料价款 5 200 元，增值税 884 元；购入包装物一批，普通发票上注明价款为 780 元，款已付，货物已验收入库。金星商业零售公司销售给玉明公司防暑食品，开出普通发票价税合计金额为 2 060 元，货款已收讫。要求根据上述经济业务如何进行会计核算。

3. 创世公司 2008 年 8 月份发生如下业务，如何进行会计核算。

(1) 从兴华公司购进 A 材料 4 000 千克，发票开出价款 16 000 元，增值税进项税额 2 720元，代垫运杂费 700 元，应抵扣的运费进项税额为 49 元。材料已验收入库，但货款尚未支付。

(2) 从国外进口一批材料，海关审定的完税价格为 400 000 元，应纳关税为 40 000 元，消费税 32 000 元。材料已验收入库，货款已支付。

(3) 从农业生产者购入花生一批，已支付价款，其中货款 48 000 元，增值税进项税额 6 240 元，花生已验收入库。

(4) 8 月 1 日向金洋公司购入 A 材料，价款计 24 000 元，税额为 4 080 元，价税由银行存款支付。材料运到。材料运到后，经验收部分 A 材料质量与合同要求不符。经协商同意退货，地方主管税务机关开具证明单送交金洋公司。8 月 10 日收到金洋公司开具的红字增值税专用发票,货款为 4 000 元,增值税为 680 元。

(5) 接受银河公司投资的材料一批,银河公司开出的专用发票上注明货款 210 000 元,增值税为 35 700 元。

(6) 接受万方公司捐赠的原材料 20 000 元,税额 3 400 元。机器设备一套 50 000 元,税额为 8 500 元。

(7) 委托商务印刷公司所加工包装材料,发出材料 30 000 元,支付加工费 8 000 元和增值税 1 360 元。支付往返运杂费 400 元,其中运费 360 元和增值税 25.20 元,

(8) 由万能修配厂来公司修理机器设备,取得万能厂增值税专用发票上注明的修理费为 2 000 元,增值税为 340 元,税费转账支付。

(9) 由国外进口甲商品一批,到岸价格 USD $ 20 000 元,采取汇付结算方式,关税税率为 10%,增值税税率为 17%,另外支付国内运杂费 2 000 元(其中运费 1 600 元,应抵扣的增值税进项税额 112 元),当日汇率为 1 美元=8.30 元人民币。款项以人民币支付。

(10) 接受新成公司临时加工业务,加工费用现金结算,收到加工费 1 000 元,及增值税款 170 元。

(11) 创世公司向小规模纳税人金星公司销售产品一批,开出普通发票,含税金额 3 510 元,金星公司交来为期 2 个月的银行承兑汇票。

(12) 将自产的一批产品用于本公司车间需要。该产品成本为 30 000 元,按当时售价计 40 000 元,增值税为 6 800 元。

(13) 将本公司的一批产品投资于新生公司,双方协议按成本价计算。投资的该产品为 100 000 元,应计增值税为 17 000 元。

(14) 将自产的一批产品作为福利分发给本公司职工,该批产品成本为 4 000 元,按当时售价计算为 5 500 元,应计增值税为 935 元。

(15) 销售 A 产品一批,价款 60 000 元;随同产品出售单独计价的包装物一批,价款 1 000 元。开出增值税专用发票,注明增值税税额为 10 370 元。产品已发出,货款已收到。

(16) 收到为销售货物出租包装物的租金收入 2 100 元存入银行,开出普通发票一张。

(17) 决定对逾期未归还出借包装物押金 700 元予以没收。

(18) 经有关部门批准出口产品一批,价值为人民币 600 000 元,根据出口报关单和退税申报表,该公司收到退税款 34 000 元,退税款已存入银行。

(19) 购进甲材料一批,专用发票上注明价款为 500 000 元,增值税税额为 85 000 元。材料已验收入库。盘点时发现丢失一部分甲材料,价值为 3 000 元,应分担增值税 510 元。

第3章 消费税

◎ 理解消费税的税收实体法要素
◎ 掌握应税消费品应纳税额的计算
◎ 能够完成不同消费税的会计核算
◎ 能够进行消费税纳税申报
◎ 能够进行简单消费税税收筹划

3.1 消费税概述

消费税源远流长,在我国可追溯到西汉时期对酒的课税。由于消费税的独特调节作用,它受到了世界各国的普遍重视。中华人民共和国成立以来,在先后征收的货物税、商品流通税、工商统一税、工商税以及产品税、增值税中,对烟、酒、化妆品、成品油等消费品都设计了较高的税率,基本上具备了对消费品课税的性质。从1994年税制改革起,消费税作为独立税种开始在全国征收,主要是在对货物普遍征收增值税的基础上,对少数特殊消费品、奢侈品、高能耗产品、不可再生的稀缺资源等消费品再征收一道消费税。随着商品经济的发展,消费税的课征范围不断扩大,数额日益增加,至2006年4月,消费税税目已增至14个。

3.1.1 消费税的概念及特点

1. 消费税的概念

消费税是在我国境内从事生产、委托加工和进口应税消费品的单位和个人,就其销售额或销售数量,在特定环节征收的一种税。简单地讲,消费税是对特定的消费品和消费行为征收的一种税。

2. 消费税的特点

一般来讲,消费税的征税对象是与居民消费相关的最终消费品和消费行为,与增值税相比又有很多不同点,消费税具有以下几个特点。

(1) 对特定消费品列举征税

消费税属于对特定消费品或消费行为征收的税种,是从人们普遍消费的消费品或消费行为中选择若干个征税项目,在税法中列举征税。我国现行的消费税税法列举的征税项目共 14 个。

(2) 一次性课征

消费税实行一次课征制,只是在生产、流通或消费的某一环节一次性征收,以后不再缴纳消费税。

(3) 计税方法灵活多样

消费税为适应不同应税消费品的具体情况,采用灵活多样的征收方法。例如,对一些价格差异不大,品种、规格单一,计量单位规范的大宗应税消费品,依课税数量采取从量定额的计税方法;对一些价格差异较大,品种规格丰富,且便于按价格核算的应税消费品,依销售价格采取从价定率的计税方法。

(4) 税率(税额)档次多,税负差距较大

消费税对不同税目的应税消费品,税负差异较大,即依据国家产业政策和消费政策,设计高低不等的消费税税率。对一些既要限制生产,同时又要限制消费的应税消费品,从高设计税率,对一些只限制消费而不限制生产的应税消费品,从低设计税率。

3.1.2 消费税的纳税义务人和征税范围

1. 纳税义务人

根据《中华人民共和国消费税暂行条例》(以下简称《消费税暂行条例》)的规定,凡是在我国境内从事生产、委托加工和进口应税消费品的单位和个人,以及国务院确定的销售本条例规定的消费品的其他单位和个人,无论经济性质、隶属关系、经营方式、所在区域如何,不分法人和自然人,不分中国人和外国人,不分中国企业和外国企业,都要依法缴纳消费税。具体来说,消费税纳税义务人包括以下三者。

(1) 生产应税消费品的单位和个人。

(2) 进口应税消费品的单位和个人。

(3) 委托加工应税消费品的单位和个人。

这里所称的单位是指国有企业、集体企业、私有企业、股份制企业、其他企业和行政单位、事业单位、军事单位、社会团体及其他单位;个人是指个体经营者及其他个人。

委托加工的应税消费品由受托方于委托方提货时代扣代缴(受托方为个体经营者除外);自产自用的应税消费品,由其单位和个人在移送使用时缴纳消费税。

2. 征税范围

目前列入消费税征税范围的消费品,可以大致分为以下五大类。

(1) 一些过度消费会对人身健康、社会秩序、生态环境等方面造成危害的特殊消费品,如烟、酒、鞭炮、焰火等。

(2) 非生活必需品及奢侈品,如化妆品、贵重首饰、珠宝玉石等。

(3) 高能耗及高档消费品,如摩托车、小汽车。

(4) 不可再生和替代的石油类消费品,如汽油、柴油等。

(5) 税基宽广、消费普遍、征税后不影响居民基本生活并具有一定财政意义的消费品,如汽车轮胎。

3.1.3 消费税的税目、税率

根据我国新颁布的《中华人民共和国消费税暂行条例实施细则》(以下简称《消费税暂行条例实施细则》)规定,我国征收消费税的税目包括烟、酒和酒精、化妆品、贵重首饰及珠宝玉石、鞭炮、焰火、汽车轮胎、摩托车、高尔夫球及球具、高档手表、游艇、木制一次性筷子、实木地板、成品油、小汽车14个税目。

消费税税率有比例税率和定额税率两种形式。对黄酒、啤酒、汽油等价格差异不大,计算单位规范的消费品实行定额税率;而对烟、粮食白酒、薯类白酒及其他酒和酒精、贵重首饰及珠宝、玉石、化妆品、摩托车、小汽车等价格差异大,计量单位不规范的消费品实行比例税率;具体税目、税率如表3-1所示。

表3-1 消费税税目税率表

税 目	子 目	税 率
一、烟	1. 卷烟,每标准箱(50 000 支)、每标准条(200 支) (1) 甲类卷烟,每标准条对外调拨价格在70元以上的(含70元,不含增值税) (2) 乙类卷烟,每标准条对外调拨价格在70元以下的 2. 雪茄烟 3. 烟丝	 56%加0.003元/支 36%加0.003元/支 36% 30%
二、酒及酒精	1. 白酒 2. 黄酒 3. 啤酒 (1) 甲类啤酒,每吨出厂价格(含包装物及包装物押金)在3 000元以上的(含3 000元,不含增值税) (2) 乙类啤酒,每吨在3 000元以下的 4. 其他酒 5. 酒精	20%加0.5元/500克(或者500毫升) 240元/吨 250元/吨 220元/吨 10% 5%
三、化妆品		30%
四、贵重首饰及珠宝玉石	1. 金银首饰、铂金首饰和钻石及钻石饰品 2. 其他贵重首饰和珠宝玉石	5% 10%
五、鞭炮、焰火		15%

续表

税目	子目	税率
六、成品油	1. 汽油 (1) 含铅汽油 (2) 无铅汽油 2. 柴油 3. 航空煤油 4. 石脑油 5. 溶剂油 6. 润滑油 7. 燃料油	1.40元/升 1.00元/升 0.80元/升 0.80元/升 1.00元/升 1.00元/升 1.00元/升 0.80元/升
七、汽车轮胎		3%
八、小汽车	1. 乘用车 (1) 气缸容量(排气量,下同)在1.0升(含1.0升)以下的 (2) 气缸容量在1.0升以上至1.5升(含1.5升)的 (3) 气缸容量在1.5升以上至2.0升(含2.0升)的 (4) 气缸容量在2.0升以上至2.5升(含2.5升)的 (5) 气缸容量在2.5升以上至3.0升(含3.0升)的 (6) 气缸容量在3.0升以上至4.0升(含4.0升)的 (7) 气缸容量在4.0升以上的 2. 中轻型商用客车	1% 3% 5% 9% 12% 25% 40% 5%
九、摩托车	1. 气缸容量(排气量,下同)在250毫升(含250毫升)以下的 2. 气缸容量在250毫升以上的	3% 10%
十、高尔夫球及球具		10%
十一、高档手表	(10 000元及以上/只)	20%
十二、游艇		10%
十三、木制一次性筷子		5%
十四、实木地板		5%

3.1.4 消费税纳税义务的发生时间

纳税人纳税义务的发生时间包括以下几方面规定。

(1) 纳税人采取赊销和分期收款结算方式的应税消费品,为书面合同约定的收款日期的当天,书面合同没有约定收款日期或者无书面合同的,为发出应税消费品的当天。

(2) 纳税人采取预收货款结算方式销售的应税消费品,其纳税义务的发生时间,为发出应税消费品的当天。

(3) 纳税人采取托收承付和委托银行收款方式销售的应税消费品,其纳税义务的发生时间,为发出应税消费品并办妥托收手续的当天。

(4) 纳税人采取其他销售方式的应税消费品,其纳税义务的发生时间,为收讫销售款或者索取销售款凭据的当天。

（5）纳税人自产自用的应税消费品，其纳税义务的发生时间，为移送使用的当天。

（6）纳税人委托加工的应税消费品，其纳税义务的发生时间，为纳税人提货的当天。

（7）纳税人进口的应税消费品，其纳税义务的发生时间，为报关进口的当天。

3.1.5 消费税的纳税地点

（1）纳税人销售的应税消费品，以及自产自用的应税消费品，除国务院财政、税务主管部门另有规定外，应当向纳税人机构所在地或者居住地的主管税务机关申报纳税。

（2）纳税人到外县（市）销售或者委托外县（市）代销自产应税消费品的，于应税消费品销售后，向机构所在地或者居住地主管税务机关申报纳税。

（3）纳税人的总机构与分支机构不在同一县（市）的，应当分别向各自机构所在地的主管税务机关申报纳税；经财政部、国家税务总局或者其授权的财政、税务机关批准，可以由总机构汇总向总机构所在地的主管税务机关申报纳税。

（4）委托加工的应税消费品，除受托方为个人外，由受托方向机构所在地或者居住地的主管税务机关解缴消费税税款。委托个人加工的应税消费品，由委托方向其机构所在地或者居住地主管税务机关申报纳税。

（5）进口的应税消费品，由进口人或者其代理人向报关地海关申报纳税。

3.1.6 消费税的纳税期限

消费税的纳税期限分别为1日、3日、5日、10日、15日、1个月或者1个季度。纳税人的具体纳税期限，由主管税务机关根据纳税人应纳税额的大小分别核定；不能按照固定期限纳税的，可以按次纳税。

纳税人以1个月或者1个季度为一个纳税期的，自期满之日起15日内申报纳税；以1日、3日、5日、10日或者15日为一个纳税期的，自期满之日起5日内预缴税款，于次月1日起15日内申报纳税并结清上月应纳税款。

纳税人进口应税消费品，应当自海关填发海关进口消费税专用缴款书之日起15日内缴纳税款。

3.2 消费税应纳税额的计算与申报

3.2.1 消费税的基本计税方法

1. 从量定额计税方法

从量定额计税方法适用于黄酒、啤酒、成品油等应税消费品消费税的计算。其基本计算公式如下：

$$应纳消费税 = 销售数量 \times 单位税额$$

其中，销售数量是指应税消费品的数量，具体有以下几方面内容。

(1) 销售应税消费品的,为应税消费品的销售数量。
(2) 自产自用的应税消费品的,为应税消费品的移送使用数量。
(3) 委托加工应税消费品的,为纳税人收回的应税消费品的数量。
(4) 进口的应税消费品,为海关核定的应税消费品进口征税数量。

在实际销售过程中,一些纳税人往往将计量单位混用,为了规范不同产品的计量单位,《消费税暂行条例实施细则》中具体规定了吨与升两个计量单位的换算标准。

黄酒　　1吨＝962升　　啤酒　　1吨＝988升　　汽油　　1吨＝1388升
溶剂油　1吨＝1282升　　润滑油　1吨＝1126升　　燃料油　1吨＝1015升
柴油　　1吨＝1176升　　航空煤油 1吨＝1246升　　石脑油　1吨＝1385升

【例3-1】 某啤酒厂5月份销售啤酒200吨,每吨出厂价格2 500元。计算该厂5月应纳的消费税。

【解】 每吨售价在3 000元以下的,适用单位税额220元,则:

应纳消费税＝销售数量×单位税额＝200×220＝44 000（元）

2. 从价定率计税方法

从价定率计税是指根据应税消费品的价格和税法规定的税率计算消费税应纳税额的方法。其基本计算公式如下。

$$应纳消费税＝销售额×适用税率$$

正确计算应纳税额的关键是销售额的确定。销售额为纳税人销售应税消费品向购买方收取的全部价款和价外费用。计算应税销售额时应注意以下问题。

(1) 应税消费品连同包装物销售的,无论包装物是否单独计价,也不论在会计上如何核算,均应并入应税消费品的销售额中征收消费税。如果包装物不作价随同产品销售,而是收取押金的,则此项押金不并入应税消费品的销售额中征税。但对前期未收回的包装物不再退回的押金,以及已收取一年以上的押金,应并入应税消费品的销售额,按照应税消费品的适用税率征收消费税。

对既作价随同应税消费品销售,又另外收取包装物押金的,凡是纳税人在规定的期限不予退还的,均应并入应税消费品的销售额,按照应税消费品的适用税率征收消费税。

对酒类产品生产企业产品包装物押金,无论押金是否返还与会计上如何核算,均需并入酒类产品销售额中,依据酒类产品的适用税率征收消费税。

【例3-2】 某酒类生产企业销售用外购大米生产的粮食白酒60吨,取得不含税销售额1 200 000元,增值税税率为17%,另开具收据收取包装物押金15 000元,约定包装物两个月后退回。粮食白酒适用的比例税率为20%,定额税率为0.5元/斤。计算该企业应纳的消费税。

【解】 应纳消费税＝1 200 000×20%＋15 000÷(1＋17%)×20%＋60×2 000×0.5＝302 564(元)

(2) 纳税人应税消费品的销售额中未扣除增值税税额或者因不能开具增值税专用发票而发生价款和增值税税额合并收取的,在计算消费税时,应当换算为不含增值税税额的销售额。其换算公式如下。

应税销售额＝含增值税的销售额÷(1＋增值税税率或征收率)

【例3-3】 某汽车轮胎生产企业为增值税一般纳税人,某纳税期间向甲厂销售汽车轮胎一批,开具增值税发票,取得销售额30万元,增值税5.1万元;向某汽车修理厂(为小规模纳税人)销售汽车轮胎一批,开具普通发票,取得含增值税销售额7.02万元。计算企业应纳消费税。

【解】

应税销售额＝30＋7.02÷(1＋17％)＝36(万元)

应纳消费税＝36×3％＝1.08(万元)

(3) 纳税人销售的应税消费品,以外汇结算销售额、其销售额的人民币折合率,可以选择结算当天或者当月1日的国家外汇牌价。纳税人应在事先确定采取何种折合率,确定后1年内不得变更。

【例3-4】 某摩托车厂某月出口销售摩托车500辆,每辆销售价格为2 000美元(不含增值税),共计销售额100万美元。该厂事先选择当月1日的国家外汇牌价计算折合率。本月1日国家外汇牌价为1美元兑换人民币6.90元,摩托车消费税税率为10％。计算该厂本月销售摩托车应纳的消费税。

【解】

本币销售额＝100×6.90＝690(万元)

应纳消费税＝690×10％＝69(万元)

(4) 纳税人通过自设非独立核算门市部销售的自产应税消费品,应当按照门市部对外销售数量或者销售额计算征收消费税。纳税人用于换取生产资料和消费资料、投资入股和抵偿债务等方面的应税消费品,应当以纳税人同类应税消费品的最高销售价格作为计税依据,计算征收消费税。

【例3-5】 某酒厂7月份生产白酒50吨。8月份用其中25吨兑换玉米160吨,玉米每吨价格为750元。另外25吨出售,其中有10吨白酒,每吨售价4 000元,15吨白酒,每吨售价为3 500元,白酒的消费税税率为25％,计算该厂8月应纳的消费税。

【解】 8月应纳消费税＝25×4 000×25％＋10×4 000×25％＋15×3 500×25％＝48 125(元)

3. 复合计税方法

复合计税方法适用于卷烟、粮食白酒、薯类白酒应交消费税的计算,即对于这3类应税消费品实行从量定额和从价定率相结合的计税办法。其基本计算公式如下。

应纳消费税＝应税销售数量×定额税率＋应税销售额×比例税率

生产销售卷烟、白酒从量定额计税依据为实际销售数量,进口、委托加工、自产自用卷烟、白酒从量定额计税依据分别为海关核定的进口征税数量、委托方收回数量、移送使用数量。

【例3-6】 某卷烟生产企业为增值税一般纳税人,2011年8月份对外销售卷烟30箱,含税销售价2 340元／箱,当月赠送给关系户卷烟10条,卷烟适用消费税比例税率为56％,定额税率为150元／箱,每箱250条。计算该卷烟生产企业应纳的消费税。

【解】

将 10 条卷烟换算成箱：10÷250＝0.04(箱)

应纳消费税＝(30＋0.04)×150＋(30＋0.04)×2 340÷1.17×56％＝38 150.8(元)

3.2.2 自产应税消费品对外销售应纳消费税的计算

企业自产应税消费品对外销售后，采用从价定率、从量定额和复合计税方法计算应交消费税税额。如果企业用外购(或委托加工提回的)已税消费品生产同类应税消费品，准予从应纳税额中扣除外购已税消费品的已交消费税税额。

【例3-7】 某卷烟厂生产销售卷烟，2011年7月份的有关业务如下：期初结存烟丝200 000元，31日，即期末结存烟丝50 000元；3日，购进已税烟丝100 000元，取得增值税专业发票，货已入库；27日，销售卷烟100箱，税率为56％，定额税率为150元／箱，取得含税收入1 521 000元；28日，没收逾期未退回卷烟的包装物押金23 400元。计算该厂7月份应纳消费税。

【解】

扣除外购已税烟丝已交消费税＝(200 000＋100 000－50 000)×30％＝75 000(元)

销售货物应纳消费税＝100×150＋(1 521 000＋23 400)÷1.17×56％＝754 200(元)

期末应向税务机关缴纳消费税＝754 200－75 000＝679 200(元)

3.2.3 自产自用应税消费品应纳消费税的计算

在纳税人生产销售应税消费品中，有一种自产自用的形式。所谓自产自用，就是纳税人生产应税消费品后，不是用于直接对外销售，而是用于自己连续生产应税消费品，或用于其他方面。这种自产自用应税消费品形式，在实际经济活动中是常见的，但也是在是否纳税或如何纳税上最容易出现问题的，因此，很有必要认真理解税法对自产自用应税消费品的有关规定。

1. 用于连续生产应税消费品的规定

所谓"用于连续生产应税消费品"，是指作为生产最终应税消费品的直接材料并构成最终产品实体的应税消费品。因此，用于连续生产卷烟的烟丝不缴纳消费税，只对生产的卷烟征收消费税。但是，生产出的烟丝如果直接销售，则烟丝要缴纳消费税。税法规定对自产自用的应税消费品，用于连续生产的不征税，体现了税不重征且计税简便的原则。

2. 用于其他方面的规定

税法规定，纳税人自产自用的应税消费品，用于其他方面的，即用于生产非应税消费品和在建工程、管理部门，以及馈赠、赞助、集资、广告、样品、职工福利、奖励等方面，于移送使用时纳税。

在从价定率计征办法下，纳税人自产自用的应税消费品，凡用于其他方面的，均应按照纳税人生产的同类消费品的销售价格计算纳税；没有同类消费品的销售价格的，按照组成计税价格计算纳税。

(1) 有同类消费品销售价格的，按照同类消费品的销售价格计算纳税。

同类消费品销售价格,是指纳税人当月销售的同类消费品的销售价格。如果当月同类消费品各期的销售价格高低不同,应按销售数量加权平均计算,但销售的应税消费品有下列情况之一的,不得列入加权平均计算。

① 销售价格明显偏低而无正当理由的。

② 无销售价格的。如果当月无销售或者当月未完结的,按照同类消费品上月或最近月份的销售价格计算纳税。

(2) 没有同类消费品销售价格的,按照组成计税价格计算纳税。

实行从价定率办法计算纳税的组成计税价格计算公式:

$$组成计税价格=(成本+利润)\div(1-比例税率)$$

实行复合计税办法计算纳税的组成计税价格计算公式:

$$组成计税价格=(成本+利润+自产自用数量\times定额税率)\div(1-比例税率)$$

上述公式中的"成本"是指应税消费品的产品生产成本;"利润"是指根据应税消费品的全国平均成本利润率计算的利润。应税消费品全国平均成本利润率由国家税务总局统一规定,具体规定如表 3-2 所示。

表 3-2 应税消费品全国平均成本利润率

货物名称	利润率/%	货物名称	利润率/%
1. 甲类卷烟	10	11. 贵重首饰及珠宝玉石	6
2. 乙类卷烟	5	12. 汽车轮胎	5
3. 雪茄烟	5	13. 摩托车	6
4. 烟丝	5	14. 高尔夫球及球具	10
5. 粮食白酒	10	15. 高档手表	20
6. 薯类白酒	5	16. 游艇	10
7. 其他酒	5	17. 木制一次性筷子	5
8. 酒精	5	18. 实木地板	5
9. 化妆品	5	19. 乘用车	8
10. 鞭炮、焰火	5	20. 中轻型商用客车	5

【例 3-8】 某汽车制造厂将自产小汽车一辆自用,转为固定资产,该种小汽车对外销售的不含税售价为 18 万元,生产成本为 15 万元,适用消费税税率 5%,行业成本利润率为 8%。计算其该企业应纳的消费税。

【解】 ① 自产自用小汽车,有同类售价的,按同类售价计税,则:

应纳消费税税额=180 000×5%=9 000(元)

② 如果该自用小汽车没有同类消费品的销售价格,则应按组成计税价格计税,则:

组成计税价格=[150 000×(1+8%)]÷(1-5%)=170 526(元)

应纳消费税税额=170 526×5%=8 526(元)

3.2.4 委托加工应税消费品应纳消费税的计算

企业、单位或个人由于设备、技术、人力等方面的局限,常常要委托其他单位代为加工应税消费品,然后,将加工好的应税消费品收回,或直接销售或自己使用。这是生产应税消费品的另一种形式,也需要纳入征收消费税的范围。按照《消费税暂行条例》规定,委托加工的应税消费品,由受托方向委托方交货时代收代缴税款。委托加工的应税消费品收回后直接用于销售的,在销售时不再缴纳消费税;用于连续生产应税消费品的,已纳税款按规定准予扣除。

1. 有同类消费品销售价格的应税消费品

委托加工的应税消费品,受托方有同类消费品销售价格的,应按照受托方同类消费品的销售价格计算纳税。其应纳税额的计算公式为:

$$应纳消费税 = 同类消费品销售单价 \times 委托加工数量 \times 适用税率$$

2. 无同类消费品销售价格的应税消费品

无同类消费品销售价格的,则用组成计税价格计算。

实行从价定率办法计算纳税的组成计税价格计算公式:

$$组成计税价格 = (材料成本 + 加工费) \div (1 - 比例税率)$$

实行复合计税办法计算纳税的组成计税价格计算公式:

$$组成计税价格 = (材料成本 + 加工费 + 委托加工数量 \times 定额税率) \div (1 - 比例税率)$$

$$应纳消费税 = 组成计税价格 \times 适用税率$$

公式中的"材料成本"是指委托方提供的加工材料的实际成本,委托加工应税消费品的纳税人,必须在委托加工合同中如实注明(或由其他方式提供)材料成本。月末提供材料成本的,受托方所在地的主管税务机关有权核定其材料成本。

"加工费"是指受托方加工应税消费品,向委托方收取的全部费用(包括代垫辅助材料的实际成本)。税法对委托方和受托方的规定是为了保证组成计税价格的准确计算。

【例3-9】 某企业委托乙企业加工一批应税消费品,受托加工合同上注明该企业提供原材料的实际成本为16 000元,支付给乙企业加工费2 000元。该批加工的消费品的消费税税率为10%。同时,受托方无同类消费品销售价格。计算该企业应纳的消费税。

【解】

组成计税价格=(16 000+2 000)÷(1-10%)=20 000(元)

应纳消费税=20 000×10%=2 000(元)

3. 委托加工收回的应税消费品已纳税款的扣除

委托加工的应税消费品在收回时由受托方代收代缴消费税,因此,委托方收回应税消费品后,用于连续生产应税消费品的,其已纳税款准予按照规定从连续生产的应税消费品应纳消费税税额中抵扣。

下列应税消费品准予从应纳消费税税额中,按当期生产领用数量计算扣除委托加工收回的应税消费品已纳消费税税款。

(1) 以委托加工收回的已税烟丝为原料生产的卷烟。

(2) 以委托加工收回的已税化妆品为原料生产的化妆品。

(3) 以委托加工收回的已税珠宝为原料生产的贵重首饰及珠宝玉石。

(4) 以委托加工收回的已税鞭炮、烟火为原料生产的鞭炮、烟火。

(5) 以委托加工收回的已税汽车轮胎生产的汽车轮胎。

(6) 以委托加工收回的已税石脑油为原料生产的应税消费品。

(7) 以委托加工收回的已税润滑油为原料生产的润滑油。

(8) 以委托加工收回的已税杆头、杆身和握把为原料生产的高尔夫球杆。

(9) 以委托加工收回的已税木制一次性筷子为原料生产的木制一次性筷子。

(10) 以委托加工收回的已税实木地板为原料生产的实木地板。

需要说明的是,纳税人用委托加工收回的已税珠宝玉石生产的,且改在零售环节征收消费税的金银、钻石首饰,在计税时一律不得扣除委托加工收回的珠宝玉石已纳消费税税款。

【例 3-10】 某卷烟厂用委托加工收回的烟丝继续生产甲级卷烟。2009 年 10 月加工生产卷烟取得销售收入(不含增值税)2 000 万元,期初库存的委托加工烟丝已纳税额为 50 万元,本期收回委托加工烟丝已纳税额为 90 万元,期末库存的委托加工烟丝的已纳税额为 30 万元,甲级卷烟适用税率为 56%。计算该企业应纳的消费税。

【解】
当期准予扣除的委托加工烟丝的已纳消费税=50+90-30=110(万元)
应纳消费税=2 000×56%-110=1 010(万元)

3.2.5 进口应税消费品应纳消费税的计算

纳税人进口应税消费品,应于报关进口时缴纳消费税。进口的应税消费品的消费税由进口人或其代理人向报关地海关申报纳税,由海关代征。

1. 实行从价定率办法的应纳税额的计算

进口应税消费品,实行从价定率办法计算应纳税额的,应以组成计税价格为计税依据计算应纳税额。其计算公式如下:

组成计税价格=(关税完税价格+关税)÷(1-消费税比例税率)
应纳消费税=组成计税价格×消费税税率

上述公式中的"关税完税价格"是指核定的关税计税价格。

【例 3-11】 某企业从境外进口化妆品一批,关税完税价格为 56 000 元,进口关税税率为 25%,消费税税率为 30%,计算该企业应纳的消费税。

【解】
组成计税价格=(56 000+56 000×25%)÷(1-30%)=100 000(元)
应纳消费税税额=100 000×30%=30 000(元)

2. 实行从量定额办法的应纳税额的计算

进口应税消费品,实行从量定额办法计算应纳税额的,应以进口数量为计税依据计算应纳税额。其计算公式如下:

应纳消费税=应税消费品数量×消费税单位税额

3. 实行复合计税办法的应纳税额的计算

进口应税消费品,实行复合计税办法计算应纳税额的,应以组成计税价格为计税依据计算应纳税额。其计算公式如下:

组成计税价格=(关税完税价格+关税+进口数量×消费税定额税率)
÷(1-消费税比例税率)

应纳税额＝组成计税价格×消费税比例税率＋进口数量×消费税定额税率

进口环节消费税除国务院另有规定外,一律不得给予减税、免税。

3.2.6 出口应税消费品退(免)税

纳税人出口应税消费品与已纳增值税出口货物一样,国家都是给予退(免)税优惠的。

1. 出口应税消费品退(免)税范围

由于消费税实行单一环节课征制,出口应税消费品退(免)税范围与增值税不同,具体分为以下3种情况。

(1) 出口免税并退税

出口免税并退税适用于有出口经营权的外贸企业购进应税消费品直接出口,以及外贸企业受其他外贸企业委托代理出口应税消费品。需要注意的是,外贸企业只有受其他外贸企业委托,代理出口应税消费品才可办理退税;外贸企业受其他企业(主要是非生产性的商贸企业)委托,代理出口应税消费品是不予退(免)税的。符合条件的纳税人在报关出口时退还其在生产环节或委托加工环节已征收的消费税税款。

(2) 出口免税但不退税

出口免税但不退税适用于有出口经营权的生产性企业自营出口,或者生产企业委托外贸企业代理出口自产的应税消费品。依据其实际出口数量免征消费税,不予办理退还消费税。免征消费税是指对生产性企业按其实际出口数量免征生产环节的消费税。不予办理退还消费税是指因已免征生产环节的消费税,该应税消费品出口时,已不含有消费税,所以也无须再办理退还消费税。

(3) 出口不免税也不退税

出口不免税也不退税适用于一般商贸企业委托外贸企业代理出口的应税消费品。按税法规定,纳税人在报关出口时一律不予退(免)税。

2. 出口退税率

出口应税消费品应退消费税的税率或单位税额就是该应税消费品所适用的消费税税率或单位税额。

注意：办理出口退、免税的企业应将不同消费税税率的应税消费品分开核算和申报,凡划分不清适用税率的,一律从低适用税率计算应退消费税税额。

3. 出口应税消费品退税额的计算

企业出口应税消费品的应退消费税税额,分以下2种情况计算：

(1) 实行从价定率计征消费税的应纳税额的计算,其计算公式如下。

应退消费税税额＝出口货物的工厂销售额×适用税率

公式中的"出口货物的工厂销售额"不包含增值税。对含增值税的价格应换算为不含增值税的销售额。

(2) 实行从量定额计征消费税的应纳税额的计算,其计算公式如下。

应退消费税税额＝出口数量×单位税额

出口应税消费品办理退税后,发生退关或者国外退货,进口时予以免税的,报关出口者必须及时向其所在地主管税务机关申报补缴已退的消费税税款。

纳税人直接出口的应税消费品办理免税后,发生退关或国外退货,进口时已予以免税的,经所在地主管税务机关批准,可暂不办理补税,待其转为国内销售时,再向其主管税务机关申报补缴消费税。

3.2.7 消费税纳税申报资料

消费税的纳税人主要采用自行计算应纳消费税额,向税务机关填报消费税纳税申报表,经税务机关审查核定后自行到银行缴纳消费税的纳税方式。因此,正确填制纳税申报表,是纳税人正确纳税的重要环节。消费税纳税申报表《烟类应税消费品消费税纳税申报表》《酒及酒精消费税纳税申报表》《成品油消费税纳税申报表》《小汽车消费税纳税申报表》《其他应税消费品消费税纳税申报表》,如表3-3至表3-7所示。

表3-3 烟类应税消费品消费税纳税申报表

税款所属期: 年 月 日至 年 月 日

纳税人名称(公章):

纳税人识别号:

填表日期: 年 月 日 单位:卷烟万支、雪茄烟支、烟丝千克 金额单位:元(列至角分)

应税消费品名称	适用税率		销售数量	销售额	应纳税额
	定额税率	比例税率			
卷烟	30元/万支	45%			
卷烟	30元/万支	30%			
雪茄烟	——	25%			
烟丝	——	30%			
合计	——	——			

本期准予扣除税额:	声明 此纳税申报表是根据国家税收法律的规定填报的,我确定它是真实的、可靠的、完整的。
本期减(免)税额:	经办人(签章):
	财务负责人(签章):
期初未缴税额:	联系电话:
本期缴纳前期应纳税额:	如果你已委托代理人申报,请填写)
本期预缴税额:	授权声明 为代理一切税务事宜,现授权_____
本期应补(退)税额:	(地址)_____为本纳税人的代理申报人,任何与本申报表有关的往来文件,都可寄予此人。
期末未缴税额:	授权人签章:

以下由税务机关填写

受理人(签章):   受理日期: 年 月 日   受理税务机关(章):

表 3-4　酒及酒精消费税纳税申报表

税款所属期：　　年　　月　　日至　　年　　月　　日

纳税人名称(公章)：
纳税人识别号：□□□□□□□□□□□□□□□
填表日期：　　年　　月　　日　　　　　　　　　　　　金额单位：元(列至角分)

应税消费品名称 \ 项目	适用税率		销售数量	销售额	应纳税额
	定额税率	比例税率			
粮食白酒	0.5元/斤	20%			
薯类白酒	0.5元/斤	20%			
啤酒	250元/吨	——			
啤酒	220元/吨	——			
黄酒	240元/吨	——			
其他酒	——	10%			
酒精	——	5%			
合计	——	——	——		

本期准予扣除税额：	**声明** 此纳税申报表是根据国家税收法律的规定填报的,我确定它是真实的、可靠的、完整的。 经办人(签章)： 财务负责人(签章)： 联系电话：
本期减(免)税额：	
期初未缴税额：	
本期缴纳前期应纳税额：	如果你已委托代理人申报,请填写) **授权声明** 为代理一切税务事宜,现授权＿＿＿＿＿ (地址)＿＿＿＿＿为本纳税人的代理申报人,任何与本申报表有关的往来文件,都可寄予此人。 授权人签章：
本期预缴税额：	
本期应补(退)税额：	
期末未缴税额：	

以下由税务机关填写

受理人(签章)：　　　　受理日期：　　年　　月　　日　　　　受理税务机关(章)：

表3-5 成品油消费税纳税申报表

税款所属期： 年 月 日至 年 月 日

纳税人名称（公章）：

纳税人识别号：

填表日期： 年 月 日　　　　　　计量单位：升　金额单位：元（列至角分）

项目 应税消费品名称	适用税率（元/升）	销售数量	应纳税额
含铅汽油	1.4		
无铅汽油	1		
柴油	0.8		
石脑油	1		
溶剂油	1		
润滑油	1		
燃料油	0.8		
航空煤油	0.8		——
合计	——		

本期减（免）税额：	**声明** 此纳税申报表是根据国家税收法律的规定填报的，我确定它是真实的、可靠的、完整的。 声明人签字：
期初留抵税额：	
本期准予扣除税额：	
本期应抵扣税额：	
期初未缴税额：	
期末留抵税额：	
本期实际抵扣税额：	
本期缴纳前期应纳税额：	如果你已委托代理人申报，请填写） 授权声明 为代理一切税务事宜，现授权_____ （地址）_____为本纳税人的代理申报人，任何与本申报表有关的往来文件，都可寄予此人。 授权人签字：
本期预缴税额：	
本期应补（退）税额：	
期末未缴税额：	

以下由税务机关填写

受理人（签章）：　　　　受理日期： 年 月 日　　　　受理税务机关（章）：

表 3-6 小汽车消费税纳税申报表

税款所属期： 年 月 日至 年 月 日

纳税人名称(公章)：
纳税人识别号：
填表日期： 年 月 日

单位：辆、元(列至角分)

应税消费品名称	项目	适用税率	销售数量	销售额	应纳税额
乘用车	气缸容量≤1.0升	1%			
	1.0升<气缸容量≤1.5升	3%			
	1.5升<气缸容量≤2.0升	5%			
	2.0升<气缸容量≤2.5升	9%			
	2.5升<气缸容量≤3.0升	12%			
	3.0升<气缸容量≤4.0升	25%			
	气缸容量>4.0升	40%			
中轻型商用客车		5%			
合计		——	——		

本期准予扣除税额：	声明 此纳税申报表是根据国家税收法律的规定填报的，我确定它是真实的、可靠的、完整的。 经办人(签章)：
本期减(免)税额：	财务负责人(签章)：
期初未缴税额：	联系电话：
本期缴纳前期应纳税额：	如果你已委托代理人申报，请填写) 授权声明 为代理一切税务事宜，现授权_____
本期预缴税额：	(地址)_____为本纳税人的代理申报人，任何与本申报表有关的往来文件，都可寄予此人。
本期应补(退)税额：	
期末未缴税额：	授权人签章：

以下由税务机关填写

受理人(签章)： 受理日期： 年 月 日 受理税务机关(章)：

表 3-7 其他应税消费品消费税纳税申报表

税款所属期：　　年　　月　　日至　　年　　月　　日

纳税人名称(公章)：

纳税人识别号：

填表日期：　　年　　月　　日　　　　　　　　　　　金额单位：元(列至角分)

应税消费品名称 \ 项目	适用税率	销售数量	销售额	应纳税额
合计	——	——		

本期准予抵减税额：	声明
	此纳税申报表是根据国家税收法律的规定填报的,我确定它是真实的、可靠的、完整的。
本期减(免)税额：	经办人(签章)：
期初未缴税额：	财务负责人(签章)：
	联系电话：
本期缴纳前期应纳税额：	如果你已委托代理人申报,请填写)
本期预缴税额：	授权声明 　　为代理一切税务事宜,现授权_____
本期应补(退)税额：	(地址)_____为本纳税人的代理申报人,任何与本申报表有关的往来文件,都可寄予此人。
期末未缴税额：	授权人签章：

以下由税务机关填写

受理人(签章)：　　　　　受理日期：　年　月　日　　　　受理税务机关(章)：

3.3 消费税会计核算

3.3.1 消费税会计核算的主要账户

为了反映和监督消费税的计算和征缴,会计核算上应设置"应交税费"一级账户,下设

"应交消费税"二级账户。"应交税费"账户是负债类账户,当企业计算应交消费税时,计入"应交税费——应交消费税"账户的贷方;当企业实际交纳时,计入"应交税费——应交消费税"账户的借方。期末贷方余额反映企业应交未交的消费税税额,期末如果出现借方余额则反映企业多交的消费税额。

由于消费税是价内税,其应纳的消费税已在应税消费品实现的销售收入中,因此需要通过损益类账户"营业税金及附加"扣除销售收入中的价内税。"营业税金及附加"是用于核算纳税人应负担的价内流转税及应交的有关费用,如消费税、营业税、资源税、城市维护建设税、土地增值税、教育费附加,其借方反映计算应纳的价内税及附加,贷方反映期末转入"本年利润"的价内税及附加,该账户期末结转后无余额。

3.3.2 自产销售应税消费品的会计核算

1. 一般销售业务应纳消费税的会计核算

销售实现时,按取得的销售收入和增值税税额,借记"银行存款"或"应收账款"等账户;按实际的销售收入,贷记"主营业务收入"账户;按取得的增值税税额,贷记"应交税费——应交增值税(销项税额)"账户。结转销售产品的生产成本时,借记"主营业务成本"账户,贷记"库存商品"账户。按规定计算应纳消费税额时,借记"营业税金及附加"账户,贷记"应交税费——应交消费税"账户。实际缴纳消费税时,借记"应交税费——应交消费税"账户,贷记"银行存款"账户。

【例 3-12】 某企业采取直接收款方式销售化妆品 3000 套,开出的增值税专用发票上注明的价款 660 000 元,增值税税额为 112 200 元,该批化妆品的实际生产成本为 420 000 元,款项均已通过银行收讫。化妆品适用的消费税税率为 30%。该企业如何进行会计核算?

【解】

① 销售实现,确认收入时,会计核算如下:

借:银行存款　　　　　　　　　　　　　　　　　　　　　　　772 200
　　贷:主营业务收入　　　　　　　　　　　　　　　　　　　　660 000
　　　　应交税费——应交增值税(销项税额)　　　　　　　　　112 200

② 结转销售成本时,会计核算如下:

借:主营业务成本　　　　　　　　　　　　　　　　　　　　　420 000
　　贷:库存商品　　　　　　　　　　　　　　　　　　　　　　420 000

③ 计算应缴纳的消费税时,会计核算如下:

应纳消费税 = 660 000 × 30% = 198 000(元)

借:营业税金及附加　　　　　　　　　　　　　　　　　　　　198 000
　　贷:应交税费——应交消费税　　　　　　　　　　　　　　　198 000

④ 实际缴纳消费税款时,会计核算如下:

借:应交税费——应交消费税　　　　　　　　　　　　　　　　198 000
　　贷:银行存款　　　　　　　　　　　　　　　　　　　　　　198 000

2. 随同产品出售包装物应纳消费税的会计核算

随同应税消费品出售的包装物,无论是否单独计价核算,均应并入应税消费品的销售额中计算缴纳消费税。出租、出借包装物,因逾期未收回包装物而没收的押金,也应计算缴纳消费税。随同产品出售的包装物,具体包括不单独计价和单独计价两种情况。

(1) 随同产品出售不单独计价的包装物

随同产品出售不单独计价的包装物,由于其收入已包括在产品销售收入中,其应纳消费税已于产品销售一并进行会计核算。

(2) 随同产品出售单独计价的包装物

随同产品出售但单独计价的包装物和逾期未退回的没收的包装物押金,按规定应缴纳的消费税,借记"其他业务成本"、"其他应付款"等账户,贷记"应交税费——应交消费税"账户。

【例3-13】 某酒厂向某商业企业销售粮食白酒,所用包装物单独计价,收取包装费1 000元(不含税),该如何进行会计核算?

【解】 该企业的会计核算如下:

包装物应交的消费税＝1 000×25％＝250(元)

借:其他业务成本　　　　　　　　　　　　　　　　　　250
　　贷:应交税费——应交消费税　　　　　　　　　　　　　250

3.3.3 视同销售应税消费品的会计核算

1. 以应税消费品作为投资的会计核算

企业以生产的应税消费品作为投资,应视同销售缴纳消费税,但在会计核算上不作销售处理。企业投资时,借记"长期股权投资"账户,按投资移送应税消费品的账面成本,贷记"库存商品"账户,按同类产品最高售价计算增值税及消费税,贷记"应交税费——应交增值税(销项税额)"、"应交税费——应交消费税"等账户。

【例3-14】 某厂将自产的应税消费品投资到另一个企业,并为后者开具专用发票,价款40 000元,增值税税额6 800元,价税合计46 800元。消费税税率为5％,应纳消费税税额2 000元。若成本为3万元,该企业如何进行会计核算?

【解】 该企业的会计核算如下:

借:长期股权投资　　　　　　　　　　　　　　　　　38 800
　　贷:库存商品　　　　　　　　　　　　　　　　　　30 000
　　　　应交税费——应交增值税(销项税额)　　　　　　6 800
　　　　应交税费——应交消费税　　　　　　　　　　　2 000

2. 以应税消费品换取生产资料、消费资料或抵偿债务、支付代购手续费的核算

企业以生产的应税消费品用于换取生产资料、消费资料或抵偿债务、支付代购手续费时,应视同销售进行会计核算,借记"原材料"、"材料采购"、"应付账款"等账户,贷记"主营业务收入"和"应交税费——应交增值税(销项税额)"账户;按售价计算应交消费税,借记"营业

税金及附加"账户,贷记"应交税费——应交消费税"账户,并结转销售成本。

【例 3-15】 某厂为一般纳税人,以其生产的应纳消费税产品换取原材料,应纳消费税产品的售价为 24 万元。假设应换取的原材料价格、增值税额与应纳消费税产品的售价、增值税额相同,产品成本为 15 万元。该产品的增值税税率为 17%,消费税税率为 10%。产品已经发出,材料已经到达。根据这项经济业务,该企业如何进行会计核算?

【解】 该企业的会计核算如下:

应向购买者收取的增值税＝240 000×17%＝40 800(元)

应纳消费税＝240 000×10%＝24 000(元)

借:原材料	199 200
应交税费——应交增值税(进项税额)	40 800
贷:主营业务收入	199 200
应交税费——应交增值税(销项税额)	40 800
借:营业税金及附加	24 000
贷:应交税费——应交消费税	24 000
借:主营业务成本	150 000
贷:库存商品	150 000

3. 自产自用应税消费品的会计核算

(1) 自产自用应税消费品用于生产应税消费品的会计核算

纳税人自产自用的应税消费品,用于连续生产应税消费品的,不缴纳消费税,只需要进行实际成本的核算。

【例 3-16】 某企业领用自产库存烟丝(属于自制半成品),用于连续生产卷烟,烟丝的实际成本为 50 000 元,则该企业如何进行会计核算?

【解】 该企业的会计核算如下:

| 借:生产成本 | 50 000 |
| 贷:库存商品 | 50 000 |

(2) 自产自用应税消费品用于在建工程或者直接转为固定资产的会计核算

纳税人将自产的应税消费品用于在建工程或者直接转为固定资产,应于货物移送使用时,按同类消费品的平均销售价格计算应纳消费税和应纳增值税,贷记"应交税费——应交消费税"、"应交税费——应交增值税(销项税额)"账户;按移送使用的货物成本,贷记"库存商品"账户;按应纳增值税、应纳消费税和移送使用货物的成本之和,借记"在建工程"、"固定资产"等账户。

【例 3-17】 某石化厂将自产的 90#汽油 500 升用于本厂的在建工程,该标号汽油单位售价为 2.20 元/升,单位成本为 1.20 元/升,适用消费税税率为 1.00 元/升,则该企业如何进行会计核算?

【解】 该企业的会计核算如下:

应纳消费税＝500×1.00＝500(元)

应纳增值税(销项税额)＝500×2.20×17%＝187(元)

借：在建工程 1 287
　　贷：库存商品 600
　　　　应交税费——应交增值税（销项税额） 187
　　　　应交税费——应交消费税 500

(3) 自产自用应税消费品用于职工福利、促进产品销售等的会计核算

纳税人将自产的应税消费品用于职工福利、促进产品销售等方面，应于货物移送使用时，按同类消费品的平均销售价格计算应纳消费税和应纳增值税，贷记"应交税费——应交消费税"、"应交税费——应交增值税（销项税额）"账户；按移送使用的货物成本，贷记"库存商品"账户；按应纳增值税、应纳消费税和移送使用货物的成本之和，借记"应付职工薪酬——职工福利"、"营业费用"等账户。

【例 3-18】 某酒厂将自产的粮食白酒 10 箱，共 50 公斤，用于职工福利，每箱售价为 500 元，单位成本为 200 元／箱，该企业如何进行会计核算？

【解】 该企业的会计核算如下：

应纳消费税 $= 50 \times 2 \times 0.5 + 500 \times 10 \times 25\% = 1\ 300$（元）

应纳增值税（销项税额） $= 500 \times 10 \times 17\% = 850$（元）

借：应付职工薪酬——职工福利 4 150
　　贷：库存商品 2 000
　　　　应交税费——应交增值税（销项税额） 850
　　　　应交税费——应交消费税 1 300

(4) 自产自用应税消费品用于捐赠的会计核算

纳税人将自产的应税消费品用于捐赠，应于货物移送使用时，按同类消费品的平均销售价格计算应纳消费税和应纳增值税，贷记"应交税费——应交消费税"、"应交税费——应交增值税（销项税额）"账户；按移送使用的货物成本，贷记"库存商品"账户；按应纳增值税、应纳消费税和移送使用货物的成本之和，借记"营业外支出"账户。

【例 3-19】 某汽车制造厂将一辆自产的气缸容量为 2 000 毫升的小客车捐赠给儿童福利院，该型号客车的售价为 5 万元／辆，成本为 3.5 万元／辆，则企业如何进行会计核算？

【解】 该企业的会计核算如下：

应纳消费税 $= 50\ 000 \times 5\% = 2\ 500$（元）

应纳增值税（销项税额） $= 50\ 000 \times 17\% = 8\ 500$（元）

借：营业外支出 46 000
　　贷：库存商品 35 000
　　　　应交税费——应交增值税（销项税额） 8 500
　　　　应交税费——应交消费税 2 500

3.3.4 委托加工应税消费品的会计核算

委托加工的应税消费品由受托方代收代缴消费税，当受托方代收税款后，形成与税务部门的负债，通过"应交税费——应交消费税"账户核算，借记"应收账款"、"银行存款"等账户，

贷记"应交税费——应交消费税"账户。

委托方加工物资收回后,直接用于销售的,在销售环节不再缴纳消费税,应将代收代缴的消费税计入委托加工物资的成本,借记"委托加工物资"账户,贷记"应付账款"、"银行存款"等账户;委托加工物资收回后用于连续生产的,在生产出产品并销售时缴纳消费税,为了避免重复纳税,原来由受托方代收代缴的消费税可以按规定准予抵扣,依据会计是相反方向记账的原理,应计入"应交税费——应交消费税"账户借方抵减应交的消费税,即按代收代缴的消费税,借记"应交税费——应交消费税"账户,贷记"应付账款"、"银行存款"等账户。

【例 3-20】 某企业发生下列经济业务:委托 A 企业(主营业务为对外提供加工劳务)加工一批应税消费品,加工所需的原材料成本为 32 000 元,受托方代垫辅助材料 2 000 元(不含增值税),应收取加工费 8 000 元(不含增值税),该应税消费品适用的消费税税率为 30%。受托方没有同类消费品的销售价格,委托方以银行存款付清全部款项。加工物资收回后,一半用于销售,销售价格为 70 000 元(不含税);一半用于连续生产应税消费品,适用的消费税税率为 56%。双方各自该如何进行会计核算?

【解】 双方各自的会计核算如下。

(1) 受托方:

受托方一方面是增值税纳税人,另一方面又是委托方消费税的代扣代缴义务人,在委托方收回加工物资时,收取的金额包括加工费、代垫辅助材料费、增值税及代收代缴的消费税。

应纳增值税 = (8 000 + 2 000) × 17% = 1 700(元)

消费税的组成计税价格 = (32 000 + 8 000 + 2 000) ÷ (1 − 30%) = 60 000(元)

应代收代缴的消费税 = 60 000 × 30% = 18 000(元)

借:银行存款	29 700
贷:主营业务收入	8 000
其他业务收入	2 000
应交税费——应交增值税(销项税额)	1 700
应交税费——应交消费税	18 000

(2) 委托方:

① 发出加工所需材料:

借:委托加工物资	32 000
贷:原材料	32 000

② 支付加工费和辅助材料费:

借:委托加工物资	10 000
应交税费——应交增值税(进项税额)	1 700
贷:银行存款	11 700

③ 向受托方支付消费税税额:

借:委托加工物资	18 000
贷:银行存款	18 000

④ 收回的委托加工物资一半用作原材料入账:

借：原材料 21 000
　　应交税费——应交消费税 9 000
　　贷：委托加工物资 30 000
⑤ 收回的另一半物资用于直接销售,取得销售收入并结转成本：
借：银行存款 81 900
　　贷：主营业务收入 70 000
　　　　应交税费——应交增值税(销项税额) 11 900
借：主营业务成本 30 000
　　贷：委托加工物资 30 000

3.3.5　应税消费品进口的会计核算

应税消费品进口时,需要缴纳进口的消费税,并计入该进口消费品的成本,借记"固定资产"、"材料采购"等账户,贷记"银行存款"等账户。

【例 3-21】　艾美化妆品厂进口化妆品原料一批,关税完税价格为 10 000 美元,已缴关税 25 000 元人民币,假定当日汇率为 1 美元换 8.40 元人民币,货物尚未运到,款已付。则该化妆品厂如何进行会计核算？

【解】　会计核算如下：

组成计税价格 = (10 000×8.40+25 000)÷(1−30%) = 155 714.29(元)

应纳消费税 = 155 714.29×30% = 46 714.29(元)

应纳增值税(进项税额) = 155 714.29×17% = 26 471.43(元)

借：物资采购 155 714.29
　　应交税费——应交增值税(进项税额) 26 471.43
　　贷：银行存款 182 185.72

3.3.6　应税消费品出口退(免)税的会计核算

生产性企业直接出口或通过外贸公司出口货物,按规定直接予以免税的,可不计算应交消费税,也不需进行账务处理。通过外贸公司出口物资时,如按规定实行先征税后退税的,按下列方法进行会计核算：委托外贸公司代理出口物资的生产性公司,应在计算消费税时,按应交消费税,借记"应收补贴款"账户,贷记"应交税费——应交消费税"账户。收到退回的税金,借记"银行存款"账户,贷记"应收补贴款"账户。发生退关、退货而补缴已退的消费税作相反的会计分录。

公司将物资销售给外贸公司,由外贸公司自营出口的,其缴纳的消费税应计入"营业税金及附加"账户,借记"营业税金及附加"账户,贷记"应交税费——应交消费税"账户。自营出口物资的外贸公司,在物资报关出口后申请出口退税时,借记"应收补贴款"账户,贷记"主营业务成本"账户,实际收到退回的税金,借记"银行存款"账户,贷记"应收补贴款"账户。发生退关或退货而补缴已退的消费税作相反的会计分录。

【例 3-22】　某摩托车厂委托外贸企业代理出口一批摩托车,销售额为 30 万元人民币,增值税税率为17%,增值税退税率为13%,消费税税率为10%,已在主管税务机关办理出口退税的审批手续,则该企业如何进行会计核算?

【解】 会计核算如下。

出口消费品应纳增值税＝300 000×17%＝51 000(元)
出口消费品应退增值税＝300 000×13%＝39 000(元)
不予退回的增值税＝51 000－39 000＝12 000(元)
出口消费品应退消费税＝300 000×10%＝30 000(元)

① 收到出口消费品销售额时：

借：应收账款	351 000
贷：主营业务收入	300 000
应交税费——应交增值税(销项税额)	51 000
借：营业税金及附加	30 000
贷：应交税金——应交消费税	30 000

② 报关出口办理退税手续后：

借：应收补贴款	69 000
贷：应交税费——应交增值税(出口退税)	39 000
应交税费——应交消费税	30 000

③ 结转不予退还的增值税：

借：主营业务成本	12 000
贷：应交税费——应交增值税(进项税额转出)	12 000

④ 收到退税税额时：

借：银行存款	69 000
贷：应收补贴款	69 000

3.4 消费税税收筹划

3.4.1 关联企业转让定价的税收筹划

消费税的征收环节是一次征收,消费税的应税行为在生产领域而非流通领域。如果企业集团内设立独立核算的销售机构,生产应税消费品的企业以较低的价格将应税消费品销售给与其关联的销售机构,则可降低生产企业的销售额,从而减少应交消费税税额。独立核算的销售机构处于流通领域,只缴纳增值税,不缴纳消费税。

【例3-23】 某酒厂主要生产粮食白酒,产品销往全国各地的批发商。按照以往的经验,本地的一些商业零售户、酒店、消费者每年直接到工厂购买白酒大约1 000箱(每箱12瓶,每瓶0.5千克)。企业销售给批发商的不含税价格为每箱1 000元,销售给零售商及消费者的不含税价格为1 200元。经过筹划,企业在本地设立了一个独立核算的经销部,企业按销售给批发商的价格销售给经销部,再由经销部销售给零售商、酒店及顾客。粮食白酒的税率为

20%,定额税率为1元/千克。请分析该企业税收筹划方案的可行性。

【解】

① 直接销售给零售商、酒店、消费者应交的消费税为：

应纳消费税＝1 200×1 000×20%＋12×1 000×0.5＝246 000(元)

② 销售给经销部应交的消费税为：

应纳消费税＝1 000×1 000×20%＋12×1 000×0.5＝206 000(元)

③ 筹划后节约消费税为：246 000－206 000＝40 000(元)

当然，采用此方案应当注意，由于独立核算的经销部与生产企业之间存在关联关系，《税收征收管理法》第二十四条规定："企业或者外国企业在中国境内设立的从事生产、经营的机构、场所与其关联企业之间的业务往来，应当按照独立企业之间的业务往来收取或者支付价款、费用；不按照独立企业之间的业务往来收取或者支付价款、费用，而减少其应纳税税额收入或者所得额的，税务机关有权进行合理调整。"因此，工厂销售给独立核算的经销部的价格，应当参照销售给其他商家当期的平均价格确定，如果销售价格"明显偏低"，主管税务机关将会对价格重新进行调整。

3.4.2　兼营不同税率的应税消费品的税收筹划

企业应建立健全会计核算制度，对不同税率的应税消费品分别设置明细账进行核算，这样就可以按不同税率计算缴纳消费税。对需要采用成套方式销售的应税消费品，则可采用"先销售后包装"的方式也可达到减轻税负的目的。

【例3-24】美林日化厂生产各种日化用品，本月销售情况如下：销售香皂收入16万元，销售洗衣粉收入24万元，销售空气清新剂收入21万元，销售家用灭蚊剂收入10万元，销售护肤用品收入16万元，销售护发用品收入12万元，销售香水收入20万元，销售其他化妆品收入26万元。该企业如何进行税收筹划？

【解】

① 若企业未分别核算各种收入的应纳消费税为：

应纳消费税＝(16＋24＋21＋10＋16＋12＋20＋26)×30%＝43.5(万元)

② 若企业分别核算各种收入的应纳的消费税为：

应纳消费税＝(20＋26)×30%＝13.8(万元)

③ 筹划后节约消费税为：43.5－13.8＝29.7(万元)

从以上分析可以看出，不进行分别核算，非应税消费品也要纳税，而且是从高适用税率纳税，低税率消费品也将采用高税率缴纳消费税，这样会大量增加企业的税收负担。所以，企业进行税收筹划时，应充分考虑各方面因素，尽量将不同税率的产品分别核算。

【例3-25】美林日化厂生产各种日化用品，本月将生产的化妆品、护肤护发品、香皂、小工艺品组成成套消费品销售，每套消费品由一瓶香水(40元)、一瓶指甲油(20元)、一支口红(50元)、一瓶洗面奶(20元)、一瓶浴液(25元)、一瓶摩丝(28元)、一块香皂(10元)、化妆工具及小工艺品(20元)、包装盒(10元)组成。预计本月将销售1 000套。化妆品的消费税税率为30%。该企业如何进行税收筹划？

【解】 如果将商品包装后再销售给商家,则应纳消费税为:

应纳消费税=(40+20+50+20+25+28+10+20+10)×30%×1 000=66 900(元)

如果改变做法,将上述商品先分别销售给商家,再由商家包装后对外销售,这样工厂仅就化妆品按30%的税率缴纳消费税。由于消费税是在生产销售环节纳税,商家处于销售环节,销售这些商品时,只缴纳增值税,不再缴纳消费税,因此这一方案对商家的利润并无影响。采用此方案后,工厂应纳的消费税为:

应纳消费税=(40+20+50)×30%×1 000=33 000(元)

筹划后节约消费税为: 66 900−33 000=33 900(元)

3.4.3 委托加工应税消费品的税收筹划

税法规定,委托加工的应税消费品,收回后用于连续生产应税消费品的,所纳税款准予按规定抵扣;收回后直接对外销售的,不再征收消费税。可见在委托加工与自行加工之间存在着一定的筹划空间,作为消费税的纳税人,应事先搞清委托加工与自行加工,哪一种方式的税负较轻,然后在两者之间做出适当的选择。

【例3-26】 2011年甲卷烟厂有一批需要加工的价值100万元的烟叶,由于不同的加工方式,其承担的税负不同,公司制订了以下3种方案。

方案一:委托乙厂将烟叶加工成烟丝,协议规定加工费为75万元,加工的烟丝运回甲厂后继续加工成400标准箱某品牌卷烟,预计加工成本、费用为95万元。

方案二:委托乙厂将烟叶加工成400标准箱某品牌卷烟后直接出售,支付加工费160万元。

方案三:甲卷烟厂自行加工,其加工成本、费用预计175万元。

该批卷烟售价为700万元。烟丝消费税税率为30%,卷烟消费税税率为56%。所得税税率为25%,定额税率为0.015万元/箱。

请分析3种方案的纳税情况及对利润的影响。

【解】

方案一:甲厂向乙厂支付加工费时,向受托方支付其代收代缴的消费税:

应纳消费税=(100+75)÷(1−30%)×30%=75(万元)

甲厂销售卷烟后,应缴纳的消费税:

应纳消费税=700×56%+400×0.015−75=323(万元)

甲厂税后利润=(700−100−75−75−95−323)×(1−25%)=24(万元)

方案二:甲厂收回卷烟时,向受托方支付其代收代缴的消费税:

应纳消费税=(100+160)÷(1−56%)×56%+400×0.015=336.91(万元)

由于委托加工应税消费品直接对外出售,甲厂销售卷烟时不再缴纳消费税,其税后利润如下:

甲厂税后利润=(700−100−160−336.91)×(1−25%)=77.32(万元)

方案三:甲厂销售卷烟时缴纳消费税:

应纳消费税=700×56%+400×0.015=398(万元)

甲厂税后利润=(700-100-175-398)×(1-25%)=20.25(万元)

从以上分析可知,在各因素相同的情况下,自行加工方式(方案三)的税后利润最少,其税负最重,而彻底的委托加工(方案二)又比委托加工收回后再自行加工(方案一)税负要低,这主要是因为委托加工和自行加工的应纳税消费品的税基不同。生产销售卷烟首先按销售数量每箱征收150元的定额消费税。考虑到无论采用哪种方案,其销售量都不变,故其应纳定额税可以不作考虑。

3.4.4 非货币交易的税收筹划

税法规定,纳税人用于换取生产资料和消费资料、投资入股和抵偿债务等方面的应税消费品,应当以纳税人同类应税消费品的最高销售价格作为计税依据计算消费税。纳税人发生上述业务时,应采用先销售后入股(换货、抵债)的方式,可以降低税基,达到少缴消费税的目的。

【例3-27】 东风汽车制造厂当月对外销售同型号的小汽车共有3种价格,以3.5万元的不含税单价销售15辆,以4万元的不含税单价销售15辆,以4.5万元的不含税单价销售20辆。当月以2辆同型号小汽车换取原材料。双方按当月加权平均价格确定小汽车的单价,小汽车消费税税率为5%。该企业如何进行税收筹划?

【解】

小汽车换取原材料应纳的消费税=4.5×2×5%=0.45(万元)

如果该企业按照当月的加权平均单价将这2辆小汽车销售后,再购买原材料,则:

应纳消费税=(3.5×15+4×15+4.5×20)÷(15+15+20)×2×5%=0.405(万元)

可节税额=0.45-0.405=0.045(万元)

消费税纳税申报模拟

【资料】

某卷烟厂为增值税一般纳税人,纳税人识别号为410522256158346,2011年5月生产经营情况如下:

(1) 当月销售卷烟100标准箱,开具增值税专业发票注明价款1 300 000元,增值税税额221 000元,消费税税率为56%。

(2) 期初库存外购烟丝金额为25 050元,当期外购烟丝金额为26 800元,期末库存烟丝金额为8 900元,所领用烟丝全部用于生产加工卷烟。

(3) 委托加工烟丝已纳消费税税款期初余额为6 800元,当期收回委托加工烟丝已纳税款45 720元,期末库存委托加工烟丝已纳税款为34 000元,所领用烟丝全部用于加工卷烟。

(4) 2011年4月份应纳消费税税款455 000元,并于2011年5月份缴入国库。

计算该卷烟厂应纳消费税,并填写纳税申报表。

【纳税申报】

(1) 卷烟应纳消费税=应税销售额×适用税率+应纳销售数量×单位税额

$= 1\ 300\ 000 \times 56\% + 100 \times 150 = 878\ 000$(元)

(2) 烟丝当期准予扣除外购应税消费品已纳税款

=(期初库存外购应税消费品买价+当期购进的外购应税消费品买价

－期末库存的外购应税消费品买价)×外购应税消费品适用税率

$=(25\ 050+26\ 800-8\ 900) \times 30\% = 42\ 950 \times 30\% = 12\ 885$(元)

(3) 烟丝当期准予扣除委托加工应税消费品已纳税款

=期初库存委托加工应税消费品已纳税款+当期收回委托加工应税消费品已纳税款－期末库存委托加工应税消费品已纳税款

$=6\ 800+45\ 720-34\ 000=18\ 520$(元)

(4) 烟丝应纳消费税$=-12\ 885-18\ 520=-31\ 405$(元)

(5) 应纳消费税合计=卷烟应纳消费税+烟丝应纳消费税

$=878\ 000-31\ 405=846\ 595$(元)。

该卷烟厂根据计算的结果,填报消费税纳税申报表,列示如表3-8所示。

表3-8 消费税纳税申报表

填表日期:2011年6月2日

纳税人识别号:410522256158346   金额单位:元(列至角分)

应税消费品名称	适用税目	应税销售额(数量)	适用税率(单位税额)	当期准予扣除外购应税消费品买价(数量)				外购应税消费品适用税率(单位税额)
				合计	期初库存外购应税消费品买价(数量)	当期购进外购应税消费品买价(数量)	期末库存外购应税消费品买价(数量)	
1	2	3	4	5=6+7-8	6	7	8	9
卷烟	烟	1 300 000 (100)	56% (150)					
烟丝	烟			42 950	25 050	26 800	8 900	30%
合计		1 300 000		42 950	25 050	26 800	8 900	

应纳消费税		当期准予扣除外购应税消费品已纳税款	当期准予扣除委托加工应税消费品已纳税款				
本期	累计		合计	期初库存委托加工应税消费品已纳税款	当期收回委托加工应税消费品已纳税款	期末库存委托加工应税消费品已纳税款	
15=3×4-10 或 3×4-11 或 3×4-10-11	16	10=5×9	11=12+13-14	12	13	14	
846 595.00	846 595.00	12 885.00	18 520.00	6 800.00	45 720.00	34 000.00	
已纳消费税		本期应补(退)税金额					

续表

本期	累计	合计	上期结算税金额	补交本年度欠税	补交以前年度欠税
17	18	19＝15－17＋20＋21＋22	20	21	22
0	455 000.00	846 595.00	0	0	0

截至上年年底累计欠税额	本年度新增欠税额				
	本期		累计		
23	24		25		
0	846 595.00		846 595.00		

如纳税人填报,由纳税人填写以下各栏		如委托代理人填报,由代理人填写以下各栏		备注
会计主管（签章）	纳税人（公章）	代理人名称		代理人（公章）
		代理人地址		
		经办人	电话	
以下由税务机关填写				
收到申报表日期		接收人		

复习思考题

1. 什么是消费税？如何理解消费税与增值税之间的相互关系？
2. 简述消费税的征收范围。
3. 消费税的纳税环节是如何确定的？
4. 消费税的税率是如何规定的？
5. 纳税人不同方式生产的应税消费品如何计算消费税？
6. 消费税会计核算应设置什么账户？如何对相关业务进行会计核算？

【业务题】

1. A卷烟厂为一般纳税人,2011年5月份生产并销售卷烟500箱,每标准箱售价12 500元(不含税);同期从收购部门购入烟叶40万元,委托B卷烟厂加工成烟丝,支付加工费30万元;收回烟丝的50%按成本价加价10%用于对外销售,余下的50%用于连续加工成卷烟出售。试计算A、B卷烟厂各应纳增值税和消费税税额,并编制相关会计核算。

2. 某有进出口经营权的生产企业某月进口一批摩托车100辆,每辆的关税完税价格为3.5万元,已纳关税1.5万元。当月在国内销售80辆,获得不含税销售收入600万元。已知摩托车的消费税税率为10%,计算该企业当月应纳的消费税和增值税税额。

3. 长青摩托车企业主要是生产和销售气缸容量大于250毫升型号的摩托车,每辆摩托车的生产成本是22 000元。同时该企业为一般纳税人,增值税税率为17%,消费税税率为10%。今年9月份企业一共发生了以下6项经济业务。

(1) 9月1号按不含税出厂价每辆30 000元销售给特约经销商摩托车30辆,另外收取包装费和售后服务费每辆1 170元。款项已通过银行收讫。

(2) 9月5号销售给某使用单位摩托车10辆,含税销售价35 100元/辆,款项已通过银行收讫。同时以银行存款支付运费5 000元,已取得运输单位开具的运费发票。

(3) 9月7号将同型号摩托车3辆移送给本厂售后服务部使用。

(4) 9月23号购进一批原材料,取得的增值税专用发票上注明价款为1 000 000元,增值税款为170 000元,货物已验收入库,款项以银行存款支付。

(5) 9月24号购进一批零部件,已付款并验收入库,取得的增值税专用发票上注明价款为180 000元,增值税税额为30 600元。

(6) 9月30号以银行存款购入办公用品一批,取得的普通发票上注明价款为6 000元。

要求:对企业9月份发生的这6项经济业务的进行会计核算。

第4章 营 业 税

◎ 理解营业税的概念
◎ 理解营业税的税收实体法要素
◎ 掌握营业税应纳税额的计算
◎ 能够完成营业税的会计核算
◎ 初步具有营业税税收筹划的能力

4.1 营业税概述

4.1.1 营业税的概念及特点

营业税是对在中华人民共和国境内提供应税劳务、转让无形资产或者销售不动产的单位和个人取得的营业额征收的一种税。现行我国营业税法的基本规范,是2008年11月5日国务院第34次常务会议修订通过的《中华人民共和国营业税暂行条例》(以下简称《营业税暂行条例》)和2008年12月15日财政部、国家税务总局第52号令发布的《中华人民共和国营业税暂行条例实施细则》(以下简称《营业税暂行条例实施细则》)。

营业税是一种价内税,与其他税种比较起来,具有征收范围广,税负低且比较均衡,计算简便的特点。

为了适应经济发展方式的转变,进一步完善税制,消除重复征税,优化社会专业化分工,我国已逐步将营业税改征增值税。为此,国家相关部门于2011年11月先后印发了《营业税改征增值税试点方案》(财税[2011]110号)、《关于在上海市开展交通运输业和部分现代服务业营业税改增值税试点的通知》(财税[2011]111号)、《关于在北京等8省市开展交通运输业和部分现代服务业营业税改征增值税试点的通知》(财税[2012]71号)等文件,自2012年1月开始在上海开始"营改增"试点工作,于同年9月分批扩大至北京等8个省(直辖市)。

4.1.2 营业税的征税范围

营业税的征税范围是在中华人民共和国境内提供应税劳务、转让无形资产或销售不动产。

注意，"应税劳务"是指属于交通运输业、建筑业、金融保险业、邮电通信业、文化体育业、娱乐业、服务业税目征收范围的劳务。加工和修理修配劳务属于增值税的征税范围，因此不属于营业税的应税劳务。单位或个体工商户聘用的员工为本单位或雇主提供的劳务，也不属于营业税的应税劳务。

保险劳务，一是指境内保险机构为境内标的物提供的保险，不包括境内保险机构为出口货物提供的保险；二是指境外保险机构以在境内的物品为标的物所提供的保险。

注意，提供应税劳务、转让无形资产或者销售不动产是指有偿提供应税劳务、有偿转让无形资产或者有偿销售不动产的行为。有偿是指取得货币、货物或者其他经济利益。

4.1.3 营业税的纳税义务人与扣缴义务人

1. 纳税义务人的一般规定

在中华人民共和国境内提供应税劳务、转让无形资产或者销售不动产的单位和个人，为营业税的纳税义务人。

(1) "在中华人民共和国境内"是指税收行政管辖权的区域。具体情况如下。

① 提供或者接受应税劳务的单位或者个人在境内。

② 所转让的无形资产（不含土地使用权）的接受单位或者个人在境内。

③ 所转让或者出租土地使用权的土地在境内。

④ 所销售或者出租的不动产在境内。

(2) "单位"是指企业、行政单位、事业单位、军事单位、社会团体及其他单位。

(3) "个人"是指个体工商户以及其他有经营行为的个人。

2. 纳税义务人的特殊规定

(1) 承包、承租、挂靠方式经营的纳税人。

单位以承包、承租、挂靠方式经营的，承包人、承租人、挂靠人（以下统称承包人）发生应税行为，承包人以发包人、出租人、被挂靠人（以下统称发包人）名义对外经营并由发包人承担相关法律责任的，以发包人为纳税人；否则以承包人为纳税人。

(2) 铁路运输的纳税人。

铁路运输的纳税人具体如下。

① 中央铁路运营业务的纳税人为铁道部。

② 合资铁路运营业务的纳税人为合资铁路公司。

③ 地方铁路运营业务的纳税人为地方铁路管理机构。

④ 铁路专用线运营业务的纳税人为企业或其指定的管理机构。

⑤ 基建临管线铁路运营业务的纳税人为基建临管线管理机构。

(3) 建筑安装业务实行分包或转包的，分包或转包者为纳税人。

(4) 金融保险业的纳税人。

金融保险业的纳税人具体如下。

① 银行,包括人民银行、商业银行、政策性银行。
② 信用合作社。
③ 证券公司。
④ 金融租赁公司、证券基金管理公司、财务公司、信托投资公司、证券投资基金。
⑤ 保险公司。
⑥ 其他经中国人民银行、中国证监会、中国保监会批准成立且经营金融保险业务的机构等。

3. 扣缴义务人

在现实生活中,为了加强税源控制,减少税收流失,《营业税暂行条例》和《营业税暂行条例实施细则》规定了扣缴义务人。营业税的扣缴义务人主要有以下两种情形。

(1) 境外的单位或者个人在境内提供应税劳务、转让无形资产或者销售不动产,在境内未设有经营机构的,以其境内代理人为扣缴义务人;在境内没有代理人的,以受让方或者购买方为扣缴义务人。

(2) 国务院财政、税务主管部门规定的其他扣缴义务人。

4.1.4 营业税的税目

营业税的税目按照行业、类别的不同分别设置,现行营业税共设置了9个税目,每个税目下又设置若干子税目。

1. 交通运输业

交通运输业包括陆路运输、水路运输、航空运输、管道运输和装卸搬运五大类。

(1) 陆路运输是指通过陆路(地上或地下)运送货物或旅客的运输业务,包括铁路运输、公路运输、缆车运输、索道运输及其他陆路运输。

(2) 水路运输是指通过江、河、湖、川等天然、人工水道或海洋航道运送货物或旅客的运输业务。尽管打捞不是运输业务,但与水路运输有着密切的关系,所以打捞也可以比照水路运输的办法征税。

(3) 航空运输是指通过空中航线运送货物或旅客的运输业务。与航空直接有关的通用航空业务、航空地面服务业务也按照航空运输业务征税。

(4) 管道运输是指通过管道设施输送气体、液体、固体物资的运输业务。

(5) 装卸搬运是指使用装卸搬运工具或人力、畜力将货物在运输工具之间、装卸现场之间或运输工具与装卸现场之间进行装卸和搬运的业务。

凡与运营业务有关的各项劳务活动,均属交通运输业的税目征收范围,具体包括通用航空业务,航空地面服务,打捞,理货,港务局提供的引航、系解缆、搬家、停泊、移泊等劳务及引水员交通费、过闸费、货物港务费等。

(6) 对远洋运输企业从事程租、期租业务和航空运输企业从事湿租业务取得的收入,按"交通运输业"税目征收营业税。

程租业务是指远洋运输企业为租船人完成某一特定航次的运输任务并收取租赁费的

业务。

期租业务是指远洋运输企业将配备有操作人员的船舶承租给他人使用一定期限,承租期内听候承租方调遣,不论是否经营,均按天向承租方收取租赁费,发生的固定费用(如人员工资、维修费用等)均由船东负担的业务。

湿租业务是指航空运输企业将配备有机组人员的飞机承租给他人使用一定期限,承租期内听候承租方调遣,不论是否经营,均按一定标准向承租方收取租赁费,发生的固定费用(如人员工资、维修费用等)均由承租方负担的业务。

(7) 自2005年6月1日起,对公路经营企业收取的高速公路车辆通行费收入统一减按3%的税率征收营业税。

2. 建筑业

建筑业是指建筑安装工程作业等,包括建筑、安装、修缮、装饰和其他工程作业等项内容。

(1) 建筑是指新建、改建、扩建各种建筑物、构筑物的工程作业,包括与建筑物相连的各种设备或支柱、操作平台的安装或装设的工程作业,以及各种窑炉和金属结构工程作业在内。但自建自用建筑物,其自建行为不是建筑业税目的征税范围。出租或投资入股的自建建筑物,也不是建筑业税目的征税范围。

(2) 安装是指生产设备、动力设备、起重设备、运输设备、传动设备、医疗实验设备及其他各种设备的装配、安置工程作业,包括与设备相连的工作台、梯子、栏杆的装设工程作业和被安装设备的绝缘、防腐、保温、油漆等工程作业。

(3) 修缮是指对建筑物、构筑物进行修补、加固、养护、改善,使之恢复原来的使用价值或延长其使用期限的工程作业。

(4) 装饰是指对建筑物、构筑物进行修饰,使之美观或具有特定用途的工程作业。

(5) 其他工程作业是指除建筑、安装、修缮、装饰工程作业以外的各种工程作业,如代办电信工程、水利工程、道路修建、疏浚、钻井(打井)、拆除建筑物、平整土地、搭脚手架、爆破等工程作业。

3. 金融保险业

金融保险业是指经营金融、保险的业务。

(1) 金融是指经营货币资金融通活动的业务,包括贷款、融资租赁、金融商品转让、金融经纪和其他金融业务。

① 贷款是指将资金有偿贷与他人使用(包括以贴现、押汇方式)的业务。以货币资金投资但收取固定利润或保底利润的行为,也属于这里所称的贷款业务。

② 融资租赁(也称为金融租赁)是指经中国人民银行或对外贸易经济合作部(现商务部)批准可从事融资租赁业务的单位所从事的具有融资性质和所有权转移特点的设备租赁业务。

③ 金融商品转让是指转让外汇、有价证券或非货物期货的所有权的行为,包括股票转让、债券转让、外汇转让、其他金融商品转让。

④ 金融经纪业务和其他金融业务是指受托代他人经营金融活动的中间业务,如委托业务、代理业务、咨询业务等。

(2) 保险是指将通过契约形式集中起来的资金,用以补偿被保险人的经济利益的活动。

对我国境内外资金融机构从事离岸银行业务,属于在我国境内提供应税劳务的,征收营业税。离岸银行业务是指银行吸收非居民的资金,服务于非居民的金融活动,包括外汇存款、外汇贷款、同业外汇拆借、国际结算、发行大额可转让存款证、外汇担保、咨询、鉴证业务以及国家外汇管理局批准的其他业务。

4. 邮电通信业

邮电通信业是指专门办理信息传递的业务,包括邮政和电信。

(1) 邮政是指传递实物信息的业务,包括传递函件或包件(含快递业务)、邮汇、报刊发行、邮务物品销售、邮政储蓄及其他邮政业务。

(2) 电信是指通过各种电传设备传输电信号而传递信息的业务,包括电报、电传、电话、电话机安装、电信物品销售及其他电信业务。

5. 文化体育业

文化体育业是指经营文化、体育活动的业务,包括文化业和体育业。

(1) 文化业是指经营文化活动的业务,包括表演、播映、经营游览场所和各种展览、培训活动,举办文学、艺术、科技讲座、讲演、报告会、图书馆和资料的借阅业务等。

注意,高等院校学历性教育的收费免征营业税。但高等院校进行技能性培训,应按文化体育业缴纳营业税。公园应按文化体育业缴纳营业税。

(2) 体育业是指举办各种体育比赛和为体育比赛或体育活动提供场所的业务。

注意,不能把体育场地内的广告牌按照文化体育业征税,而是按广告业来征税。

6. 娱乐业

娱乐业是指为娱乐活动提供场所和服务的业务,包括经营歌厅、舞厅、卡拉 OK 歌舞厅、音乐茶座、台球、高尔夫球、保龄球场、网吧、游艺场等娱乐场所,以及娱乐场所为顾客进行娱乐活动提供服务的业务。娱乐场所为顾客提供的饮食服务和其他各类服务也按照娱乐业征税。

7. 服务业

服务业是指利用设备、工具、场所、信息或技能为社会提供服务的业务,包括代理业、旅店业、饮食业、旅游业、仓储业、租赁业、广告业和其他服务业。

(1) 对远洋运输企业从事光租业务和航空运输企业从事干租业务取得的收入,按"服务业"税目中的"租赁业"项目征收营业税。

光租业务是指远洋运输企业将船舶在约定的时间内出租给他人使用,不配备操作人员,不承担运输过程中发生的各种费用,只收取固定租赁费的业务。

干租业务是指航空运输企业将飞机在约定的时间内出租给他人使用,不配备机组人员,不承担运输过程中发生的各种费用,只收取固定租赁费的业务。

(2) 自 2002 年 1 月 1 日起,福利彩票发行机构发行销售福利彩票取得的收入不征收营业税。对福利彩票机构以外的代销单位销售福利彩票取得的手续费收入应按规定征收营业税。"福利彩票机构"包括福利彩票销售管理机构和与销售管理机构签有电脑福利彩票投注站代理销售协议书,并直接接受福利彩票销售管理机构的监督管理的电脑福利彩票投注站。

(3) 对社保基金投资管理人、社保基金托管人从事社保基金管理活动取得的收入,依照税法的规定征收营业税。

(4) 单位和个人在旅游景点经营索道取得的收入按"服务业"税目"旅游业"项目征收营业税。

(5) 交通部门有偿转让高速公路收费权行为,属于营业征收范围,应按"服务业"税目中的"租赁业"项目征收营业税。

(6) 无船承运业务应按照"服务业——代理业"税目征收营业税。

无船承运业务是指无船承运业务经营者以承运人身份接受托运人的货载,签发自己的提单或其他运输单证,向托运人收取运费,通过国际船舶运输经营者完成国际海上货物运输,承担承运人责任的国际海上运输经营活动。

(7) 酒店产权式经营业主(以下简称业主)在约定的时间内提供房产使用权与酒店进行合作经营,如房产产权并未归属新的经济实体,业主按照约定取得的固定收入和分红收入均应视为租金收入,根据有关税收法律、行政法规的规定,应按照"服务业——租赁业"税目征收营业税。

(8) 对港口设施经营人收取的港口设施保安费,应按照"服务业"税目全额征收营业税。

(9) 单位和个人受托种植植物、饲养动物的行为,应按照营业税"服务业"税目征收营业税,不征收增值税。上述单位和个人受托种植植物、饲养动物的行为是指委托方向受托方提供其拥有的植物或动物,受托方提供种植或饲养服务并最终将植物或动物归还给委托方的行为。

(10) 自 2012 年 1 月 1 日起,旅店业和饮食业纳税人销售非现场消费的食品应当缴纳增值税,不缴纳营业税。

8. 转让无形资产

转让无形资产是指转让无形资产的所有权或使用权的行为,包括转让土地使用权、转让商标权、转让专利权、转让非专利技术、出租电影拷贝、转让著作权和转让商誉。

自 2003 年 1 月 1 日起,以无形资产投资入股,参与接受投资方的利润分配、共同承担投资风险的行为,不征收营业税。在投资后转让其股权的也不征收营业税。

9. 销售不动产

销售不动产是指有偿转让不动产所有权的行为,包括销售建筑物或构筑物和销售其他土地附着物。在销售不动产时连同不动产所占土地的使用权一并转让的行为,比照销售不动产征收营业税。

单位或个人将不动产或者土地使用权无偿赠送其他单位或者个人,视同发生应税行为按规定征收营业税;单位或者个人自己新建(以下简称自建)建筑物后销售,其所发生的自建行为,视同发生应税行为按规定征收营业税。

自 2003 年 1 月 1 日起,以不动产投资入股,参与接受投资方利润分配、共同承担投资风险的行为,不征收营业税。在投资后转让其股权也不征收营业税。

4.1.5 营业税的税率

营业税按照行业、类别的不同分别采用不同的比例税率,营业税税目税率表如表 4-1 所示。

表 4-1 营业税税目税率表

税 目	税 率
一、交通运输业	3%
二、建筑业	3%
三、金融保险业	5%
四、邮电通信业	3%
五、文化体育业	3%
六、娱乐业	5%~20%
七、服务业	5%
八、转让无形资产	5%
九、销售不动产	5%

注意,其中交通运输业、建筑业、邮电通信业、文化体育业,税率为 3%;服务业、销售不动产、转让无形资产,税率为 5%;金融保险业税率为 5%;娱乐业执行 5%~20% 的幅度税率,具体适用的税率,由各省、自治区、直辖市人民政府根据当地的实际情况在税法规定的幅度内决定。

4.1.6 营业税的税收优惠

1. 起征点

对于经营营业税应税项目的个人,营业税规定了起征点。营业额达到或超过起征点的,即照章全额计算纳税。营业额低于起征点的,则免予征收营业税。自 2011 年 11 月 1 日起,为了贯彻落实国务院关于支持小型和微型企业发展的要求,税法规定的起征点如下。

(1) 按期纳税的(除另有规定外)为月营业额 5 000~20 000 元。

(2) 按次纳税的(除另有规定外)为每次(日)营业额 300~500 元。

各省、自治区、直辖市人民政府所属地方税务机关可以在规定的幅度内,根据当地实际情况确定本地区适用的起征点,并报财政部、国家税务总局备案。

2. 《营业税暂行条例》规定的免征项目

根据《营业税暂行条例》的规定,下列项目免征营业税。

(1) 托儿所、幼儿园、养老院、残疾人福利机构提供的育养服务、婚姻介绍、殡葬服务。

(2) 残疾人员个人为社会提供的劳务。

(3) 学校和其他教育机构提供的教育劳务,学生勤工俭学提供的劳务。学校和其他教育机构是指普通学校以及经地、市级以上人民政府或者同级政府的教育行政部门批准成立、国家承认其学员学历的各类学校。

(4) 农业机耕、排灌、病虫害防治、植物保护、农牧保险以及相关技术培训业务,家禽、牲畜、水生动物的配种和疾病防治。

(5) 纪念馆、博物馆、文化馆、美术馆、展览馆、书画院、图书馆、文物保护单位举办文化活动的门票收入,宗教场所举办文化、宗教活动的门票收入。

3. 根据国家的其他规定减征或者免征的项目

根据国家的其他规定,下列项目减征或者免征营业税。

(1) 保险公司开展的1年期以上返还性人身保险业务的保费收入免征营业税。

(2) 对单位和个人(包括外商投资企业、外商投资设立的研究开发中心、外国企业和外籍个人)从事技术转让、技术开发业务和与之相关的技术咨询、技术服务业务取得的收入,免征营业税。

(3) 个人转让著作权,免征营业税。

(4) 将土地使用权转让给农业生产者用于农业生产,免征营业税。

(5) 凡经中央及省级财政部门批准纳入预算管理或财政专户管理的行政事业性收费、基金,无论是行政单位收取的,还是由事业单位收取的,均不征收营业税。

(6) 社会团体按财政部门或民政部门规定标准收取的会费,不征收营业税。

(7) 自2011年1月至2012年12月31日,对按照国家规定的收费标准向学生收取的高校学生公寓住宿费收入,免征营业税。对高校学生食堂为高校师生提供餐饮服务取得的收入,免征营业税。

但利用学生公寓向社会人员提供住宿服务而取得的租金收入,应按现行规定计征营业税。向社会提供餐饮服务获得的收入,应按现行规定计征营业税。

(8) 对住房公积金管理中心用住房公积金在指定的委托银行发放个人住房贷款取得的收入,免征营业税。

(9) 对按政府规定价格出租的公有住房和廉租住房暂免征收营业税;对个人按市场价格出租的居民住房,在3%的税率基础上减半征收营业税。

(10) 中国人民银行对金融机构的贷款业务,不征收营业税。中国人民银行对企业的贷款或委托金融机构贷款的业务应当征收营业税。

(11) 金融机构往来业务暂不征收营业税。金融机构往来是指金融企业联行、金融企业与中国人民银行及同业之间的资金往来业务取得的利息收入,不包括相互之间提供的服务。

(12) 对金融机构的出纳长款收入,不征收营业税。

(13) 对合格境外机构投资者(QFII)委托境内公司在我国从事证券买卖业务取得的差价收入,免征营业税。

(14) 单位和个人提供的垃圾处置劳务不属于营业税应税劳务,对其处置垃圾取得的垃圾处置费,不征收营业税。

(15) 个人向他人无偿赠与不动产,包括继承、遗产处分及其他无偿赠与不动产等三种情况可以免征营业税。但在办理营业税免税申请手续时,纳税人应区分不同情况向税务机关提交相关证明材料。

(16) 对经营公租房所取得的租金收入,免征营业税。公租房租金收入与其他住房经营收入应单独核算,未单独核算的,不得享受免征营业税优惠政策。

(17) 融资性售后回租业务中承租方出售资产的行为,不属于营业税征收范围,不征营业税。

融资性售后回租业务是指承租方以融资为目的将资产出售给经批准从事融资租赁业务的企业后,又将该项资产从该融资租赁企业租回的行为。融资性售后回租业务中承租方出售资产时,资产所有权以及与资产所有权有关的全部报酬和风险并未完全转移。

(18) 为鼓励企业运用合同能源管理机制,加大节能减排技术改造工作力度,自2011年1月1日起,对符合条件的节能服务公司实施合同能源管理项目取得的收入,属于营业税征税范围的,暂免征收营业税。

(19) 自2011年10月1日至2014年9月30日,对家政服务企业由员工制家政服务员提供的家政服务取得的收入免征营业税。

(20) 自2011年1月1日起至2012年12月31日,对动漫企业为开发动漫产品提供的动漫脚本编撰、形象设计、背景设计、动画设计、分镜、动画制作、摄制、描线、上色、画面合成、配音、配乐、音效合成、剪辑、字幕制作、压缩转码(面向网络动漫、手机动漫格式适配)劳务收入,以及动漫企业在境内转让动漫版权交易的收入(包括动漫品牌、形象或内容的授权及再授权),减按3%税率征收营业税。

4.1.7 营业税纳税义务的发生时间

营业税纳税义务发生时间为纳税人提供应税劳务、转让无形资产或者销售不动产并收讫营业收入款项或者取得索取营业收入款项凭据的当天。收讫营业收入款项,是指纳税人应税行为发生过程中或者完成后收取的款项。索取营业收入款项凭据的当天,为书面合同确定的付款日期的当天;未签订书面合同或者书面合同未确定付款日期的,为应税行为完成的当天。税法对某些具体项目进一步明确如下。

(1) 纳税人转让土地使用权或者销售不动产,采取预收款方式的,其纳税义务发生时间为收到预收款的当天。纳税人提供建筑业或者租赁业劳务,采取预收款方式的,其纳税义务发生时间为收到预收款的当天。

(2) 单位或者个人自己新建建筑物后销售,其自建行为的纳税义务发生时间,为其销售自建建筑物并收讫营业额或者取得索取营业额凭据的当天。

(3) 纳税人将不动产或者土地使用权无偿赠送其他单位或者个人的,其纳税义务发生时间为不动产所有权、土地使用权转移的当天。

(4) 扣缴税款义务发生时间为扣缴义务人代纳税人收讫营业收入款项或者取得索取营业收入款项凭据的当天。

(5) 融资租赁业务,纳税义务发生时间为取得租金收入或取得索取租金收入价款凭据的当天。

(6) 金融商品转让业务,纳税义务发生时间为金融商品所有转移之日。

(7) 金融经纪业务和其他金融业务,纳税义务发生时间为取得营业收入或取得索取营业收入价款凭证的当天。

(8) 保险业务,纳税义务发生时间为取得保费收入或取得索取保费收入价款凭证的当天。

4.1.8 营业税的纳税期限

(1) 营业税的纳税期限分别为 5 日、10 日、15 日、1 个月或者 1 个季度。纳税人的具体纳税期限,由主管税务机关根据纳税人应纳税额的大小分别核定;不能按照固定期限纳税的,可以按次纳税。

纳税人以 1 个月或者 1 个季度为一个纳税期的,自期满之日起 15 日内申报纳税;以 5 日、10 日或者 15 日为一个纳税期的,自期满之日起 5 日内预缴税款,于次月 1 日起 15 日内申报纳税并结清上月应纳税款。

(2) 扣缴义务人解缴税款的期限,比照上述规定执行。

(3) 银行、财务公司、信托投资公司、信用社、外国企业常驻代表机构的纳税期限为 1 个季度。自纳税期满之日起 15 日内申报纳税。

(4) 保险业的纳税期限为 1 个月。

4.1.9 营业税的纳税地点

营业税的纳税地点原则上采取属地征收的办法,即纳税人在经营行为发生地缴纳应纳税款。具体规定如下。

(1) 纳税人提供应税劳务,应当向机构所在地或者居住地的主管税务机关申报纳税。

(2) 纳税人转让土地使用权,应当向土地所在地主管税务机关申报纳税。纳税人转让其他无形资产,应当向其机构所在地或者居住地的主管税务机关申报纳税。

(3) 单位和个人出租土地使用权、不动产的营业税纳税地点为土地、不动产所在地,单位和个人出租物品、设备等动产的营业税纳税地点为出租单位机构所在地或个人居住地。

(4) 纳税人销售不动产,应当向不动产所在地主管税务机关申报纳税。

(5) 在中华人民共和国境内的电信单位提供电信业务的营业税纳税地点为电信单位机构所在地。

(6) 在中华人民共和国境内的单位提供的设计(包括在开展设计时进行的勘探、测量等业务,下同)、工程监理、调试和咨询等应税劳务的,其营业税纳税地点为单位机构所在地。

(7) 在中华人民共和国境内的单位通过网络为其他单位和个人提供培训、信息和远程调试、检测等服务的,其营业税纳税地点为单位机构所在地。

4.2 营业税应纳税额的计算与申报

纳税人提供应税劳务、转让无形资产或者销售不动产,应按照营业额和规定的税率计算应纳税额,计算公式如下。

$$应纳营业税 = 营业额 \times 营业税税率$$

4.2.1 营业税计税依据的一般规定

营业税的计税依据是营业额,营业额为纳税人提供应税劳务、转让无形资产或者销售不动产向对方收取的全部价款和价外费用。

价外费用包括收取的手续费、补贴、基金、集资费、返还利润、奖励费、违约金、滞纳金、延期付款利息、赔偿金、代收款项、代垫款项、罚息及其他各种性质的价外收费,但不包括同时符合以下条件代为收取的政府性基金或者行政事业性收费。

(1) 由国务院或者财政部批准设立的政府性基金,由国务院或者省级人民政府及其财政、价格主管部门批准设立的行政事业性收费。

(2) 收取时开具省级以上财政部门印制的财政票据。

(3) 所收款项全额上缴财政。

【例 4-1】 某运输公司 4 月份取得客运收入 20 000 元,价外收取费用 3 000 元;货运收入 50 000 元,价外收取费用 5 000 元,该公司 4 月份的营业额为多少?

【解】 营业额＝20 000＋3 000＋50 000＋5 000＝78 000(元)

应纳税额以人民币为计算单位,如果纳税人以外汇结算营业额的,须按外汇市场价格折合成人民币计算。人民币的折合率可选择营业额发生的当天或者当月 1 日的人民币汇率中间价。纳税人应当在事先确定采用何种折合率,确定后 1 年内不得变更。

对于纳税人提供劳务、转让无形资产或销售不动产价格明显偏低而无正当理由的,或者视同发生应税行为而无营业额的,税务机关可按下列顺序确定其营业额。

(1) 按纳税人最近时期发生同类应税行为的平均价格核定。

(2) 按其他纳税人最近时期发生同类应税行为的平均价格核定。

(3) 按下列公式核定:

营业额＝营业成本或者工程成本×(1＋成本利润率)÷(1－营业税税率)

公式中的成本利润率,由省、自治区、直辖市税务局确定。

4.2.2 营业税计税依据的具体规定

1. 交通运输业

(1) 纳税人将承揽的运输业务分给其他单位或者个人的,以其取得的全部价款和价外费用扣除其支付给其他单位或者个人的运输费用后的余额为营业额。

(2) 运输企业自中华人民共和国境内运输旅客或者货物出境,在境外改由其他运输企业承运旅客或货物,以全程运费减去付给该承运企业的运费后的余额为营业额。

自 2010 年 1 月 1 日起,对中华人民共和国境内(以下简称境内)单位或者个人提供的国际运输劳务免征营业税。国际运输劳务是指:① 在境内载运旅客或者货物出境;② 在境外载运旅客或者货物入境;③ 在境外发生载运旅客或者货物的行为。

【例 4-2】 某汽车货运公司,2012 年 7 月从境内 A 地载运货物运往 B 地,全程运费为 300 000 元,中途在 M 地改由其他运输公司运到目的地(B 地),向其支付运费 120 000 元。该公司本月应纳多少营业税?

【解】 应纳营业税＝(300 000－120 000)×3％＝5 400(元)

2. 建筑业

(1) 建筑业的总承包人将工程分包或者转包给他人，以工程的全部承包额减去付给分包人或者转包人的价款后的余额为营业额。

(2) 纳税人提供建筑业劳务(不含装饰劳务)的，其营业额应当包括工程所用原材料、设备及其他物资和动力价款在内，但不包括建设方提供的设备价款。从事安装工程作业，安装设备价值作为安装工程产值的，营业额包括设备价款。

(3) 自建行为和单位或个人将不动产无偿赠与他人，由主管税务机关按照相关规定顺序核定营业额。

自建行为是指纳税人自己建造房屋的行为。纳税人自建自用的房屋不纳税。如纳税人(包括个人自建自用住房销售)将自建的房屋对外销售，其自建行为应按建筑业缴纳营业税，再按销售不动产征收营业税。

【例 4-3】 甲建筑公司承揽了一项价值 3 000 万元的建设项目，将其中的一个 200 万元安装工程分包给乙安装公司，则甲建筑公司和乙安装公司应分别缴纳多少营业税？

【解】

甲建筑公司应纳营业税＝(3 000－200)×3％＝84(万元)

乙安装公司应纳营业税＝200×3％＝6(万元)

【例 4-4】 安达建筑公司，接受一项安装工程，价款 200 万元，在安装过程中耗用材料 20 万元，小型安装设备 15 万元，另外建设方还提供了价款为 30 万元的设备，则安达建筑公司对该项工程应纳多少营业税？

【解】 应纳营业税＝(200＋20＋15)×3％＝7.05(万元)

3. 金融保险业

(1) 一般贷款业务的营业额为贷款利息收入(包括各种加息、罚息等)。

(2) 经中国人民银行、外经贸部(现商务部)和国家经贸委批准经营融资租赁业务的单位，融资租赁以其向承租者收取的全部价款和价外费用(包括残值)减去出租方承担的出租货物的实际成本后的余额，以直线法折算出本期的营业额。计算方法为：

本期营业额＝(应收取的全部价款和价外费用－实际成本)×(本期天数÷总天数)

实际成本＝货物购入原价＋关税＋增值税＋消费税＋运杂费＋安装费＋保险费＋支付给境外的外汇借款利息支出和人民币借款利息

(3) 外汇、有价证券、期货等金融商品买卖业务，以卖出价减去买入价后的余额为营业额，即营业额＝卖出价－买入价。卖出价是指卖出原价，不得扣除卖出过程中支付的各种费用和税金。买入价是指购进原价，不包括购进过程中支付的各种费用和税金，但买入价应依照财务会计制度规定，以股票、债券的购入价减去股票、债券持有期间取得的股票、债券红利收入。

所称"外汇、有价证券、期货等金融商品买卖业务"是指纳税人从事的外汇、有价证券、非货物期货和其他金融商品买卖业务。货物期货不缴纳营业税。

(4) 金融经纪业务和其他金融业务(中间业务)营业额为手续费(佣金)类的全部收入。

金融企业从事受托收款业务,如代收电话费、水电煤气费、信息费、学杂费、寻呼费、社保统筹费、交通违章罚款、税款等,以全部收入减去支付给委托方价款后的余额为营业额。

(5) 保险业务营业额包括以下几个方面。

① 办理初保业务。营业额为纳税人经营保险业务向对方收取的全部价款,即向被保险人收取的全部保险费。

② 储金业务。保险公司如采用收取储金方式取得经济利益的(即以被保险人所交保险资金的利息收入作为保费收入,保险期满后将保险资金本金返还被保险人),其"储金业务"的营业额,为纳税人在纳税期内的储金平均余额乘以中国人民银行公布的1年期存款的月利率。储金平均余额为纳税期期初储金余额与期末余额之和乘以50%。

③ 保险企业已征收过营业税的应收未收保费,凡在财务会计制度规定的核算期限内未收回的,允许从营业额中减除。在会计核算期限以后收回的已冲减的应收未收保费,再并入当期营业额中。

④ 保险企业开展无赔偿奖励业务的,以向投保人实际收取的保费为营业额。

⑤ 中华人民共和国境内的保险人将其承保的以境内标的物为保险标的的保险业务向境外再保险人办理分保的,以全部保费收入减去分保保费后的余额为营业额。

境外再保险人应就其分保收入承担营业税纳税义务,并由境内保险人扣缴境外再保险人应缴纳的营业税税款。

(6) 金融企业贷款利息征收营业税的具体规定。自2003年1月1日起,对金融企业(包括国有、集体、股份制、合资、外资银行以及其他所有制形式的银行,城市信用社和农村信用社,信托投资公司和财务公司),按以下规定征收营业税。

金融企业发放贷款(包括自营贷款和委托贷款,下同)后,凡在规定的应收未收利息核算期内发生的应收利息,均应按规定申报缴纳营业税;贷款应收利息自结息之日起,超过应收未收利息核算期限或贷款本金到期(含展期)超过90天后尚未收回的,按照实际收到的利息申报缴纳营业税。

(7) 外币折合成人民币。金融保险业以外汇结算营业额的,应将外币折合成人民币后计算营业税。原则上金融业按其收到的外汇的当天或当季季末中国人民银行公布的基准汇价折合营业额,保险业按其收到的外汇的当天或当月最后一天中国人民银行公布的基准汇价折合营业额,报经省级税务机关批准后,允许按照财务制度规定的其他基准汇价折合营业额。

【例4-5】 2012年8月,金海证券公司将以8 000万元买入的A种股票,以10 000万元卖出,将1 500万元买入的B种债券以1 600万元卖出,则该证券公司应纳多少营业税?

【解】 应纳营业税=[(10 000−8 000)+(1 600−1 500)]×5%=105(万元)

【例4-6】 某保险公司2011年第4季度,储金期初余额为600万元,期末余额为400万元,人民银行1年期定期存款利率假定为4%,则该公司第4季度储金业务应纳多少营业税?

【解】

储金业务计税营业额=(600+400)÷2×4%÷12×3=5(万元)

应纳营业税＝5×5％＝0.25(万元)

4. 邮电通信业

(1) 电信部门以集中受理方式为集团客户提供跨省的出租电路业务,由受理地区的电信部门按取得的全部价款减去分割给参与提供跨省电信业务的电信部门的价款后的差额为营业额计征营业税;对参与提供跨省电信业务的电信部门,按各自取得的全部价款为营业额计征营业税。

集中受理是指电信部门应一些集团客户的要求,为该集团所属的众多客户提供跨地区的出租电信线路业务,以便该集团所属众多客户在全国范围内保持特定通信联络。

(2) 邮政电信单位与其他单位合作,共同为用户提供邮政电信业务及其他服务并由邮政电信单位统一收取价款的,以全部收入减去支付给合作方价款后的余额为营业额。

(3) 中国移动通信集团公司通过手机短信公益特服号"8858"为中国儿童少年基金会接受捐款业务,以全部收入减去支付给中国儿童少年基金会的价款后的余额为营业额。

5. 文化体育业

单位或个人进行演出,以全部票价收入或包场收入减去付给提供演出场所的单位、演出公司或经纪人的费用后的余额为营业额。

【例4-7】 2012年1月,春蕾歌舞团租借某剧院进行演出活动,共取得票价收入30万元,支付剧院场地租金5万元,支付经纪人费用2万元,则春蕾歌舞团1月份应纳多少营业税额?

【解】 应纳营业税额＝(30－5－2)×3％＝0.69(元)

6. 娱乐业

娱乐业的营业额为经营娱乐业收取的全部价款和价外费用,包括门票收费、台位费、点歌费、烟酒、饮料、茶水、鲜花、小吃等收费及经营娱乐业的其他各项收费。

【例4-8】 某歌舞厅2012年1月门票收入20 000元,点歌收入25 000元,台位(含饮料)收入30 000元,其他收入5 000元,营业税税率为20％,则该歌舞厅1月份应纳多少营业税?

【解】 应纳营业税＝(20 000＋25 000＋30 000＋5 000)×20％＝16 000(元)

7. 服务业

(1) 代理业以纳税人从事代理业务向委托方实际收取的报酬为营业额。

(2) 电脑福利彩票投注点代销福利彩票取得的任何形式的手续费收入,应照章征收营业税。

(3) 广告代理业的营业额为代理者向委托方收取的全部价款和价外费用减去付给广告发布者的广告发布费后的余额。

(4) 对拍卖行向委托方收取的手续费应征收营业税。

(5) 纳税人从事旅游业务的,以其取得的全部价款和价外费用扣除替旅游者支付给其他单位或者个人的住宿费、餐费、交通费、旅游景点门票和支付给其他接团旅游企业的旅游费后的余额为营业额。

(6) 对单位和个人在旅游景区经营旅游游船、观光电梯、观光电车、景区环保客运车所取得的收入应按"服务业——旅游业"征收营业税。

单位和个人在旅游景区兼有不同税目应税行为并采取"一票制"收费方式的,应当分别核算不同税目的营业额;未分别核算或核算不清的,从高适用税率。

(7) 对经过国家版权局注册登记,在销售时一并转让著作权、所有权的计算机软件征收营业税。计算机软件产品是指记载有计算机程序及其有关文档的存储介质(包括软盘、硬盘、光盘等)。

(8) 从事物业管理的单位,以其收取的全部收入减去代业主支付的水、电、燃气以及代承租者支付的水、电、燃气、房屋租金的价款后的余额为营业额征收营业税。

(9) 纳税人从事无船承运业务,以其向委托人收取的全部价款和价外费用扣除其支付的海运费以及报关、港杂、装卸费用后的余额为计税营业额申报缴纳营业税。

【例 4-9】 远足旅游公司 2012 年 7 月组团到海南旅游,获得旅游收入 100 000 元,其中为旅游者代付交通费 20 000 元,支付食宿费 30 000 元。则该公司 7 月份应纳多少营业税?

【解】 应纳营业税=(100 000－20 000－30 000)×5％=2 500(元)

8. 销售不动产和转让无形资产

(1) 单位和个人销售或转让其购置的不动产或受让的土地使用权,以全部收入减去不动产或土地使用权的购置或受让原价后的余额为营业额征收营业税。

(2) 单位和个人销售其抵债所得的不动产、土地使用权的,以全部收入减去抵债时该不动产或土地使用权作价后的余额为营业额。

(3) 自 2011 年 1 月 28 日起,个人将购买不足 5 年的住房对外销售的,全额征收营业税;个人将购买超过 5 年(含 5 年)的非普通住房对外销售的,按照其销售收入减去购买房屋的价款后的差额征收营业税;个人将购买超过 5 年(含 5 年)的普通住房对外销售的,免征营业税。

(4) 自 2011 年 9 月 1 日起,纳税人转让土地使用权或者销售不动产的同时一并销售的附着于土地或者不动产上的固定资产中,凡属于增值税应税货物的,应按照相关规定,计算缴纳增值税;凡属于不动产的,应按照《营业税暂行条例》规定的"销售不动产"税目计算缴纳营业税。

纳税人应分别核算增值税应税货物和不动产的销售额,未分别核算或核算不清的,由主管税务机关核定其增值税应税货物的销售额和不动产的销售额。

9. 营业额的其他规定

(1) 纳税人的营业额计算缴纳营业税后因发生退款减除营业额的,应当退还已缴纳营业税税款或者从纳税人以后的应缴纳营业税税额中减除。

(2) 纳税人发生应税行为,如果将价款与折扣额在同一张发票上注明的,以折扣后的价款为营业额;如果将折扣额另开发票的,不论其在财务上如何处理,均不得从营业额中扣除。

(3) 单位和个人提供应税劳务、转让无形资产和销售不动产时,因受让方违约而从受让方取得的赔偿金收入,应并入营业额中征收营业税。

（4）单位和个人因财务会计核算办法改变,将已缴纳过营业税的预收性质的价款逐期转为营业收入时,允许从营业额中减除。

（5）劳务公司接受用工单位的委托,为其安排劳动力,凡用工单位将其应支付给劳动力的工资和为劳动力上交的社会保险(包括养老保险金、医疗保险、失业保险、工伤保险等,下同)以及住房公积金统一交给劳务公司代为发放或办理的,以劳务公司从用工单位收取的全部价款减去代收转付给劳动力的工资和为劳动力办理社会保险及住房公积金后的余额为营业额。

（6）自2004年12月1日起,营业税纳税人购置税控收款机,经主管税务机关审核批准后,可凭购进税控收款机取得的增值税专用发票,按照发票上注明的增值税税额,抵免当期应纳营业税税额,或者按照购进税控收款机取得的普通发票上注明的价款,依下列公式计算可抵免税额。

$$可抵免税额 = 价款 \div (1+17\%) \times 17\%$$

当期应纳税额不足抵免的,未抵免部分可在下期继续抵免。

（7）纳税人提供应税劳务向对方收取的全部价款和价外费用,按相关规定可以扣除部分金额后确定营业额的,其扣除的金额应提供下列相关的合法有效凭证。

① 支付给境内单位或者个人的款项,且该单位或者个人发生的行为属于营业税或者增值税征收范围的,以该单位或者个人开具的发票为合法有效凭证。

② 支付的行政事业性收费或者政府性基金,以开具的财政票据为合法有效凭证。

③ 支付给境外单位或者个人的款项,以该单位或者个人的签收单据为合法有效凭证。税务机关对签收单据有疑义的,可以要求其提供境外公证机构的确认证明。

④ 国家税务总局规定的其他合法有效凭证。

4.2.3 几种经营行为营业税的计算

1. 兼有不同税目应税行为营业税的计算

税法规定,纳税人兼有不同税目的应税劳务和应税行为的,应当分别核算不同税目的营业额、转让额、销售额,然后按各自的适用税率计算应纳税额;未分别核算的,将从高适用税率计算应纳税额。

【例4-10】 某公园2012年7月取得营业收入20 000元,其中门票收入5 000元,附设卡拉OK舞厅收入15 000元(娱乐业税率为20%)。则该公园7月份应纳多少营业税?

【解】

第一种情况:分别核算。

门票收入应纳营业税 = 5 000 × 3% = 150(元)

歌舞厅收入应纳营业税 = 15 000 × 20% = 3 000(元)

7月份共应纳营业税 = 3 000 + 150 = 3 150(元)

第二种情况:未分别核算。

7月份应纳营业税 = 20 000 × 20% = 4 000(元)

2. 兼营应税劳务与货物或非应税劳务行为营业税的计算

纳税人兼营应税行为和货物或者非应税劳务的,应当分别核算应税行为的营业额和货物或者非应税劳务的销售额,其应税行为营业额缴纳营业税,应税劳务销售额不缴纳营业税;未分别核算的,由主管税务机关核定其应税行为营业额。

纳税人兼营免税、减税项目的,应当单独核算免税、减税项目的营业额;未单独核算营业额的,不得免税、减税。

【例 4-11】 某宾馆附设餐饮部和商品部,2012 年 7 月分别核算,主营业务收入 60 000 元,餐饮部收入 20 000 元,零售商品收入(含税)10 000 元。该宾馆 7 月份应纳多少营业税?

【解】 因该宾馆分别核算,其应纳营业税额和增值税额分别如下:

应纳营业税 = (60 000 + 20 000) × 5% = 4 000(元)

应纳增值税 = 10 000 ÷ (1 + 3%) × 3% = 291.26(元)

7 月份合计应纳税额 = 4 000 + 291.26 = 4 291.26(元)

3. 混合销售行为营业税的计算

一项销售行为如果既涉及应税劳务又涉及货物,则为混合销售行为。从事货物的生产、批发或者零售的企业、企业性单位及个体工商户的混合销售行为,视为销售货物,不征收营业税;其他单位和个人的混合销售行为,视为提供应税劳务,应当征收营业税。

以上所述的货物是指有形动产,包括电力、热力、气体在内。上述从事货物的生产、批发或零售的企业、企业性单位及个体经营者,包括以从事货物的生产、批发或零售为主,并兼营应税劳务的企业、企业性单位及个体工商户在内。

纳税人的销售行为是否属于混合销售行为,由国家税务总局所属征收机关确定。

4. 营业税与增值税征税范围的划分

纳税人的下列混合销售行为,应当分别核算应税劳务的营业额和货物的销售额,其应税劳务的营业额缴纳营业税,货物销售额不缴纳营业税;未分别核算的,由主管税务机关核定其应税劳务的营业额。

(1) 邮电业务征税问题。

① 集邮商品的生产征收增值税。邮政部门(含集邮公司)销售集邮商品,应当征收营业税;邮政部门以外的其他单位与个人销售集邮商品,征收增值税。

集邮是指收集和保存各种邮票以及与邮政相联系的其他邮品的活动。

集邮商品是指邮票、小型张、小本票、明信片、首日封、邮折、集邮簿、邮盘、邮票目录、护邮袋、贴片等。

② 邮政部门发行报刊,征收营业税;其他单位和个人发行报刊,征收增值税。报刊发行是指邮政部门代出版单位收订、投递和销售各种报纸、杂志的业务。

电信单位自己销售电信物品,并为客户提供有关的电信劳务服务的,征收营业税;对单纯销售无线寻呼机、移动电话等不提供有关的电信劳务服务的,征收增值税。电信物品是指电信业务专用或通用的物品,如无线寻呼机、移动电话、电话机及其他电信器材等。

(2) 其他与增值税的划分问题。

① 燃气公司和生产、销售货物或提供增值税应税劳务的单位,在销售货物或提供增值

税应税劳务时,代有关部门向购买方收取的集资费[包括管道煤气集资款(初装费)]、手续费、代收款等,属于增值税价外收费,应征收增值税,不征收营业税。

② 随汽车销售提供的汽车按揭服务和代办服务业务征收增值税,单独提供按揭、代办服务业务并不销售汽车的,应征收营业税。

(3) 销售自产货物并同时提供建筑业劳务的征税问题。

自 2011 年 5 月 1 日起,纳税人销售自产货物同时提供建筑业劳务,应按照相关规定,分别核算其货物的销售额和建筑业劳务的营业额,并根据其货物的销售额计算缴纳增值税,根据其建筑业劳务的营业额计算缴纳营业税。未分别核算的,由主管税务机关分别核定其货物的销售额和建筑业劳务的营业额。

(4) 商业企业向货物供应方收取的部分费用征收流转税问题。

自 2004 年 7 月 1 日起,对商业企业向供货方收取的与商品销售量、销售额无必然联系,且商业企业向供货方提供一定劳务的收入,如进场费、广告促销费、上架费、展示费、管理费等,不属于平销返利,不冲减当期增值税进项税额,应按营业税的适用税目税率(5%)征收营业税。商业企业向供货方收取的各种收入,一律不得开具增值税专用发票。

4.2.4 营业税纳税申报资料

自 2006 年 3 月 1 日起,交通运输业、娱乐业、服务业、建筑业的营业税纳税人,除经税务机关核准实行简易申报方式外,均据此进行纳税申报。邮电通信业、文化体育业、转让无形资产、销售不动产的营业税纳税人按照各地的申报方法进行纳税申报,金融保险业营业税纳税人按照《国家税务总局关于印发〈金融保险业营业税申报管理办法〉的通知》(国税发[2002]9 号进行纳税申报。

凡按全国统一的《营业税纳税人纳税申报办法》进行纳税申报的营业税纳税人均应报送以下资料。

(1)《营业税纳税申报表》(如表 4-2 所示)。

(2) 按照本纳税人发生营业税应税行为所属的税目,分别填报相应税目的营业税纳税申报表附表;同时发生两种或两种以上税目应税行为的,应同时填报相应的纳税申报表附表。

(3) 凡使用税控收款机的纳税人应同时报送税控收款机 IC 卡。

(4) 主管税务机关规定的其他申报资料。

使用税控收款机开具发票的纳税人,在进行纳税申报时,应进行"票表比对"管理,即对纳税申报信息与税控收款机开票信息之间的逻辑关系进行审核比对并对审核结果进行处理。其程序如下。

(1) 对纳税申报数据与税控收款机开票数据进行数据采集。

(2) 进行数据比对。

(3) 根据比对结果进行相应处理。

纳税人应按《营业税暂行条例》有关规定及时办理纳税申报,并如实填写《营业税纳税申报表》。

表 4-2 营业税纳税申报表(适用于查账征收的营业税纳税人)

纳税人识别号：
纳税人名称(公章)：
税款所属时间：自 年 月 日 至 年 月 日　　电脑代码：　　填表日期：年 月 日　　金额单位：元(列至角分)

税目	行次	营业额				应税减除项目金额	应税营业额	免税收入	税率(%)	本期税款计算			期初欠缴税额	前期多缴税额	税款缴纳				本期应缴税额计算		
		应税收入	前期多缴项目营业额							小计	本期应纳税额	免(减)税额			本期已缴税额				小计	本期期末应缴税额	本期期末应缴欠缴税额
			小计	营业额冲减	事后审批减免	其他									小计	本期已缴纳税额	本期已被扣缴税额	本期已缴欠缴税额			
		1	2=3+4+5	3	4	5	6	7=1−6	8	9	10=11+12	11=7×9	12=8×9	13	14=2×9	15=16+17+18	16	17	18	19=20+21	20=11−14−16−17	21=13−18
交通运输业	1																					
建筑业	2																					
邮电通信业	3																					
服务业	4																					
娱乐业 5%	5																					
娱乐业 10%	6																					
娱乐业 20%	7																					
金融保险业	8																					
文化体育业	9																					
销售不动产	10																					
转让无形资产	11																					
合计	12																					
	13																					
代扣代缴项目	14																					
	15																					
	16																					
总计	17																					

纳税人或代理人声明：
此纳税申报表是根据国家税收法律的规定填报的，我确定它是真实的、可靠的、完整的。

如纳税人填报，由纳税人填写以下各栏：
办税人员(签章)：
联系电话：

如委托代理人填报，由代理人填写以下各栏：
代理人名称(公章)：
代理人：

财务负责人(签章)：

经办人(签章)：

法定代表人(签章)：

联系电话：

受理税务机关(签章)：

以下由税务机关填写：
受理人：　　　　受理日期：　年　月　日　　　　受理税务机关(签章)：
本表为A3横式一式三份，一份纳税人留存，一份主管税务机关留存，一份征收部门留存。

4.3 营业税会计核算

4.3.1 营业税账户设置

营业税的会计核算所涉及的主要会计账户如下。

(1)"应交税费——应交营业税"账户

该账户是用来核算企业应纳的营业税。企业按规定计算出应交的营业税、代扣代缴的营业税及收到退回的营业税时,计入其贷方;实际缴纳营业税、补缴营业税、结转退回的营业税时,计入其借方;期末贷方余额为应交未交的营业税,借方余额为多交的营业税。

(2)"营业税金及附加"账户

该账户是用来核算企业主营业务应纳的营业税、城建税及教育费附加等。企业根据应税收入计算的应冲减营业收入的应交营业税、应交城建税及教育费附加,借记该账户,收到退回的营业税、城建税及教育费附加时,计入其贷方;期末,将该账户的余额转入"本年利润"账户,结转后无余额。

(3)"其他业务成本"账户

该账户是用来核算企业主营业务之外的属于其他业务的各项支出,包括成本、费用、相关税金及附加等。企业出租无形资产取得的租金收入应交的营业税,应借记该账户。

(4)"固定资产清理"账户

该账户是用来核算企业(不包括房地产开发企业)固定资产的处置业务(销售、报废),根据应税收入计算的应交营业税额,记入该账户的借方,期末,应将其余额转入"营业外收入"或"营业外支出"账户。

4.3.2 营业税一般业务的会计核算

营业税一般业务的会计核算概括如下。

(1)发生营业收入时:

借:银行存款(或库存现金、应收账款等)

  贷:主营业务收入

    其他业务收入

(2)计算营业税金时:

借:营业税金及附加

  贷:应交税费——应交营业税

(3)交纳营业税时:

借:应交税费——应交营业税

  贷:银行存款

4.3.3 营业税特定行业与业务的会计核算

1. 交通运输企业的会计核算

交通运输企业实现收入时,借记"银行存款"等账户,贷记"主营业务收入"(扣除应付给联运单位的费用)、"其他业务收入"账户。支付其他企业承运费时,借记"其他应付款"账户,贷记"银行存款"账户。按规定计算出应上交的营业税金时,借记"营业税金及附加"账户,贷记"应交税费——应交营业税"账户。

【例4-12】 兴盛远洋运输企业2012年7月装运一批货物至A国某城市,其中货物运到A国港口后需经另一公司火车运输一段至目的地,火车运费折合为人民币600万元,已收到转账支票,全部价款折合人民币1 600万元,货物已运到目的地,企业营业税税率为3%。该企业如何进行会计核算?

【解】

① 收到全部价款,实现收入时,会计核算如下:

借:银行存款	16 000 000
贷:主营业务收入	10 000 000
其他应付款	6 000 000

② 计算应纳的营业税时,会计核算如下:

应纳营业税=(1 600-600)×3%=30(万元)

借:营业税金及附加	300 000
贷:应交税费——应交营业税	300 000

③ 支付某公司运费时,会计核算如下:

借:其他应付款	6 000 000
贷:银行存款	6 000 000

④ 上交营业税时,会计核算如下:

借:应交税费——应交营业税	300 000
贷:银行存款	300 000

2. 旅游、饮食服务企业会计核算

旅游企业收到的旅游费等金额作为"主营业务收入"或"其他业务收入"入账,而代收代付的各项费用通过"主营业务成本"或"其他业务成本"核算,企业根据营业收入减去税法规定允许扣除的费用后的余额计算的营业税,通过"营业税金及附加"账户核算。计算出应上交的营业税时,借记"营业税金及附加"账户,贷记"应交税费——应交营业税"账户。

【例4-13】 某旅行社2012年7月份的全部营业收入为800万元,其代付的门票、住宿等各项费用为100万元。该企业如何进行会计核算?

【解】

① 实现营业收入时,会计核算如下:

借:银行存款	8 000 000

贷：主营业务收入　　　　　　　　　　　　　　　　　　　　　　　　　　8 000 000
　② 支付代收转付的费用时,会计核算如下：
　　借：主营业务成本　　　　　　　　　　　　　　　　　　　　　　　　　　1 000 000
　　　贷：银行存款　　　　　　　　　　　　　　　　　　　　　　　　　　　　1 000 000
　③ 计算营业税时,会计核算如下：
　　应纳营业税＝(800－100)×5％＝35(万元)
　　借：营业税金及附加　　　　　　　　　　　　　　　　　　　　　　　　　　350 000
　　　贷：应交税费——应交营业税　　　　　　　　　　　　　　　　　　　　　350 000
　④ 上交营业税时,会计核算如下：
　　借：应交税费——应交营业税　　　　　　　　　　　　　　　　　　　　　　350 000
　　　贷：银行存款　　　　　　　　　　　　　　　　　　　　　　　　　　　　　350 000

3. 金融保险企业的会计核算

　　金融保险企业计算出应上交的营业税金时,借记"营业税金及附加"账户,贷记"应交税费——应交营业税"账户。实际上交时,借记"应交税费——应交营业税"账户,贷记"银行存款"账户。

【例4-14】 某银行2011年第4季度有关收入如下：利息收入200万元,手续费收入15万元,汇兑收益5万元,证券买卖价差8万元,该银行如何进行会计核算？

【解】 该银行的会计核算如下：
　① 应纳营业税＝(2 000 000＋150 000＋50 000＋80 000)×5％＝114 000(元)
　　借：营业税金及附加　　　　　　　　　　　　　　　　　　　　　　　　　　114 000
　　　贷：应交税费——应交营业税　　　　　　　　　　　　　　　　　　　　　114 000
　② 上交营业税时：
　　借：应交税费——应交营业税　　　　　　　　　　　　　　　　　　　　　　114 000
　　　贷：银行存款　　　　　　　　　　　　　　　　　　　　　　　　　　　　　114 000

4. 建筑安装企业的会计核算

　　建筑企业从事建筑业务所取得的承包款,借记"银行存款"账户,扣除应付给分包人或转包人的部分,贷记"主营业务收入"账户,应付给分承包人或转包人的部分,贷记"应付账款"账户。按规定计算出应上交的营业税时,借记"营业税金及附加"、"其他业务成本"账户,贷记"应交税费——应交营业税"账户。

【例4-15】 甲建筑工程公司2012年7月承包收入3 000万元,其中支付给乙建设有限责任公司分包工程价款200万元。另外,取得机械作业收入15万元。计算甲建筑公司7月份应纳的营业税并做出相关业务的会计核算。

【解】 该公司的会计核算如下。
　① 公司收到承包款时：
　　借：银行存款　　　　　　　　　　　　　　　　　　　　　　　　　　　　30 150 000
　　　贷：主营业务收入　　　　　　　　　　　　　　　　　　　　　　　　　28 000 000

应付账款——应付分包款项　　　　　　　　　　　　　　2 000 000
　　　其他业务收入　　　　　　　　　　　　　　　　　　　　150 000
② 计算应交营业税时：
建筑业务应纳营业税=(30 000 000－2 000 000)×3‰=840 000(元)
机械工程作业应纳营业税=150 000×3%=4500(元)
　　借：营业税金及附加　　　　　　　　　　　　　　　　　840 000
　　　其他业务成本　　　　　　　　　　　　　　　　　　　　4 500
　　　贷：应交税费——应交营业税　　　　　　　　　　　　844 500
③ 上交营业税时：
　　借：应交税费——应交营业税　　　　　　　　　　　　　844 500
　　　贷：银行存款　　　　　　　　　　　　　　　　　　　844 500

5. 邮电通信业

取得电信等收入时，借记"银行存款"账户，贷记"主营业务收入"账户，按规定计算出应上缴的营业税时，借记"营业税金及附加"账户，贷记"应交税费——应交营业税"账户。

【例 4-16】 某电信局于 2012 年 7 月取得长途电信收入 2 600 000 元，市内电话费收入 2 000 000 元，该电信局 7 月份应纳营业税为多少？该企业怎样进行会计核算？

【解】 该企业的会计核算如下。
① 计算营业税
应纳营业税=(2 600 000＋2 000 000)×3%=138 000(元)
　　借：营业税金及附加　　　　　　　　　　　　　　　　　138 000
　　　贷：应交税费——应交营业税　　　　　　　　　　　　138 000
② 上交营业税
　　借：应交税金——应交营业税　　　　　　　　　　　　　138 000
　　　贷：银行存款　　　　　　　　　　　　　　　　　　　138 000

6. 文化体育业的会计核算

文化体育业按规定计算出应上交和代扣代缴的营业税时，借记"营业税金及附加"、"应付账款"等账户，贷记"应交税费——应交营业税"账户；上交营业税时，借记"应交税费——应交营业税"账户，贷记"银行存款"账户。

【例 4-17】 某文化馆 2012 年 7 月举办一期培训班，收取培训费 20 000 元，资料费 5 000 元，该文化馆如何进行会计核算。

【解】 该文化馆的会计核算如下。
应纳的营业税=(20 000＋5 000)×3%=750(元)
　　借：营业税金及附加　　　　　　　　　　　　　　　　　　750
　　　贷：应交税费——应交营业税　　　　　　　　　　　　　750
　　借：应交税费——应交营业税　　　　　　　　　　　　　　750
　　　贷：银行存款　　　　　　　　　　　　　　　　　　　　750

7. 娱乐业的会计核算

娱乐业发生营业税纳税义务时,借记"营业税金及附加"账户,贷记"应交税费——应交营业税"账户,上交营业税时,借记"应交税费——应交营业税"账户,贷记"银行存款"账户。

【例 4-18】 某歌厅 2012 年 7 月取得门票收入 50 000 元,歌舞厅内出售饮料、烟、酒收入 120 000 元,献花费收入 30 000 元,卡拉 OK 点歌费收入 100 000 元。该地区娱乐业营业税税率为 20%。则该歌舞厅 7 月份应纳多少营业税?该企业如何进行会计核算?

【解】 该企业的会计核算如下。

应纳营业税=(50 000+120 000+30 000+100 000)×20%=60 000(元)

借:营业税金及附加	60 000
贷:应交税费——应交营业税	60 000
借:应交税费——应交营业税	60 000
贷:银行存款	60 000

8. 销售不动产的会计核算

企业销售不动产,作为固定资产管理的,按其全部收入,借记"银行存款"账户,贷记"固定资产清理"账户。注销原值及已提折旧时,借记"固定资产清理"、"累计折旧"账户,贷记"固定资产"账户。发生的固定资产清理费用,借记"固定资产清理"账户,贷记"银行存款"或"库存现金"等账户。按计税营业额计算的营业税,借"固定资产清理"账户,贷记"应交税费"账户。清理完毕,将"固定资产清理"账户余额结转到"营业外收入"或"营业外支出"账户。

如果是房地产开发企业销售商品房,其收入应作为"主营业务收入"处理,其计算的营业税、城建税、教育费附加以及土地增值税应计入"营业税金及附加"账户。

【例 4-19】 宏大公司 2012 年 7 月将一栋房屋转让给 A 公司,作价 1 500 万元,该房屋的账面原价 1 200 万元,已提折旧 500 万元,发生相关费用 3 万元。假设不考虑其他税费,该企业如何进行会计核算?

【解】 该企业的会计核算如下。

① 将该房屋转入固定资产清理时

借:固定资产清理	7 000 000
累计折旧	5 000 000
贷:固定资产	12 000 000

② 取得转让收入时

借:银行存款	15 000 000
贷:固定资产清理	15 000 000

③ 支付清理费时

借:固定资产清理	30 000
贷:银行存款	30 000

④ 计算应交的营业税

应纳的营业税=(15 000 000-12 000 000)×5%=150 000(元)

借：固定资产清理 150 000
　　贷：应交税费——应交营业税 150 000

⑤ 结转转让净损益
借：固定资产清理 8 820 000
　　贷：营业外收入 8 820 000

9. 转让无形资产的会计核算

按照会计准则规定,转让无形资产具体分为"转让无形资产所有权"和"转让无形资产使用权"。转让无形资产使用权通过"其他业务收入"和"其他业务成本"账户核算,转让无形资产所有权则通过"营业外收入"或"营业外支出"账户核算。

【例4-20】 A企业2012年7月将一商标权出售,取得收入50万元,该商标权购进成本为35万元,A企业尚未对本商标权开始摊销。该企业如何进行会计核算?

【解】 该企业的会计核算如下。

应纳营业税 = $(500\,000 - 350\,000) \times 5\% = 7\,500$(元)

借：银行存款 500 000
　　贷：无形资产 350 000
　　　　应交税费——应交营业税 7 500
　　　　营业外收入 142 500

10. 房地产开发企业的会计核算

房地产开发企业是经营房地产买卖业务的企业,其从事房地产开发、销售及提供劳务而取得的经营收入应缴纳营业税。房地产开发企业自建自售时,其自建行为按建筑业3%的税率计缴营业税,出售房地产按销售不动产5%的税率计缴营业税。

【例4-21】 甲房地产开发企业,2012年7月竣工一栋商品楼,建造成本为400万元,成本利润率为15%。本期出售商品房2 000平方米,收取价款450万元,其中80万元已于上年预缴。该企业如何进行会计核算?

【解】 该企业的会计核算如下。

应纳建筑业营业税 = $4\,000\,000 \times (1+10\%) \div (1-3\%) \times 3\% = 136\,082$(元)

应纳售房营业税 = $(4\,500\,000 - 800\,000) \times 5\% = 185\,000$(元)

本月共应纳营业税额 = $136\,082 + 185\,000 = 321\,082$(元)

借：营业税金及附加 321 082
　　贷：应交税费——应交营业税 321 082

借：应交税费——应交营业税 321 082
　　贷：银行存款 321 082

房地产销售不动产或转让土地使用权取得预收款的按税法规定需预缴营业税,应按"预收账款"账户当期的发生额计提营业税,借记"营业税金及附加"账户,贷记"应交税费——应交营业税"账户;年度终了,对达到收入确认条件的"预收账款"转入"主营业务收入",同时对未达到收入确认条件的预收账款,反映在资产负债表"预收账款"的期末余额中。

【例 4-22】 北京市某房地产开发公司 2012 年 7 月预售楼房价款共计 1 000 万元,其中已预收房款 400 万元,余款在交付楼房时结算,计算该公司 7 月份应纳的营业税并做出相应的会计核算。

【解】 该企业的会计核算如下。

预收售楼款应纳营业税 = 4 000 000 × 5% = 200 000(元)

① 收到预收款时

借:银行存款	4 000 000	
贷:预收账款		4 000 000

② 按预收款上缴营业税金时

借:营业税金及附加	200 000	
贷:应交税费——应交营业税		200 000
借:应交税费——应交营业税	200 000	
贷:银行存款		200 000

③ 交付楼房,确认收入时

借:应收账款	10 000 000	
贷:主营业务收入		10 000 000

同时,计提应纳营业税 = (10 000 000 − 4 000 000) × 5% = 300 000(元)

借:营业税金及附加	300 000	
贷:应交税费——应交营业税		300 000

④ 结转预收账款及清缴尚欠营业税时

借:预收账款	4 000 000	
贷:应收账款		4 000 000

⑤ 补缴营业税时

借:应交税费——应交营业税	300 000	
贷:银行存款		300 000

4.3.4　营业税改征增值税试点有关企业会计处理

根据财政部印发的《营业税改征增值税试点有关企业会计处理规定》(财税[2012]13 号),试点企业会计处理应按以下规定进行。

1. 试点纳税人差额征税的会计处理

(1) 一般纳税人的会计处理

一般纳税人提供应税服务,试点期间按照营业税改征增值税有关规定允许从销售额中扣除其支付给非试点纳税人价款的,应在"应交税费——应交增值税"账户下增设"营改增抵减的销项税额"专栏,用于记录该企业因按规定扣减销售额而减少的销项税额;同时,"主营业务收入"、"主营业务成本"等相关账户应按经营业务的种类进行明细核算。

企业接受应税服务时,按规定允许扣减销售额而减少的销项税额,借记"应交税费——应交增值税(营改增抵减的销项税额)"账户;按实际支付或应付的金额与上述增值税额的差额,借记"主营业务成本"等账户;按实际支付或应付的金额,贷记"银行存款"、"应付账款"等账户。

对于期末一次性进行账务处理的企业,期末按规定当期允许扣减销售额而减少的销项税额,借记"应交税费——应交增值税(营改增抵减的销项税额)"账户,贷记"主营业务成本"等账户。

(2) 小规模纳税人的会计处理

小规模纳税人提供应税服务,试点期间按照营业税改征增值税有关规定允许从销售额中扣除其支付给非试点纳税人价款的,按规定扣减销售额而减少的应交增值税应直接冲减"应交税费——应交增值税"账户。

企业接受应税服务时,按规定允许扣减销售额而减少的应交增值税,借记"应交税费——应交增值税"账户;按实际支付或应付的金额与上述增值税额的差额,借记"主营业务成本"等账户;按实际支付或应付的金额,贷记"银行存款"、"应付账款"等账户。

对于期末一次性进行账务处理的企业,期末按规定当期允许扣减销售额而减少的应交增值税,借记"应交税费——应交增值税"账户,贷记"主营业务成本"等账户。

2. 增值税期末留抵税额的会计处理

试点地区兼有应税服务的原增值税一般纳税人,截止到开始试点当月月初的增值税留抵税额按照营业税改征增值税有关规定不得从应税服务的销项税额中抵扣的,应在"应交税费"账户下增设"增值税留抵税额"明细账户。

开始试点当月月初,企业应按不得从应税服务的销项税额中抵扣的增值税留抵税额,借记"应交税费——增值税留抵税额"账户,贷记"应交税费——应交增值税(进项税额转出)"账户。待以后期间允许抵扣时,按允许抵扣的金额,借记"应交税费——应交增值税(进项税额)"账户,贷记"应交税费——增值税留抵税额"账户。

"应交税费——增值税留抵税额"账户期末余额应根据其流动性在资产负债表中的"其他流动资产"项目或"其他非流动资产"项目列示。

3. 取得过渡性财政扶持资金的会计处理

试点纳税人在新老税制转换期间因实际税负增加而向财税部门申请取得财政扶持资金的,期末有确凿证据表明企业能够符合财政扶持政策规定的相关条件且预计能够收到财政扶持资金时,按应收的金额,借记"其他应收款"等账户,贷记"营业外收入"账户。待实际收到财政扶持资金时,按实际收到的金额,借记"银行存款"等账户,贷记"其他应收款"等账户。

4. 增值税税控系统专用设备和技术维护费用抵减增值税额的会计处理

(1) 增值税一般纳税人的会计处理

按税法有关规定,增值税一般纳税人初次购买增值税税控系统专用设备支付的费用以及缴纳的技术维护费允许在增值税应纳税额中全额抵减的,应在"应交税费——应交增值税"账户下增设"减免税款"专栏,用于记录该企业按规定抵减的增值税应纳税额。

企业购入增值税税控系统专用设备,按实际支付或应付的金额,借记"固定资产"账户,贷记"银行存款"、"应付账款"等账户。按规定抵减的增值税应纳税额,借记"应交税费——

应交增值税(减免税款)"账户,贷记"递延收益"账户。按期计提折旧,借记"管理费用"等账户,贷记"累计折旧"账户;同时,借记"递延收益"账户,贷记"管理费用"等账户。

企业发生技术维护费,按实际支付或应付的金额,借记"管理费用"等账户,贷记"银行存款"等账户。按规定抵减的增值税应纳税额,借记"应交税费——应交增值税(减免税款)"账户,贷记"管理费用"等账户。

(2) 小规模纳税人的会计处理

按税法有关规定,小规模纳税人初次购买增值税税控系统专用设备支付的费用以及缴纳的技术维护费允许在增值税应纳税额中全额抵减的,按规定抵减的增值税应纳税额应直接冲减"应交税费——应交增值税"账户。

企业购入增值税税控系统专用设备,按实际支付或应付的金额,借记"固定资产"账户,贷记"银行存款"、"应付账款"等账户。按规定抵减的增值税应纳税额,借记"应交税费——应交增值税"账户,贷记"递延收益"账户。按期计提折旧,借记"管理费用"等账户,贷记"累计折旧"账户;同时,借记"递延收益"账户,贷记"管理费用"等账户。

企业发生技术维护费,按实际支付或应付的金额,借记"管理费用"等账户,贷记"银行存款"等账户。按规定抵减的增值税应纳税额,借记"应交税费——应交增值税"账户,贷记"管理费用"等账户。

"应交税费——应交增值税"账户期末如为借方余额,应根据其流动性在资产负债表中的"其他流动资产"项目或"其他非流动资产"项目列示;如为贷方余额,应在资产负债表中的"应交税费"项目列示。

4.4 营业税税收筹划

营业税是我国现行税制的主体税种之一,其收入规模仅次于增值税,对于营业税在纳税人、纳税范围、计税依据、税率等方面进行精心筹划,既可减轻企业税负,又可贯彻营业税制,顺应国家产业政策发展的需要。

4.4.1 营业税纳税人的税收筹划

当两个有联系的企业互相提供应纳营业税的劳务或业务时需要缴纳营业税,如果他们由于某种原因发生了兼并行为,则原来相互间提供应税劳务或业务的行为变成了企业内部相互提供劳务的非应税行为,从而减少了原来这部分劳务或业务应纳的营业税。

4.4.2 营业税征税范围的税收筹划

营业税的征税范围包括交通运输业、建筑业、金融保险业、邮电通信业、娱乐业、服务业、转让无形资产、销售不动产等项目。每一个项目的征税内容又有具体规定,可以在熟悉税法的情况下,针对具体征税项目的情况,调整自己的经营行为或策略,缩小征税范围,达到合理节税的目的,下面用以下两个例子说明通过改变营业税征税范围进行税收筹划的方法。

1. 建筑工程承包的营业税税收筹划

根据新修订的《营业税暂行条例》第五条第三款规定:"纳税人将建筑工程分包给其他单位的,以其取得的全部价款和价外费用扣除其支付给其他单位的分包款后的余额为营业额。"工程承包公司承包建筑安装工程业务,如果工程承包公司与建设单位签订建筑安装工程承包合同的,无论其是否参与施工,均应按"建筑业"税目征收营业税,如果工程承包公司不与建设单位签订建筑安装工程合同,只是负责工程的组织协调业务,对工程承包公司的此项业务则按"服务业"税目征收营业税。

【例4-23】 甲企业签订一项承包合同,承建一栋住宅楼,总价款为300万元,该企业将部分工程转包给乙施工企业,签订转包合同,支付转包费为200万元,则甲企业应按建筑业缴纳营业税为$(300-200)\times 3\%=3$(万元)。若甲企业为乙企业联系使之与丙企业签订一项造价为200万元的住宅楼承建合同,收取介绍费100万元,则甲企业应按服务业缴纳营业税为$100\times 5\%=5$(万元)。在同样获取收入100万元的情况下,前一种方案甲企业要少交2万元的营业税。

2. 通过改变材料供应方式进行营业税税收筹划

现行营业税法规定,从事建筑、修缮、装饰工程作业的纳税人,其应纳营业额均应包括工程所用原材料及其他物资和动力的价款。依据这项规定,可以用改变原材料购买方的办法,改变营业税的征税范围,从而达到节税的目的。

【例4-24】 建筑公司甲为建设单位乙建造一座房屋,总承包价为500万元。工程所需的材料由建设单位乙购买,价款为300万元。价款结清后,建筑公司甲应纳营业税为$(500+300)\times 3\%=24$万元。若甲进行筹划由自己购买材料,利用自己对在建材市场行情的了解,以200万元的价款买到所需建材。这样,总承包价就成了700万元,甲应纳营业税为$700\times 3\%=21$万元,与筹划前相比,甲少缴了3万元营业税款。

4.4.3 营业税计税依据的税收筹划

纳税人的营业额即为纳税人提供应税劳务、转让无形资产或者销售不动产向对方收取的全部价款和价外费用。改变营业额是利用应税项目定价的营业税避税筹划的关键。

【例4-25】 某歌舞厅2012年7月份取得门票收入为30 000元,出售饮料、烟酒收入为150 000元,收取献花费为8 000元,收取卡拉OK点歌费为100 000元,则该月应纳营业税为$(30\,000+150\,000+8\,000+100\,000)\times 20\%=57\,600$(元)。假设该歌厅将门票取消,改为全面提高内部服务收费,这样就使30 000元门票消失在营业额之中,由此一项避税6 000元。

【例4-26】 M企业向N企业出售一台设备,同时进行技术转让,合同总价款为2 000万元,其中设备款1 200万,专有技术费300万元,专有技术辅导费为50万元,则该业务应纳营业税为$(300+50)\times 5\%=17.5$(万元)。如果该企业将技术转让费隐藏在设备价款中,多收设备费,少收技术转让费,可节省17.5万元的营业税。

4.4.4 营业税税率的税收筹划

兼有不同税目的应税行为是指纳税人从事两个或两个以上税目的应税行为,而不同税目营业额确定的标准和税率是不同的。税法规定,对兼有不同税目的应税行为,应分别核算不同税目营业额;对未按不同税目分别核算营业额的,从高适用税率。这就是说,哪个税目的税率高,混合在一起的营业额就按哪个高税率计税。因此纳税人应熟知税法,准确界定兼有应税项目,并从财务上力求分别核算,以减少纳税。

【例 4-27】 某宾馆在 2012 年 7 月取得客房收入 50 万元,餐厅收入 30 万元,歌舞厅营业收入 60 万元。服务业税率为 5%,娱乐业税率为 20%。如果该宾馆不分别核算,则宾馆客房、餐厅收入与歌舞厅收入一并按照娱乐业计税,应纳营业税为 $(50+30+60)\times 20\% = 28$(万元)。如果该宾馆客房、餐厅收入与歌舞厅收入分别核算,则分别按各项目的营业税税率计缴营业税,应纳营业税为 $(50+30)\times 5\% + 60\times 20\% = 16$(万元),这样可以少交营业税 12 万元。

营业税纳税申报模拟

【资料】

新兴宾馆是一家集住宿、饮食、旅游、娱乐为一体的服务性企业。2011 年 11 月发生以下有关业务(当地娱乐业营业税税率为 20%)。

(1) 客房部收入 100 万元,餐饮部收入 20 万元,已收取款项并存入银行。

(2) 收取旅游收入 50 万元。

(3) 歌舞厅收入情况如下:点歌费收入 6 万元;烟酒饮料收入 10 万元;门票收入 4 万元。已收取款项并存入银行。

(4) 将以 24 万元购入的某食品专利出售,获取款项 30 万元存入银行。该专利尚未摊销。

(5) 出售一幢附属建筑物,原价 30 万元,已使用 8 年,提取折旧 10 万元,出售价格为 55 万元。

(6) 税务机关核定该宾馆以 10 日为一期纳税,以上月税款为基数预缴,至 11 月底宾馆已预缴营业税款 3 次,每次 2.5 万元。

【会计核算】

(1) 客房收入、餐饮收入、旅游收入按服务业税目征收营业税。

服务业营业额 = 1 000 000 + 200 000 + 500 000 = 1 700 000(元)

客房收入应纳营业税 = 1 000 000 × 5% = 50 000(元)

餐饮收入应纳营业税 = 200 000 × 5% = 10 000(元)

旅游收入应纳营业税 = 500 000 × 5% = 25 000(元)

服务业应纳营业税合计 = 50 000 + 10 000 + 25 000 = 85 000(元)

借:营业税金及附加　　　　　　　　　　　　　　　　　　85 000

　　贷:应交税费——应交营业税　　　　　　　　　　　　　　　85 000

(2) 歌舞厅收入按娱乐业税目征收营业税。

娱乐业营业额 = 60 000 + 100 000 + 40 000 = 200 000(元)

歌舞厅收入应纳营业税＝(60 000＋100 000＋40 000)×20％＝40 000(元)

借：营业税金及附加　　　　　　　　　　　　　　　　　40 000
　　贷：应交税费——应交营业税　　　　　　　　　　　　　　　　　40 000

(3) 出售食品专利，按转让无形资产征收营业税。

出售专利应纳营业税＝(300 000－240 000)×5％＝3 000(元)

借：银行存款　　　　　　　　　　　　　　　　　　　　300 000
　　贷：其他业务收入　　　　　　　　　　　　　　　　　　　　　　300 000
借：其他业务成本　　　　　　　　　　　　　　　　　　　　3 000
　　贷：应交税费——应交营业税　　　　　　　　　　　　　　　　　3 000

(4) 出售附属建筑物，按销售不动产征收营业税。

出售建筑物应纳营业税＝(550 000－300 000)×5％＝12 500(元)

① 转入清理时：

借：固定资产清理　　　　　　　　　　　　　　　　　200 000
　　累计折旧　　　　　　　　　　　　　　　　　　　100 000
　　贷：固定资产　　　　　　　　　　　　　　　　　　　　　　　300 000

② 收到转让收入时：

借：银行存款　　　　　　　　　　　　　　　　　　　　550 000
　　贷：固定资产清理　　　　　　　　　　　　　　　　　　　　　550 000

③ 计提营业税时：

借：固定资产清理　　　　　　　　　　　　　　　　　　12 500
　　贷：应交税费——应交营业税　　　　　　　　　　　　　　　　12 500

④ 结转清理净收益时：

借：固定资产清理　　　　　　　　　　　　　　　　　337 500
　　贷：营业外收入　　　　　　　　　　　　　　　　　　　　　337 500

(5) 每10日一期预缴营业税款时，核算如下：

借：应交税费——应交营业税　　　　　　　　　　　　　25 000
　　贷：银行存款　　　　　　　　　　　　　　　　　　　　　　25 000

(6) 下月补缴营业税款时，核算如下：

应补缴营业税＝(85 000＋40 000＋3 000＋12 500)－25 000×3＝65 500(元)

借：应交税费——应交营业税　　　　　　　　　　　　　65 500
　　贷：银行存款　　　　　　　　　　　　　　　　　　　　　　65 500

【纳税申报】

根据会计核算的结果，新兴宾馆填报营业税纳税申报表，如表4-3所示。

第4章 营业税

表4-3 营业税纳税申报表（适用于查账征收的营业税纳税人）

纳税人识别号：××××××××××
纳税人名称（公章）：新兴宾馆
税款所属时间：自2011年11月1日至2011年11月31日
电脑代码：
填表日期：2011年12月8日
金额单位：元（列至角分）

税目	行次	营业额					免税收入	税率(%)	本期税款计算			期初欠缴税额	前期多缴税额	本期已缴税额				本期应缴税额计算		
		应税收入	前期多缴项目营业额			应税减除项目金额	应税营业额													
			小计 2=3+4+5	事后审批减免	其他		7=1-6		小计 10=11+12	本期应纳税额 11=7×9	免(减)税额 12=8×9		14=2×9	小计 15=16+17+18	本期应纳税额 16	本期已被扣缴税额 17	本期已缴欠缴税额 18	小计 19=20+21	本期末应缴税额 20=11-14-16-17	本期末未缴欠缴税额 21=13-18
		1		3	4	5	6	7	8	9				13							
交通运输业	1																				
建筑业	2																				
邮电通信业	3																				
服务业	4	1 700 000						1 700 000		5	85 000	85 000				75 000	75 000			10 000	
娱乐业 5%	5																				
10%	6	200 000						200 000		5	40 000	40 000								40 000	
20%	7																				
金融保险业	8																				
文化体育业	9																				
销售不动产	10	550 000					300 000	250 000		5	12 500	12 500								12 500	
转让无形资产	11	300 000					240 000	60 000		5	3 000	3 000								3 000	
	12																				
合计	13										140 500	140 500				75 000	75 000			65 500	
代扣代缴项目	14																				
	15																				
	16																				
总计	17										140 500	140 500				75 000	75 000			65 500	

纳税人或代理人声明：
此纳税申报表是根据国家税收法律的规定填报的，我确定它是真实的、可靠的、完整的。

声明人签字：

如纳税人填报，由纳税人填写以下各栏：	如委托代理人填报，由代理人填写以下各栏：
办税人员（签章）：	代理人名称（签章）：
联系电话：	代理人（公章）：
	经办人（签章）：

财务负责人（签章）：	法定代表人（签章）：	受理税务机关（签章）：

受理日期： 年 月 日   联系电话：   受理税务机关（签章）：

以下由税务机关填写：
受理人：
本表为A3横式一式三份，一份纳税人留存，一份主管税务机关留存，一份征收部门留存。

复习思考题

1. 营业税与增值税、消费税之间有何区别与联系？
2. 请简要说明营业税的税目和税率。
3. 当纳税人定价偏低并无正当理由时，应按怎样的顺序核定纳税人的营业额？
4. 营业额发生退款应怎样进行相应的税务处理？
5. 对于混合销售和兼营业务应该怎样缴纳营业税？
6. 简要说明营业税纳税义务发生的时间、纳税地点和纳税期限。

【业务题】

1. 某运输企业 2012 年 7 月取得营运收入 40 000 元，其中 250 000 元为客运收入，150 000 元为货运收入，该收入中含有 500 元的保险费，1 000 元的建设基金。请计算该企业 7 月份应纳的营业税并进行会计核算。

2. 新达建筑工程公司 2012 年 1 月承包某高速公路工程，其中两处加油站工程分包给远扬建设有限责任公司。至当年 8 月 31 日完工，结算工程价款，总收入为 3 亿元，两处加油站工程价款为 500 万元。请计算新达建筑工程公司该项工程应缴的营业税并进行相应的会计核算。

3. 建安建筑工程公司 2012 年 7 月的工程承包总收入为 1 000 000 元，其中支付给某工程队分包工程价款 300 000 元，对方提供材料 100 000 元；另外取得机械作业收入 25 000 元，请计算建安公司 2012 年 7 月应纳的营业税并进行会计核算。

4. 某金融机构 2012 年第一季度"证券销售"账户贷方余额 500 000 元，"证券发行"账户贷方余额 250 000 元，"汇兑收益"账户余额 80 000 元，"汇兑损失"账户余额 35 000 元，计算该金融机构第一季度应纳的营业税并进行会计核算。

5. 某邮政局 2012 年 7 月份取得报刊发行收入额为 150 000 元，出售各类邮政物品取得收入 8 000 元，经营其他邮政业务取得收入 2 500 元，请计算该邮局 2012 年 7 月份应纳的营业税并进行会计核算。

6. 夜莺卡拉 OK 歌舞厅 2012 年 7 月份共取得门票收入 50 000 元，点歌费收入 2 500 元，烟酒饮料收入 15 000 元，当地娱乐业适用税率为 20%，请计算该歌舞厅 2012 年 7 月份应纳的营业税并做出相应的会计核算。

7. 安居房地产开发公司预售商品房一批，收到预收房款 800 万元，余款 500 万元在交付商品房时结算。请计算安居房地产公司出售商品房应纳的营业税并进行会计核算。

8. 甲企业 2012 年 7 月进行房产清理，将其原有房屋、建筑物及其土地附着物转让，作价 500 000 元，该不动产的账面价值为 400 000 元，已提折旧 150 000 元，发生清理费用 5 000 元。请计算该企业 7 月份因清理转让房产应纳的营业税并做出相应的会计核算。

第 5 章 关 税

◎ 了解关税的税收实体法要素
◎ 掌握不同情况下关税完税价格及关税税额的计算
◎ 掌握自营进出口和代理进出口情况下关税业务的会计核算方法

5.1 关税概述

关税是贯彻对外经济贸易政策的重要手段,它在调节经济、促进改革开放,保护民族企业、防止国外的经济侵袭、争取关税互惠、促进对外贸易发展、增加国家财政收入方面,都起着重要的作用。

5.1.1 关税的概念及特点

1. 关税的概念

关税是海关代表国家,按照国家制定的关税政策、公布实施的税法及进出口税则,对进出关境的货物和物品所征收的一种流转税。

关境是一国海关法得以全面实施的区域,包括该国的领土、领海和领空在内的全部国家领土。在通常情况下,关境与国境范围一致,但有时因政治经济方面的原因,关境也可以大于或小于国境。

现行关税法律规范主要有《中华人民共和国海关法》(以下简称《海关法》)、《中华人民共和国进出口关税条例》(以下简称《进出口关税条例》)、《中华人民共和国海关进出口税则》(以下简称《海关进出口税则》)和《中华人民共和国海关入境旅客行李物品和个人邮递物品征收进口税办法》等。

2. 关税的特点

(1) 纳税上的统一性和一次性。按照全国统一的关税条例和税则,在征收一次性关税后,货物就可以在整个关境内流通,不再征收关税了。

(2) 征收上的过"关"性。征收关税,以货物或物品通"关"为标准,只有进出关境的货物或物品才征收关税,否则不征收关税。

(3) 税率上的复式性。对于进口货物设置了优惠税率和普通税率的复式税则。

(4) 征管上的权威性。关税由代表国家的海关来征收。

(5) 对进出口贸易的调节性。许多国家通过制定和调整关税税率来调节进出口贸易。在出口方面,通过低税、免税和退税等措施鼓励商品出口;在进口方面,通过税率的高低、减免来调节商品的进口。

5.1.2 关税的分类

1. 按照关税的计征方式划分

按照关税的计征方式可分为从量关税、从价关税、复合关税、选择关税和滑准关税。

(1) 从量关税是指以征税对象的计量单位(如重量、件数、长度、容积等)为计税标准,按每一个计量单位预先制定的税额计征的关税。

(2) 从价关税是指以征税对象的价格为计税依据,根据税率按一定比例计征的关税。

(3) 复合关税是指对一种进口货物同时订出从价、从量两种方式,分别计算出税额,以两个税额之和作为该货物的应纳税额。

(4) 选择关税是指对同一种货物在税则中规定有从价、从量两种关税税率,在征税时选择其中征收税额较多的一种关税。另外,也可选择税额较少的一种关税。

(5) 滑准关税是指对某种货物在税则中预先按该商品的价格规定几档关税税率,价格高的该项物品适用较低税率,价格低的该项物品适用较高税率。

2. 按照货物的流动方向划分

按照货物的流动方向,可将关税分为进口关税、出口关税和过境关税。

(1) 进口关税是指对国外输入本国的货物和物品征收的一种税。它是一种最主要的关税。

(2) 出口关税是指对货物出境征收的一种税。目前主要是一些发展中国家在继续征收出口关税,我国目前仅对少数货物征收出口关税。

(3) 过境关税是指对外国经过本国国境(关境)运往另一国的货物征收关税。目前,绝大多数国家都不征收过境关税,只有伊朗、委内瑞拉等少数国家仍在征收过境关税。

3. 按照关税计征有无优惠划分

按照关税计征有无优惠,可将关税分为普通关税和优惠关税。

(1) 普通关税是既无任何优惠也不受任何歧视的关税。

(2) 优惠关税是指由于历史、政治、经济上的原因,缔约国之间或单方面给予的比正常关税税率低的关税优待。优惠关税分为互惠关税、特惠关税、最惠国待遇和普惠制。

5.1.3 关税的征税范围和纳税义务人

1. 关税的征税范围

关税的征税范围是进出口货物和进出境的物品。货物是贸易性商品,物品包括入境旅客随身携带的行李和物品、个人邮递物品、各种运输工具上的服务人员携带进口的自身物品、馈赠物品以及其他方式进入国境的个人物品。除关税优惠政策规定的以外，进口货物大部分征收关税；出口货物一般不征收关税，仅对少部分货物征收出口关税。

2. 关税的纳税义务人

进口货物的收货人、出口货物的发货人、进出境物品的所有人，是关税的纳税义务人。进出口货物收、发货人是指依法取得对外贸易经营权，并进口或者出口货物的法人或者其他社会团体。进出境物品的所有人包括该物品的所有人和推定为所有人的人。一般情况下，对于携带进境的物品，推定其携带人为所有人；对分离运输的行李，推定相应的进出境旅客为所有人；对以邮递方式进境的物品，推定其收件人为所有人；以邮递或其他运输方式出境的物品，推定其寄件人或托运人为所有人。

5.1.4 关税税则、税目和税率

1. 关税税则与税目

关税税则是一国政府根据国家关税政策和经济政策，通过一定的立法程序制定公布实施的进出口货物和物品应税的关税税率表。关税税则以税率表为主体，通常还包括实施税则的法令、使用税则的有关说明和附录等。《海关进出口税则》是我国海关凭以征收关税的法律依据，也是我国关税政策的具体体现。

税率表作为税则主体，包括商品分类目录和税率栏两大部分。税则商品分类目录是将种类繁多的商品加以综合分类，按照其不同特点分门别类地简化成数目有限的商品类目，分别编号按序排列，称为税则号列，并逐号列出该号中应列入的商品名称。商品分类的原则即归类规则，包括归类总规则和各类、章目的具体注释。税率栏是按商品分类目录逐项定出的税率栏目。我国现行进口税则为四栏税率，出口税则为一栏税率。

2. 关税税率

(1) 进口关税税率

在我国加入WTO之后，为履行我国在加入WTO关税减让谈判中承诺的有关义务，享有WTO成员应有的权利，自2002年1月1日起，我国进口税则设有最惠国税率、协定税率、特惠税率、普通税率、关税配额税率等税率。对进口货物在一定期限内可实行暂定税率。

最惠国税率适用于与我国共同适用最惠国待遇条款的WTO成员国或地区的进口货物，或原产于与我国签订有相互给予最惠国待遇条款的双边贸易协定的国家或地区进口的货物，以及原产于我国境内的进口货物。

协定税率适用原产于我国参加的含有关税优惠条款的区域性贸易协定有关缔约方的进口货物。

特惠税率适用原产于与我国签订有特殊优惠关税协定的国家或地区的进口货物。

普通税率适用原产于上述国家或地区以外的其他国家或地区的进口货物。按照普通税率征税的进口货物，经国务院关税税则委员会特别批准，可以适用最惠国税率。适用最惠国税率、协定税率、特惠税率的国家或者地区名单，由国务院关税税则委员会决定，报国务院批准后执行。

关税配额税率是对一部分实行关税配额的货物,按低于配额外税率的进口税率征收的关税。按照国家规定实行关税配额管理的进口货物,关税配额内的,适用关税配额税率;关税配额外的,其税率的适用按照前述税率的规定执行。

(2) 出口关税税率

我国出口税则为一栏税率,即出口税税率。国家仅对少数资源性产品及易于竞相杀价、盲目进口、需要规范出口秩序的半制成品征收出口关税。现行税则对100余种商品计征出口关税,但其中部分商品实行0~25%的暂定税率。此外,根据需要对其他200多种商品征收暂定税率。与进口暂定税率一样,出口暂定税率优先适用于出口税则中规定的出口税税率。

(3) 特别关税

特别关税包括报复性关税、反倾销税与反补贴税、保障性关税。征收特别关税的货物、适用国别、税率、期限和征收办法,由国务院关税税则委员会决定,海关总署负责实施。

5.1.5 关税的税收优惠政策

1. 法定减免

(1) 法定性免征关税的货物

① 关税税额在人民币50元以下的货物。

② 无商业价值的广告和货样。

③ 外国政府、国际组织无偿赠送的物资。

④ 进出境运输工具装载的途中必需的燃料、物料和饮食用品。

⑤ 经海关核准暂时进境或暂时出境,并在6个月内复运出境或者复运进境的货样、展览品、施工机械、工程车辆、工程船舶、供安装设备时使用的仪器和工具、电视或者电影摄制器械、盛装货物的容器以及剧团服装道具,在货物收发货人向海关缴纳相当于税款的保证金或者提供担保后,可予暂时免税。

⑥ 因故退还的我国出口货物,经海关审查核实的,可予免征进口关税,但已征收的出口关税,不予退还。

⑦ 因故退还的境外进口货物,经海关审查核实的,可予免征出口关税,但已征收的进口关税,不予退还。

⑧ 为境外厂商加工、装配成品和为制造外销产品而进口的原材料、辅料、零件、部件、配套件和包装物料,海关按照实际加工出口的成品数量免征进口关税;或者对进口料、件先征进口关税,再按照实际加工出口的成品数量予以退税。

⑨ 无代价抵偿货物,即进口货物在征税放行后,发现货物残损、短少或品质不良,而由国外承运人、发货人或保险公司免费补偿或更换的同类货物,可以免税。但有残损或质量问题的原进口货物如未退运国外,其进口的无代价抵偿货物应照章征税。

⑩ 法律规定减征、免征的其他货物。

(2) 法定酌情减免

① 在境外运输途中或者在起卸时,遭受损坏或者损失的物资。

② 起卸后海关放行前,因不可抗力遭受损坏或者损失的物资。

③ 海关查验时已经破漏、损坏或者腐烂,经证明不是保管不慎造成的物资。

④ 中华人民共和国缔结或者参加的国际条约规定减征、免征关税的货物、物品,海关按规定予以减免关税。

2. 政策性减免

在法定减免税之外,国家按照国际通行规则和我国实际情况,制定发布的有关进出口货物减免关税的政策,称为特定或政策性减免税。政策性减免税货物一般有地区、企业和用途的限制,海关需要进行后续管理,也需要进行减免税统计。

(1) 科教用品

国务院制定了《科学研究和教学用品免征进口税收暂行规定》,对享受该优惠的科研机构和学校资格、类别以及可以免税的物品都做了明确规定。

(2) 残疾人专用品

国务院制定了《残疾人专用品免征进口税收暂行规定》,对可以免税的残疾人专用品种类和品名做了明确规定。

(3) 扶贫、慈善性捐赠物资

为促进公益事业的健康发展,经国务院批准,财政部、国家税务总局、海关总署发布了《扶贫、慈善性捐赠物资免征进口税收的暂行办法》,对可以免税的捐赠物资种类和品名做了明确规定。

(4) 加工贸易产品

① 加工装配和补偿贸易。加工装配即来料加工、来样加工及来件装配。补偿贸易是指由境外客商提供或国内单位利用国外出口信贷进口生产技术或设备,由我方生产,以返销产品方式分期偿还对方技术、设备价款或贷款本息的交易方式。加工装配和补偿贸易因有利于较快地提高出口产品生产技术,改善我国产品质量和品种,扩大出口,增加我国外汇收入,国家给予一定的关税优惠:进境料件不予征税,准许在境内保税加工为成品后返销出口;进口外商的不作价设备和作价设备,分别比照外商投资项目和国内投资项目的免税规定执行;剩余料件或增产的产品,经批准转内销时,价值在进口料件总值2%以内,且总价值在3 000元以下的,可予免税。

② 进料加工。经批准有权经营进出口业务的企业使用进料加工专项外汇进口料件,并在1年内加工或装配为成品外销出口的业务,称为进料加工业务。对其关税优惠为:对专为加工出口商品而进口的料件,海关按实际加工复出口的数量,免征进口税;加工的成品出口,免征出口税,但内销料件及成品照章征税;对加工过程中产生的副产品、次品、边角料,海关根据其使用价值分析估价征税或者酌情减免税;剩余料件或增产的产品,经批准转内销时,价值在进口料件总值2%以内,且总价值在5 000元以下的,可予免税。

(5) 边境贸易进口物资

边境贸易有边民互市贸易和边境小额贸易两种形式。边民互市贸易是指边境地区边民在边境线20公里以内、经政府批准的开放点或指定的集市上进行的商品交换活动。边民通过互市贸易进口的商品,每人每日价值在8 000元以下的,免征进口关税和进口环节增值税。边境小额贸易是指沿陆地边境线经国家批准对外开放的边境县(旗)、边境城市辖区内经批准有边境小额贸易经营权的企业,通过国家指定的陆地边境口岸,与毗邻国家边境地区的企业或其他贸易机构之间进行的贸易活动。

(6) 保税区进出口货物

保税区的主要关税优惠政策有:进口供保税区使用的机器、设备、基建物资、生产用车辆,为加工出口产品进口的原材料、零部件、元器件、包装物料,供储存的转口货物以及在保税区内加工运输出境的产品免征进口关税和进口环节税;保税区内企业进口专为生产加工出口产品所需的原材料、零部件、包装物料,以及转口货物予以保税;从保税区运往境外的货物,一般免征出口关税等。

(7) 出口加工区进出口货物

出口加工区的主要关税优惠政策有:从境外进入区内生产性的基础设施建设项目所需的机器、设备和建设生产厂房、仓储设施所需的基建物资,区内企业生产所需的机器、设备、模具及其维修用零配件,区内企业和行政管理机构自用合理数量的办公用品,予以免征进口关税和进口环节税;区内企业为加工出口产品所需的原材料、零部件、元器件、包装物料及消耗性材料,予以保税;对加工区运往区外的货物,海关按照对进口货物的有关规定办理报关手续,并按照制成品征税;对从区外进入加工区的货物视同出口,可按规定办理出口退税。

(8) 进口设备

对符合《外商投资产业指导目录》鼓励类和限制乙类,并转让技术的外商投资项目,在投资总额内进口的自用设备,以及外国政府贷款和国际金融组织贷款项目进口的自用设备、加工贸易外商提供的不作价进口设备,除《外商投资项目不予免税的进口商品目录》所列商品外,免征进口关税和进口环节增值税;对符合《当前国家重点鼓励发展的产业、产品和技术目录》的国内投资项目,在投资总额内进口的自用设备,除《国内投资项目不予免税的进口商品目录》所列商品外,免征进口关税和进口环节增值税;对符合上述规定的项目,按照合同随设备进口的技术及配套件、备件,也免征进口关税和进口环节增值税。2009年起,配合国内增值税转型改革,对符合条件的进口设备调整为仅免征进口关税,照常征收进口环节增值税。

(9) 特定行业或用途的减免税政策

为鼓励、支持部分行业或特定产品的发展,国家制定了部分特定行业或用途的减免税政策,这类政策一般对可减免税的商品列有具体清单。

3. 临时减免

临时减免是指以上法定和特定减免税以外的其他减免税,即由国务院根据《海关法》对某个单位、某类商品、某个项目或某批进出口货物的特殊情况,给予特别照顾,一案一批,专门下达的减免税。

5.2 关税应纳税额的计算与申报

5.2.1 关税应纳税额的基本计算公式

关税应纳税额的基本计算公式如下。

应纳关税＝关税完税价格×关税税率

由于关税分从价、从量、复合和滑准4种计税方法,下面从这4个方面做具体介绍。

1. 从价税应纳税额的计算

应纳关税＝应税进(出)口货物数量×单位完税价格×适用税率

我国对大部分进出口货物采用从价计征关税的方法。

【例5-1】 2012年8月宏远进出口公司从墨西哥进口一批3 000吨的货物,经海关审定的单位完税价格为1 500元/吨,税率为5％,请计算该公司该笔业务应缴纳多少关税?

【解】 应纳进口关税＝3 000×1 500×5％＝225 000(元)

2. 从量税应纳税额的计算

应纳关税＝应税进(出)口货物数量×单位货物税额

我国目前仅对啤酒、胶卷等少数商品计征从量关税。

【例5-2】 2012年8月某影像公司从A国进口胶卷共计10 000平方米,A国适用普通税率,该类胶卷关税定额为110元/平方米。请计算应缴纳多少关税?

【解】 应纳进口关税＝110×10 000＝110 000(元)

3. 复合价税应纳税额的计算

应纳关税＝应税进(出)口货物数量×单位货物税额＋应税进(出)口货物数量×单位完税价格×适用税率

我国目前仅对录像机、放像机、摄像机和摄录一体机实行复合计税。

【例5-3】 2012年8月,某传媒公司从英国进口电视摄像机一台,完税价格为6 000美元,单位税额为51 500元,税率为6％,当日外汇牌价为1∶7。请计算应缴纳多少关税?

【解】 应纳进口关税＝51 500×1＋6 000×7×6％＝51 500＋2 520＝54 020(元)

4. 滑准税应纳税额的计算

应纳关税＝应税进(出)口货物数量×单位完税价格×滑准税税率

目前我国对新闻纸实行滑准税。

5.2.2 关税完税价格的确定

1. 进口货物关税完税价格的确定

(1) 进口货物完税价格的一般规定

根据《海关法》规定,进口货物的完税价格包括货物的货价、货物运抵我国境内输入地点起卸前的运输费及其相关费用、保险费。我国境内输入地为入境海关地,包括内陆河、江口岸,一般为第一口岸。货物的货价以成交价格为基础。进口货物的成交价格是指买方为购买该货物,并按《完税价格办法》有关规定调整后的实付或应付价格。

(2) 对实付或应付价格进行调整的有关规定

"实付或应付价格"是指买方为购买进口货物直接或间接支付的总额,即作为卖方销售进口货物的条件,由买方向卖方或为履行卖方义务向第三方已经支付或将要支付的全部款项。

如下列费用或者价值未包括在进口货物的实付或应付价格中,应计入完税价格。

① 由买方负担的除购货佣金以外的佣金和经纪费。"购货佣金"指买方为购买进口货物向自己的采购代理人支付的劳务费用。"经纪费"指买方为购买进口货物向代表买卖双方利益的经纪人支付的劳务费用。

② 由买方负担的与该货物视为一体的容器费用。

③ 由买方负担的包装材料和包装劳务费用。

④ 与该货物的生产和向中华人民共和国境内销售有关的,由买方以免费或者以低于成本的方式提供并可以按适当比例分摊的料件、工具、模具、消耗材料及类似货物的价款,以及在境外开发、设计等相关服务的费用。

⑤ 与该货物有关并作为卖方向我国销售该货物的一项条件,应当由买方直接或间接支付的特许权使用费。"特许权使用费"指买方为获得与进口货物相关的、受著作权保护的作品、专利、商标、专有技术和其他权利的使用许可而支付的费用。但是在估定完税价格时,进口货物在境内的复制权费不得计入该货物的实付或应付价格之中。

⑥ 卖方因买方转售、处置或者使用货物而直接或者间接得到的收益。

下列费用,如能与该货物实付或者应付价格区分,不得计入完税价格。

① 厂房、机械、设备等货物进口后的基建、安装、装配、维修和技术服务的费用。

② 货物运抵境内输入地点之后的运输费用、保险费和其他相关费用。

③ 进口关税及其他国内税收。

(3) 对买卖双方之间有特殊关系的规定

买卖双方之间有特殊关系的,经海关审定其特殊关系未对成交价格产生影响,或进口货物的收货人能证明其成交价格与同时或大约同时发生的下列任一价格相近,该成交价格海关应当接受。

① 向境内无特殊关系的买方出售的相同或类似货物的成交价格。

② 按照使用倒扣价格有关规定所确定的相同或类似货物的完税价格。

③ 按照使用计算价格有关规定所确定的相同或类似货物的完税价格。

海关在使用上述价格做比较时,应当考虑商业水平和进口数量的不同,以及实付或者应付价格的调整规定所列各项目和交易中买卖双方有无特殊关系造成的费用差异。

有下列情形之一的,应当认定买卖双方有特殊关系:买卖双方为同一家族成员;买卖双方互为商业上的高级职员或董事;一方直接或间接地受另一方控制;买卖双方都直接或间接地受第三方控制;买卖双方共同直接或间接地控制第三方;一方直接或间接地拥有、控制或持有对方5%或以上公开发行的有表决权的股票或股份;一方是另一方的雇员、高级职员或董事;买卖双方是同一合伙的成员;买卖双方在经营上相互有联系,一方是另一方的独家代理、经销或受让人。

(4) 进口货物海关估价的确定

进口货物的价格不符合成交价格条件或者成交价格不能确定的,海关应当依次以相同货物成交价格方法、类似货物成交价格方法,倒扣价格方法、计算价格方法及其他合理方法确定的价格为基础,估定完税价格。如果进口货物的收货人提出要求,并提供相关资料,经海关同意,可以选择倒扣价格方法和计算价格方法的适用次序。

(5) 几种特殊形式进口货物完税价格的确定

① 加工贸易进口料件及其制成品,需征税或内销补税的,海关按照一般进口货物的完税价格规定,审定完税价格。

② 保税区、出口加工区货物。从保税区或出口加工区销往区外、从保税仓库出库内销的进口货物(加工贸易进口料件及其制成品除外),以海关审定的价格估定完税价格。对经审核销售价格不能确定的,海关应当按照一般进口货物估价办法的规定,估定完税价格。

③ 运往境外加工的货物,出境时已向海关报明,并在海关规定的期限内复运进境的,应当以境外加工费和料件费,以及该货物复运进境的运输及其相关费用、保险费,估定完税价格。

④ 运往境外修理的机械器具、运输工具或者其他货物,出境时已向海关报明,并在海关规定的期限内复运进境的,应当以海关审定的境外修理费和料件费为完税价格。

⑤ 暂时进境货物,应当按照一般进口货物估价办法的规定,估定完税价格。

⑥ 租赁方式进口货物。租赁方式进口的货物中,以租金方式对外支付的租赁货物,在租赁期间以海关审定的租金作为完税价格;留购的租赁货物,以海关审定的留购价格作为完税价格;承租人申请一次性缴纳税款的,经海关同意,按照一般进口货物估价办法的规定,估定完税价格。

⑦ 留购的进口货样等。对于境内留购的进口货样、展览品和广告陈列品,以海关审定的留购价格作为完税价格。

⑧ 减税或免税进口的货物,需予补税时,应当以海关审定的该货物原进口时的价格,扣除折旧部分价值作为完税价格,计算公式为:

完税价格=海关审定的该货物原进口时的价格×[1−申请补税时实际已使用的时间(月)÷(监管年限×12)]

⑨ 以其他方式进口的货物。以易货贸易、寄售、捐赠、赠送等其他方式进口的货物,应当按照一般进口货物估价办法的规定,估定完税价格。

2. 出口货物关税完税价格的确定

(1) 以成交价格为基础的完税价格

出口货物的完税价格,由海关以该货物向境外销售的成交价格为基础审查确定,并应包括货物运至我国境内输出地点装卸前的运输及其相关费用、保险费,但其中包含的出口关税税额,应当扣除。

出口货物的成交价格,是指该货物出口销售到我国境外时买方向卖方实付或应付的价格。出口货物的成交价格中含有支付给境外的佣金的,如果单独列明,应当扣除。

(2) 出口货物海关估价方法

出口货物的成交价格不能确定的,完税价格由海关依次使用下列方法估定。

① 同时或大约同时向同一国家或地区出口的相同货物的成交价格。

② 同时或大约同时向同一国家或地区出口的类似货物的成交价格。

③ 根据境内生产相同或类似货物的成本、利润和一般费用、境内发生的运输及其相关费用、保险费计算所得的价格。

④ 按照合理方法估定的价格。

3. 进出口货物运费和保险费的计算

（1）以一般陆运、空运、海运方式进口的货物

在进口货物的运输及相关费用、保险费计算中，海运进口货物，计算至该货物运抵境内的卸货口岸；如果该货物的卸货口岸是内河（江）口岸，则应当计算至内河（江）口岸。陆运进口货物，计算至该货物运抵境内的第一口岸；如果运输及其相关费用、保险费支付至目的地口岸，则计算至目的地口岸。空运进口货物，计算至该货物运抵境内的第一口岸；如果该货物的目的地为境内的第一口岸外的其他口岸，则计算至目的地口岸。

陆运、空运和海运进口货物的运费和保险费，应当按照实际支付的费用计算；如果进口货物的运费无法确定或未实际发生，海关应当按照该货物进口同期运输行业公布的运费率（额）计算运费，按照"货价加运费"两者总额的3‰计算保险费。

（2）以其他方式进口的货物

邮运的进口货物，应当以邮费作为运输及相关费用、保险费；以境外边境口岸价格条件成交的铁路或公路运输进口货物，海关应当按照货价的1%计算运输及其相关费用、保险费；作为进口货物的自驾进口的运输工具，海关在审定完税价格时，可以不另行计入运费。

（3）出口货物

出口货物的销售价格如果包括离境口岸至境外口岸之间的运输、保险费的，该运费、保险费应当扣除。

5.2.3　关税应纳税额的计算

1. 进口货物关税的计算

（1）CIF 价格

CIF（Cost Insurance and Freight）价格，即成本加保险费加运费。按此方式成交，货价构成因素中包括从转运港至约定的目的港通常运费和约定的保险费，即卖方除了负担货物运至约定目的港所需的成本和运费外，还应为买方办理保险并支付保险费。

完税价格＝CIF

应纳进口关税＝完税价格×关税税率

【例5-4】2012年8月某进出口公司从法国进口一批货物，进口申报价格为 CIF 湛江 USD300 000，当日外汇牌价为1∶7，税率为10%，则该公司该笔业务应缴纳多少关税？

【解】

完税价格＝300 000×7＝2 100 000（元）

应纳进口关税＝2 100 000×10%＝210 000（元）

(2) FOB 价格

FOB(Free On Board)价格,即装运港船上交货价,是指卖方在约定的装运港将货物交到买方指定的船上。按此方式成交,卖方负责办理出口手续,买方负责派船接运货物,买卖双方费用和风险的划分,则以装运港船舷为界。

$$完税价格 = (FOB + 运杂费) \div (1 - 保险费率)$$

【例5-5】 2012年8月某进出口公司从法国进口一批货物400吨,进口申报价格FOB西雅图USD300 000,运费每吨USD30,保险费率3‰,当日外汇牌价为1∶7,税率为10%,则该公司该笔业务应缴纳多少关税?

【解】

运费 = 30 × 400 × 7 = 84 000(元)

进口申报价格 = 300 000 × 7 = 2 100 000(元)

完税价格 = (2 100 000 + 84 000) ÷ (1 - 3‰) = 2 190 571(元)

应纳进口关税 = 2 190 571 × 10% = 2 190 571(元)

(3) CFR 价格

CFR(Cost and Freight)价格,即成本加运费价,是指卖方必须负担货物运至约定目的港所需的成本和运费。

$$完税价格 = CFR \div (1 - 保险费率)$$

【例5-6】 远洋进出口公司2012年8月从新加坡进口50吨货物,保险费率为3‰,进口申报价格为CFR湛江USD450 000,外汇牌价为1∶7,税率为15%。则该公司该笔业务应缴纳多少关税?

【解】

申报价格折合为人民币 = 450 000 × 7 = 3 150 000(元)

完税价格 = 3 150 000 ÷ (1 - 3‰) = 315 948(元)

应纳进口关税 = 315 948 × 15% = 47 392(元)

(4) CIF、CFR、FOB价格之间的关系:

$$CIF 价格 = CFR 价格 + 保险费 = FOB 价格 + 海运费 + 保险费$$

2. 出口货物关税的计算

(1) CIF 价格

出口货物以国外口岸CIF价格成交的,应先扣除离开我国口岸后的运费和保险费后,再按公式计算完税价格和应缴纳的出口关税。

$$完税价格 = (CIF 价格 - 保险费 - 运费) \div (1 + 出口关税税率)$$

【例5-7】 某进出口公司2012年8月出口一批2 000吨的货物到美国,成交价格为CIF西雅图USD 5 000,其中运费USD400,保险费USD25,当日外汇牌价为1∶7,出口关税税率为30%。则该公司该笔业务应缴纳多少关税?

【解】

完税价格＝(5 000－400－25)×7÷(1＋30％)＝24 634(元)

应纳出口关税＝24 634×30％＝7 390(元)

(2) FOB 价格

完税价格＝FOB 价格÷(1＋出口关税税率)

应纳出口关税＝完税价格×出口关税税率

【例 5-8】 某进出口公司 2012 年 8 月出口一批 4000 吨的货物到巴西,每吨 FOB 价格 USD 300,当日外汇牌价为 1∶7,出口关税税率为 10％。则该公司该笔业务应缴纳多少关税?

【解】

完税价格＝300×4 000×7÷(1＋10％)＝7 636 363(元)

应纳出口关税＝7 636 363×10％＝763 636.30(元)

(3) CFR 价格

完税价格＝(CFR 价格－运费)÷(1＋出口关税税率)

【例 5-9】 某进出口公司 2012 年 8 月出口一批 800 吨的货物到巴西,成交价格为 CRF USD 30 000,其中运费 USD5 000,当日外汇牌价为 1∶7,出口关税税率为 20％。则该公司该笔业务应缴纳多少关税?

【解】

完税价格＝(30 000－5 000)×7÷(1＋20％)＝145 833(元)

应纳出口关税＝145 833×20％＝29 167(元)

5.2.4 关税的纳税申报

1. 关税的申报

关税纳税人或其代理人应在规定的报关期限内向货物进(出)境地海关申报,并提供发票、提单、合同和运单,作为海关核定关税完税价格和确定适用税率的依据。经海关对实际货物进行查验后,根据货物的税则归类和完税价格计算应纳关税和进口环节代征税费,填发税款缴纳证。纳税人或其代理人应在海关填发税款缴纳证的次日起 7 日内,向指定银行缴纳,并由当地银行解缴中央金库。为了方便货主,进口货物经货物收货人申请,海关批准,也可在指运地海关办理申报纳税手续,货物由进境地海关作为转关运输货物监管至指运地海关验放。出口货物,可申请由起运地海关办理申报纳税手续。

2. 关税的缴纳

纳税人缴纳关税时,需填"海关(进出口关税)专用缴款书"(如表 5-1 所示),并携带有关单证。"缴款书"一式六联,依次是收据联(此联是国库收到税款签章后退还纳税人作为完税凭证的法律文书,是关税核算的原始凭证)、付款凭证联、收款凭证联、回执联、报查联、存根联。

表 5-1　海关(进出口关税)专用缴款书

收款单位	收入机关			缴款单位(人)	名　称		第一联（收据）国库收款签章后交缴款单位或缴纳人
	科　目	预算级次			账　号		
	收款国库				开户银行		
税号	货　物　名　称		数量	单位	完税价格(¥)	税率(%)	税款金额(¥)
金额人民币(大写)				合计(¥)			
申请单位编号		报关单编号		填制单位 制单人_____ 复核人_____		收款国库(银行)	
合同(批文)号		运输工具(号)					
缴款期限		提/装货单号					
备注							

5.3　关税会计核算

为了核算企业缴纳的进出口关税,企业应在"应交税费"账户下设置"应交税费——应交关税"二级账户,并根据进口业务和出口业务,在"应交关税"二级账户下设置"进口关税"和"出口关税"两个专栏,分别核算企业发生的和实际缴纳的进出口关税,其贷方登记企业发生的应缴纳的进出口关税,借方登记企业实际缴纳的进出口关税,期末贷方余额反映企业应缴未缴的进出口关税,期末借方余额反映企业多缴的进出口关税。

5.3.1　自营进出口关税的会计核算

1. 自营进口关税的会计核算

根据现行会计制度的规定,企业自营进口商品计算应纳关税额时,借记"材料采购"等账户,贷记"应交税费——应交关税(进口关税)"账户;按规定时间缴纳税款时,借记"应交税金——应交关税(进口关税)"账户,贷记"银行存款"账户。

【例 5-10】　某进出口公司 2012 年 8 月从国外自营进口小轿车一批,CIF 价格折合人民币为 300 万元,进口关税税率为 20%,代征消费税税率为 9%,增值税税率为 17%,根据海关开出的税款缴纳凭证,以银行转账支票付讫关税款。该企业如何进行会计核算?

【解】　该企业的会计核算如下。

应纳关税 = 3 000 000 × 20% = 600 000(元)

应纳消费税 = (3 000 000 + 600 000) ÷ (1 − 9%) × 9% = 3 956 044 × 9% = 356 044(元)

应纳增值税＝3 956 044×17％＝672 527(元)

① 进口时：

借：材料采购 　　　　　　　　　　　　　　　　　3 000 000
　　贷：应付账款——××供应商 　　　　　　　　　　　　　　3 000 000

② 应交税费时：

借：材料采购 　　　　　　　　　　　　　　　　　956 044
　　贷：应交税费——应交关税(进口关税) 　　　　　　　　　　600 000
　　　　　　　　——应交消费税 　　　　　　　　　　　　　356 044

③ 上缴税金时：

借：应交税费——应交增值税(进项税额) 　　　　　　　　672 527
　　　　　　——应交关税(进口关税) 　　　　　　　　　　600 000
　　　　　　——应交消费税 　　　　　　　　　　　　　　356 04
　　贷：银行存款 　　　　　　　　　　　　　　　　　　1 628 571

④ 货物验收入库时：

借：库存商品 　　　　　　　　　　　　　　　　　3 956 044
　　贷：材料采购 　　　　　　　　　　　　　　　　　　3 956 044

2. 自营出口关税的会计核算

企业自营出口商品计算应纳关税额时，借记"主营业务税金及附加"等账户，贷记"应交税费——应交关税(出口关税)"账户；实际缴纳关税时，借记"应交税费——应交关税(出口关税)"账户，贷记"银行存款"账户。企业也可不通过"应交税费——应交关税"账户核算，待实际缴纳关税时，直接借记"营业税金及附加"账户，贷记"银行存款"账户。

【例 5-11】 某进出口公司 2012 年 8 月自营出口一批货物，我国口岸 FOB 价格折合人民币为 100 万元，进口关税税率为 25％，根据海关开出的税款缴纳凭证，以银行转账支票付讫关税款。该企业如何进行会计核算？

【解】 该企业的会计核算如下。

应纳出口关税＝1 000 000÷(1＋25％)×25％＝200 000(元)

① 出口时：

借：应收账款——××购货商 　　　　　　　　　　　1 000 000
　　贷：主营业务收入 　　　　　　　　　　　　　　　　1 000 000

② 应交税费时：

借：营业税金及附加 　　　　　　　　　　　　　　200 000
　　贷：应交税费——应交关税(出口关税) 　　　　　　　　　200 000

③ 上缴税金时：

借：应交税费——应交关税(进口关税) 　　　　　　　　200 000
　　贷：银行存款 　　　　　　　　　　　　　　　　　　200 000

5.3.2 代理进出口关税的会计核算

代理进出口是外贸企业接受国内委托方的委托,办理对外洽谈和签订进出口合同,执行合同并办理运输、开证、付汇全过程的进出口业务。受托企业不负担进出口盈亏,一般也不垫付货款,只按规定收取一定比例的手续费,因此,受托企业进出口商品计算应纳关税时,借记"应收账款"等账户,贷记"应交税费——应交关税"账户;代交进口关税时,借记"应交税费——应交关税"账户,贷记"银行存款"账户;收到委托单位的税款时,借记"银行存款"账户,贷记"应收账款"账户。

1. 代理进口关税的会计核算

【例5-12】 某进出口公司2012年8月受某单位委托进口一批商品,进口货款共计900万元,已汇入进出口公司的开户银行。该进出口商品我国口岸CIF价格为USD100万元,当日的外汇牌价为1:7,进口关税税率为15%,代理手续费按货价3%收取。该批商品已运达指定口岸,公司与委托单位办理有关结算。该企业如何进行会计核算?

【解】 该企业的会计核算如下。

该批商品的人民币货价 = 1 000 000 × 7 = 7 000 000(元)
应纳出口关税 = 7 000 000 × 15% = 1 050 000(元)
代理手续费 = 7 000 000 × 3% = 210 000(元)

① 收到委托方划来货款时:

借:银行存款　　　　　　　　　　　　　　　　　　　9 000 000
　　贷:应付账款——××单位　　　　　　　　　　　　　　9 000 000

② 对外汇付进口商品时:

借:应付账款——××外商　　　　　　　　　　　　　7 000 000
　　贷:银行存款　　　　　　　　　　　　　　　　　　　7 000 000

③ 进口关税结算时:

借:应付账款——××单位　　　　　　　　　　　　　1 050 000
　　贷:应交税费——应交关税(进口关税)　　　　　　　1 050 000
借:应交税费——应交关税(进口关税)　　　　　　　　1 050 000
　　贷:银行存款　　　　　　　　　　　　　　　　　　　1 050 000

④ 将进口商品交付委托单位并收取手续费时:

借:应付账款——××单位　　　　　　　　　　　　　7 210 000
　　贷:代购代销收入(手续费)　　　　　　　　　　　　　210 000
　　　　应收账款——××外商　　　　　　　　　　　　　7 000 000

⑤ 将委托余款退回时:

借:应付账款——××单位　　　　　　　　　　　　　740 000
　　贷:银行存款　　　　　　　　　　　　　　　　　　　740 000

2. 代理出口关税的会计核算

【例5-13】 兴达进出口公司2012年8月为某企业代理出口一批商品,我国口岸FOB价格为USD80万元,当日的外汇牌价为1:7,出口关税税率为20%,代理手续费按货价2%收取。该批商品已运达指定口岸,公司与委托单位办理有关结算。该企业如何进行会计核算?

【解】 该企业的会计核算如下。

该批商品的人民币货价＝800 000×7＝5 600 000(元)

应纳出口关税＝5 600 000÷(1＋20%)×20%＝1 400 000(元)

代理手续费＝5 600 000×2%＝112 000(元)

① 应交出口关税时:

借:应收账款——××单位　　　　　　　　　　　　　　1 400 000
　　贷:应交税费——应交关税(出口关税)　　　　　　　1 400 000

② 缴纳出口关税时:

借:应交税费——应交关税(出口关税)　　　　　　　　1 400 000
　　贷:银行存款　　　　　　　　　　　　　　　　　　1 400 000

③ 应收手续费时:

借:应收账款——××单位　　　　　　　　　　　　　　112 000
　　贷:代购代销收入——手续费　　　　　　　　　　　112 000

④ 收到委托单位划来税款及手续费时:

借:银行存款　　　　　　　　　　　　　　　　　　　112 000
　　贷:应收账款——××单位　　　　　　　　　　　　112 000

复习思考题

1. 什么是关税?关税有何特点?
2. 关税有哪几种计征方法?试作简要介绍。
3. 有哪些类别的进口关税税率,试简要说明。
4. 什么是关税完税价格?
5. CIF、FOB、CFR 是什么含义,分别应该怎样确定?
6. 哪些情况可以免征关税?
7. 对于自营进出口业务及其关税应该怎样进行会计核算?
8. 对代理进出口业务及其关税应怎样进行账务处理?

【业务题】

某公司为增值税一般纳税人,具有进出口经营权,2012 年 9 月发生如下业务。

1. 从国外进口一辆小汽车,支付买家 300 000 元,发生相关费用 30 000 元,支付到达海关前的运输费用 40 000 元、保险费用 15 000 元。

2. 从国外进口卷烟 40 000 条(每条 200 支),支付买价 1 000 000 元,支付到达海关前的运输费用 600 000 元、保险费用 40 000 元。

所涉及进口关税税率均为 20% 的条件下,计算进口小汽车、卷烟应缴纳的关税,做出会计核算。

第 6 章　企业所得税

- 理解企业所得税的税收实体法要素
- 能够准确计算企业所得税应纳税额
- 理解运用企业所得税资产负债表债务法进行会计核算
- 能够填写完成企业所得税的纳税申报材料
- 了解企业所得税税收筹划的基本思路

6.1　企业所得税概述

6.1.1　企业所得税的概念及特点

1. 企业所得税的概念

企业所得税是国家对企业或其他单位、社会团体等组织的生产经营所得和其他所得征收的一种税,是国家参与企业利润分配的重要手段。

现行《中华人民共和国企业所得税法》(以下简称《企业所得税法》)是 2007 年 3 月 16 日由中华人民共和国第十届全国人民代表大会第五次会议通过并公布,《中华人民共和国企业所得税法实施条例》(以下简称《企业所得税法实施条例》)是 2007 年 11 月 30 日由国务院批准颁发,于 2008 年 1 月 1 日起施行的,适用于包括外资在内的所有企业。

2. 企业所得税的特点

(1) 企业所得税以所得额为课税对象

所得额指总收入扣除各项成本、费用、税金等开支项目后的净所得额。它既不是企业的销售额,也非营业额,且不一定等于企业实现的利润额。

(2) 企业所得税是直接税

由于企业所得税是以纳税人最终的所得额为计税依据,根据纳税人的承担能力进行课税,税负一般不易转嫁,它是一种直接税。

(3) 征税以量能负担、公平征收为原则

企业所得税以所得额为课税对象,所得税的负担轻重与纳税人所得的多少有着内在联系,所得多、负担能力大的多征;所得少、负担能力小的少征;无所得、没有负担能力的不征,以体现税收公平的原则。

(4) 税法对税基的约束力强

企业应纳税所得额的计算应严格按照企业所得税法及实施条例等有关规定进行,如果企业的财务会计核算办法与国家税收法规抵触的,应当按照税法的规定计算纳税。这一规定有利于保护税基,维护国家利益。

(5) 实行按年计算、分期预缴的征收办法

企业所得税的征收一般是以全年的应纳税所得额为计税依据的,实行按年计算、分月或分季预缴、年终汇算清缴的征收办法。

6.1.2 企业所得税的征收范围及纳税义务人

企业所得税的征收范围为来源于我国境内、外的生产经营所得和其他所得。从内容看,它包括工业、商业、建筑业等各行业的生产、经营所得和其他所得;从地理位置看,它既包括来源于境内,也包括来源于境外的上述所得。只是纳税人身份不同而已。

企业所得税法规定在中华人民共和国境内企业和其他取得收入的组织(以下统称企业)为企业所得税的纳税人,但个人独资企业、合伙企业不适用本法。

企业所得税的纳税人按照纳税义务的不同,分为"居民企业"和"非居民企业"。

(1) 居民企业

居民企业指依法在中国境内成立,或者依照外国(地区)法律成立,但实际管理机构在中国境内的企业。实际管理机构指对企业生产经营、人员、账务、财产等实施实质性全面管理和控制的机构。

居民企业承担全面纳税义务,就其来源于中国境内、境外的所得缴纳企业所得税。

注意,居民企业在中国境内设有多个不具有法人资格营业机构的,实行由法人汇总纳税。企业汇总计算并缴纳企业所得税时,应当统一核算应纳税所得额。具体办法由国务院财政、税务主管部门另行制定。

(2) 非居民企业

非居民企业指依照外国(地区)法律成立且实际管理机构不在中国境内,但在中国境内设立机构、场所的,或者在中国境内虽未设立机构、场所,但有来源于中国境内所得的企业。机构、场所指在中国境内从事生产经营活动的机构、场所。

非居民企业承担有限纳税义务。非居民企业在境内设机构、场所的,就来源于境内的所得及发生在境外但与境内机构、场所有实际联系的所得,按规定税率缴纳企业所得税;非居民企业在境内未设机构、场所的,或者虽设有机构、场所,但取得的所得与所设机构、场所没有实际联系的,就来源于中国境内的所得,按20%的税率(减半优惠后为10%)缴纳企业所得税。

6.1.3 企业所得税的税率

(1) 居民企业和境内有机构、场所的非居民企业,适用的企业所得税税率为25%。

(2) 在境内不设机构、场所的非居民企业,或虽设立机构、场所但取得的所得与境内机构场所没有实际联系的,就其来源于中国境内的所得按照源泉扣缴的方式,以支付人为扣缴义务人缴纳所得税,通常称为"预提所得税",税法规定适用税率为20%,目前减按10%的优惠税率征收。

(3) 国家需要重点扶持的高新技术企业,减按15%的税率征收企业所得税。国家需要重点扶持的高新技术企业是指拥有核心自主知识产权,并同时符合下列条件的企业:① 产品(服务)属于国家重点支持的高新技术领域规定的范围;② 研究开发费用占销售收入的比例不低于规定比例;③ 高新技术产品(服务)收入占企业总收入的比例不低于规定比例;④ 科技人员占企业职工总数的比例不低于规定比例;⑤ 高新技术企业认定管理办法规定的其他条件。

(4) 符合条件的小型微利企业,减按20%税率征收企业所得税。符合条件的小型微利企业是指从事国家非限制和禁止的行业,并符合下列条件的企业:① 工业企业的年度应纳税所得额不超过30万元,从业人数不超过100人,资产总额不超过3 000万元;② 其他企业的年度应纳税所得额不超过30万元,从业人数不超过80人,资产总额不超过1 000万元。

6.1.4 企业所得税的税收优惠

企业所得税法对需要重点扶持和鼓励发展的产业和项目,给予税收优惠。

(1) 企业的下列收入为免税收入:国债利息收入;符合条件的居民企业之间的股息、红利等权益性投资收益;在中国境内设立机构、场所的非居民企业从居民企业取得与该机构、场所有实际联系的股息、红利等权益性投资收益;符合条件的非营利组织的收入。

(2) 企业从事农、林、牧、渔业项目的所得,可以免征或减征企业所得税。其中免征企业所得税的项目有:蔬菜、谷物、薯类、油料、豆类、棉花、麻类、糖料、水果、坚果的种植;农作物新品种的选育;中药材的种植;林木的培育和种植;牲畜、家禽的饲养;林产品的采集;灌溉、农产品初加工、兽医、农技推广、农机作业和维修等农、林、牧、渔服务业项目;远洋捕捞。其中减半征收企业所得税的项目有:花卉、茶以及其他饮料作物和香料作物的种植;海水养殖、内陆养殖。

(3) 从事《公共基础设施项目企业所得税优惠目录》规定的港口码头、机场、铁路、公路、城市公共交通、电力、水利等国家重点扶持的公共基础设施项目的投资经营所得,自项目取得第一笔生产经营收入所属纳税年度起,第一年至第三年免征企业所得税,第四年至第六年减半征收企业所得税。

(4) 企业从事符合条件的环境保护、节能节水项目,包括公共污水处理、公共垃圾处理、沼气综合开发利用、节能减排技术改造、海水淡化等,其所得自项目取得第一笔生产经营收入所属纳税年度起,第一年至第三年免征企业所得税,第四年至第六年减半征收企业所得税。

(5) 符合条件的技术转让所得免征或减征企业所得税,即一个纳税年度内,居民企业技术转让所得不超过 500 万元的部分,免征企业所得税;超过 500 万元的部分,减半征收企业所得税。

(6) 非居民企业除预提所得税减按 10% 的税率征收外,下列所得免征企业所得税。

① 外国政府向中国政府提供贷款取得的利息所得。

② 国际金融组织向中国政府和居民企业提供优惠贷款取得的利息所得。

③ 经国务院批准的其他所得。

(7) 创业投资企业投资额抵扣应纳税所得额的规定:创业投资企业采取股权投资方式投资于未上市的中小高新技术企业 2 年以上的,可以按照其投资额的 70% 在股权持有满 2 年的当年抵扣该创业投资企业的应纳税所得额;当年不足抵扣的,可以在以后纳税年度结转抵扣。

(8) 企业购置并实际使用《环境保护专用设备企业所得税优惠目录》、《节能节水专用设备企业所得税优惠目录》和《安全生产专用设备企业所得税优惠目录》规定的环境保护、节能节水、安全生产等专用设备的,该专用设备的投资额的 10% 可以从企业当年的应纳税额中抵免;当年不足抵免的,可以在以后 5 个纳税年度结转抵免。如果企业购置上述设备在 5 年内转让、出租的,应当停止执行本条规定的企业所得税优惠政策,并补缴已经抵免的税款。

(9) 民族自治地方的自治机关对本民族自治地方的企业应缴纳的企业所得税中属于地方分享的部分,可以决定减征或者免征。自治州、自治县决定减征或者免征的,须报省、自治区、直辖市人民政府批准。对民族自治地方内国家限制和禁止行业的企业,不得减征或者免征企业所得税。

(10) 企业安置残疾人员所支付的工资,在据实扣除的基础上,再按照支付给残疾职工工资的 100% 加计扣除。

(11) 企业为开发新技术、新产品、新工艺发生的研究开发费用,未形成无形资产计入当期损益的,在据实扣除的基础上加扣 50%;形成无形资产的,按照无形资产成本的 150% 摊销。

(12) 由于技术进步、产品更新换代较快的固定资产和常年处于强震动、高腐蚀状态的固定资产,可缩短折旧年限提取折旧,但最低折旧年限不得低于规定年限的 60%;也可采用双倍余额递减法或者年数总和法等加速折旧法提取折旧。

(13) 企业以《资源综合利用企业所得税优惠目录》规定的资源作为主要原材料,生产国家非限制和禁止并符合国家和行业相关标准的产品取得的收入,减按 90% 计入收入总额。

注意,同时从事不同税收待遇的项目,优惠项目应单独计算所得,并合理分摊期间费用。没有单独计算的,不得享受所得税优惠。

6.1.5 企业所得税的纳税地点

1. 对居民企业纳税地点的规定

除税收法律、行政法规另有规定外,居民企业以企业登记注册地为纳税地点;但登记注册地在境外的,以实际管理机构所在地为纳税地点。居民企业在中国境内设立不具有法人资格的营业机构,应当汇总计算并缴纳企业所得税。

2. 对非居民企业纳税地点的规定

非居民企业在中国境内设立机构、场所的,应当就其所设机构、场所取得在来源于中国境内的所得,以及发生在中国境外但与其所设机构、场所有实际联系的所得,以机构、场所所在地为纳税地点。非居民企业在中国境内设立两个或者两个以上机构、场所的,经税务机关审核批准,可以选择由其主要机构、场所汇总缴纳企业所得税。主要机构、场所,应当同时符合下列条件:对其他各机构、场所的生产经营活动负有监督管理责任;设有完整的账簿、凭证,能够准确反映各机构、场所的收入、成本、费用和盈亏情况。

非居民企业在中国境内未设立机构、场所的,或者虽设立机构、场所但取得的所得与其所设机构、场所没有实际联系的,实行源泉扣缴,以扣缴义务人所在地为纳税地点。扣缴义务人未依法扣缴或者无法履行扣缴义务的,由纳税人在所得发生地缴纳。纳税人未依法缴纳的,税务机关可以从该纳税人在中国境内其他收入项目的支付人应付的款项中进行追缴。扣缴义务人每次代扣的税款,应当自代扣之日起7日内缴入国库,并向所在地的税务机关报送扣缴企业所得税报告表。

3. 特殊规定

中央企业所得税、外资银行和地方银行及非银行金融企业所得税、保险企业所得税、铁道部所属铁路运营企业所得税、邮电部所属邮电通信企业所得税、有中央和中央企业投资参股的联营企业所得税、股份制企业所得税,由国家税务局系统负责征收。纳税申报地点分别如下。

(1) 铁道部所属运营企业,由铁道部汇总缴纳;铁路施工企业,由铁路工程局汇总缴纳;铁道部所属的工业、供销企业及其他单位均在独立核算的企业所在地缴纳。

(2) 民航总局所属的企业,已成为独立法人的,由法人企业就地缴纳;不是法人企业的,由民航总局汇总缴纳。

(3) 邮电部所属的邮电企业,由邮电部汇总缴纳;邮电部所属的工业、供销、施工企业及其他企业,由独立核算的企业就地缴纳。

(4) 建筑安装企业离开工商登记注册地或经营管理所在地到本县(区)以外地区施工的,应向其所在地的主管税务机关申请开具外出经营活动税收管理证明,其经营所得由所在地主管税务机关一并计征企业所得税。否则,其经营所得由企业项目施工地主管税务机关就地征收企业所得税。

(5) 股权型企业集团,其核心层与紧密层企业如果是附属关系,母、子公司均有法人资格,由法人就地缴纳;如果紧密层企业为没有法人资格的分支机构,由其总机构汇总缴纳。

(6) 联营企业的生产、经营所得,一律先就地(其经营所在地)缴纳所得税,然后再进行分配。

(7) 国家政策性银行和商业银行系统、中国人民保险公司系统的所得税,分别以独立核算的总行、分行为纳税人;地方性银行、保险公司、证券公司及城市信用社等非银行金融企业,均以独立核算的企业为纳税人。

6.1.6　企业所得税的纳税期限

企业所得税实行按月或按季预缴、年终汇算清缴的征收方法。纳税人预缴所得税时,应当按照纳税期限的实际数额预缴;按照实际数预缴有困难的,可按上一年度应纳税所得额的 1/12 或 1/4 预缴,或者经当地税务机关认可的其他方法分期预缴所得税。预缴方法一经确定,不得随意改变。

企业所得税按纳税年度计算,纳税年度自公历 1 月 1 日起到 12 月 31 日止。企业在一个纳税年度中间开业,或者终止经营活动,使该纳税年度的实际经营期不是 12 个月的,应当以其实际经营期为一个纳税年度。企业依法清算时,应当以清算期间作为一个纳税年度。

企业所得税分月或者分季预缴。企业应当自月份或者季度终了之日起 15 日内,向税务机关报送会计报表和预缴企业所得税纳税申报表,预缴税款。企业应当自年度终了之日起 5 个月内,向税务机关报送年度企业所得税纳税申报表并汇算清缴,结清应交应退税款。企业在报送企业所得税纳税申请表时,应当按照规定附送财务会计报告和其他有关资料。

企业在年度中间终止经营活动的,应当在停止生产、经营之日起的 30 日内向当地主管税务机关办理企业所得税的申报,应当自实际经营终止之日起 60 日内,向税务机关办理当期企业所得税汇算清缴。企业应当在办理注销登记前,就其清算所得向税务机关申报并依法缴纳企业所得税。

汇总纳税的成员企业,年度终了后 45 日内,向其所在地主管税务机关报送会计决算报表和所得税申报表,并在纳税年度终了后的 5 个月内汇算清缴所得税。

纳税人在纳税年度中间发生合并、分立的,依据税法的规定,合并、分立后其纳税人地位发生变化的,应在办理变更税务登记之前办理企业的所得税申报,及时进行汇算清缴,并结清税款;其纳税人地位不变的,纳税年度可以连续计算。

纳税人在纳税年度内无论盈利、亏损或处于减免税期间,均应当按照规定的期限,向当地主管税务机关报送所得税申报表和会计报表。

6.2　企业所得税应纳税额的计算与申报

6.2.1　基本公式及公式详解

企业所得税应纳税额的计算公式如下。

应纳税所得额＝收入总额－不征税收入－免税收入－允许的各项扣除－允许弥补以前年度亏损

应纳所得税＝应纳税所得额×适用税率－减免税额－抵免税额

注意,企业应纳税所得额的计算,以权责发生制为原则,属于当期的收入和费用,不论款项是否收付,均作为当期的收入和费用;不属于当期的收入和费用,即使款项已经在当期收付,也不作为当期的收入和费用。

1. 收入总额

企业所得税法规定,企业以货币形式和非货币形式从各种来源取得的收入为收入总额,包括销售货物收入、提供劳务收入、转让财产收入、股息红利等权益性投资收益、利息收入、租金收入、特许权使用费收入、接受捐赠收入、其他收入。货币形式的收入包括现金、存款、应收账款、应收票据、准备持有至到期的债券投资以及债务的豁免等;非货币形式的收入包括存货、固定资产、生物资产、无形资产、股权投资、不准备持有至到期的债券投资、劳务以及有关权益等,非货币形式取得的收入应当按照公允价值确定收入额。

(1) 销售货物收入是指销售商品、产品、原材料、包装物、低值易耗品以及其他存货取得的收入。

(2) 提供劳务收入是指建筑安装、修理修配、交通运输、仓储租赁、金融保险、邮电通信、咨询经纪、文化体育、科学研究、技术服务、教育培训、餐饮住宿、中介代理、卫生保健、社区服务、旅游、娱乐、加工以及其他劳务服务活动取得的收入。

(3) 转让财产收入是指转让固定资产、投资性房地产、生物资产、无形资产、股权、债权等财产取得的收入。

注意,销售货物收入、提供劳务收入、转让财产收入等确认的时点分别遵循增值税、营业税等有关条款规定。

① 分期确认收入的规定:以分期收款方式销售货物的,按照合同约定的收款日期确认收入的实现;企业受托加工制造大型机械设备、船舶、飞机等,以及从事建筑、安装、装配工程业务或者提供劳务等持续时间超过 12 个月的,按照纳税年度内完工进度或者完成的工作量确认收入的实现。

② 分成取得收入的规定:采取产品分成方式取得收入的,按照企业分得产品的时间确认收入的实现,其收入额按照产品的公允价值确定。

(4) 股息、红利等权益性投资收益是指企业因权益性投资从被投资方取得的收入。除国务院财政、税务主管部门另有规定外,以被投资方做出利润分配决定时间确认收入的实现。

按照会计准则,权益法下投资企业确认的投资收益,是以取得投资时被投资单位各项可辨认资产的公允价值为基础,在被投资单位实现净利润时调整确认。

(5) 利息收入是指企业将资金提供他人使用但不构成权益性投资,或者因他人占用本企业资金取得的收入,包括存款利息、贷款利息、债券利息、欠款利息等收入。其中持有至到期的长期债券或发放长期贷款取得的利息收入按照实际利率法确认收入。利息收入按照合同约定的债务人应付利息的日期确认收入的实现。

(6) 租金收入是指企业提供固定资产、包装物或者其他资产的使用权取得的收入。租金收入按照合同约定的承租人应付租金的日期确认收入的实现。

(7) 特许权使用费收入是指企业提供专利权、非专利技术、商标权、著作权以及其他特许权的使用权取得的收入,按照合同约定的应付特许权使用费的日期确认收入的实现。

(8) 接受捐赠收入是指企业接受的来自其他企业、组织或者个人无偿给予的货币性资产、非货币性资产。接受捐赠收入在实际收到捐赠资产时确认收入实现。

(9) 其他收入包括资产溢余、逾期未退包装物押金收入、确实无法偿付的应付款项、已作坏账损失处理后又收回的应收款项、债务重组收入、补贴收入、违约金收入、汇兑收益等。

(10) 视同销售的规定。企业发生非货币性资产交换,以及将货物、财产、劳务用于捐赠、偿债、赞助、集资、广告、样品、职工福利和利润分配等用途的,应当视同销售货物、转让财产和提供劳务,国务院、财政、税务主管部门另有规定的除外。发生视同销售时按相应的价款或公允价值确定计税收入。

2. 不征税收入

不征税收入指财政拨款,依法收取并纳入财政管理的行政事业性收费、政府性基金,国务院规定的其他不征税收入。

3. 免税收入

免税收入指国债利息收入,符合条件的居民企业之间的股息、红利等权益性投资收益,境内设立机构、场所的非居民企业从居民企业取得与该机构、场所有实际联系的股息、红利等权益性投资收益,符合条件的非营利组织的收入。

4. 允许的各项扣除

企业所得税法规定,企业实际发生的与取得收入有关的、合理的支出,包括成本、费用、税金、损失和其他支出,准予在计算应纳税所得额时扣除。扣除时应区分收益性支出和资本性支出,收益性支出在发生当期直接扣除;资本性支出应当分期扣除或者计入有关资产成本,不得在发生当期直接扣除。注意,企业的不征税收入用于支出所形成的费用或者财产,不得扣除或者计算对应的折旧、摊销扣除。

其中,"成本"是指企业在生产经营活动中发生的销售成本、销货成本、业务支出以及其他耗费;"费用"是指企业在生产经营活动中发生的销售费用、管理费用和财务费用,已经计入成本的有关费用除外;"税金"是指企业发生的除企业所得税和允许抵扣的增值税以外的各项税金及其附加;"损失"是指企业在生产经营活动中发生的固定资产和存货的盘亏、毁损、报废损失,转让财产损失,呆账损失,坏账损失,自然灾害等不可抗力因素造成的损失以及其他损失。关于扣除项目的一些规定如下:

(1) 工资、薪金是指企业每一纳税年度支付给在本企业任职或者受雇的员工的所有现金形式或者非现金形式的劳动报酬,包括基本工资、奖金、津贴、补贴、年终加薪、加班工资以及与任职或受雇有关的其他支出。企业发生的合理的工资薪金支出,准予扣除。

企业依照规定范围和标准为职工缴纳的基本养老保险费、基本医疗保险费、失业保险费、工伤保险费、生育保险费等基本社会保险费和住房公积金,准予扣除。企业为投资者或职工支付的补充养老保险费、补充医疗保险费,在国务院财政、税务主管部门规定的范围和标准内,准予扣除。除特殊工种人身安全保险费和国务院财政、税务主管部门规定可以扣除的其他商业保险费外,企业为投资者或职工支付的商业保险费,不得扣除。

企业发生的职工福利费支出,不超过工资薪金总额14%的部分,准予扣除。企业拨缴的工会经费,不超过工资薪金总额2%的部分,准予扣除。除国务院财政、税务主管部门另有规定外,企业发生的职工教育经费支出,不超过工资薪金总额2.5%的部分,准予扣除;超过部分,准予在以后纳税年度结转扣除。

(2) 借款利息支出。不需要资本化的借款费用,准予扣除;企业购建固定资产、无形资产和12个月以上才能达到可销售状态的存货,在资产购置、建造期间的借款费用,计入资产成本,分期扣除。

非金融企业向金融企业借款的利息支出、金融企业存款和同业拆借的利息支出、企业发行债券的利息支出,准予扣除。非金融企业向非金融企业借款的利息,不超过同期同类金融企业贷款利率的部分,准予扣除。

除计入资产成本或者与利润分配相关外,汇兑损失准予扣除。

(3) 业务招待费。企业发生的与生产经营活动有关的业务招待费支出,按照发生额的60%扣除,但最高不得超过当年销售(营业)收入的5‰。

(4) 广告费和业务宣传费。企业发生的符合条件的广告费和业务宣传费支出,除另有规定外,不超过当年销售(营业)收入15%的部分,准予扣除;超过部分,准予在以后纳税年度结转扣除。

(5) 公益性捐赠支出。企业发生的公益性捐赠支出,不超过年度利润总额12%的部分,准予扣除。公益性捐赠指企业通过公益性社会团体或县级以上人民政府及其部门,用于《中华人民共和国公益事业捐赠法》规定的公益事业的捐赠。公益性社会团体指基金会、慈善组织等依法登记,具有法人资格,不以营利为目的,资产及其增值为法人所有,不经营无关业务,有健全的财务会计制度,捐赠者不以任何形式参与财产分配的组织。

(6) 总机构管理费。企业之间支付的管理费、企业内营业机构之间支付的租金和特许权使用费以及非银行企业内营业机构之间支付的利息,不得扣除。非居民企业在境内设立的机构、场所,就其中国境外总机构发生的与该机构、场所生产经营有关的费用,能够提供总机构出具的费用汇集范围、定额、分配依据和方法等证明文件并合理分摊的,准予扣除。

(7) 企业依照法律、行政法规有关规定提取的用于环境保护、生态恢复等方面的专项资金,准予扣除。提取后改变用途的,不得扣除。

(8) 企业参加财产保险,按照规定缴纳的保险费,准予扣除。

(9) 企业根据生产经营活动的需要租入固定资产支付的租赁费,按照以下方法扣除:以经营租赁方式租入固定资产发生的租赁费支出,按照租赁期限均匀扣除;以融资租赁方式租入固定资产发生的租赁费支出,按照规定构成融资租入固定资产价值的部分应当提取折旧费用,分期扣除。

(10) 企业发生的合理的劳动保护支出,即确因工作需要为雇员配备或提供的工作服、手套、安全保护用品、防暑降温用品等支出准予扣除。

(11) 固定资产折旧费。固定资产按直线法计算折旧的,准予扣除。

各类固定资产的最低折旧年限规定如下。

① 房屋、建筑物为20年。

② 飞机、火车、轮船、机器、机械和其他生产设备为10年。

③ 与生产经营活动有关的器具、工具、家具等为5年。

④ 飞机、火车、轮船以外的运输工具为4年。

⑤ 电子设备为 3 年。

(12) 生物资产的折旧费。生产性生物资产按照直线法计算的折旧,准予扣除。生产性生物资产的最低折旧年限规定如下。

① 林木类生产性生物资产为 10 年。

② 畜类生产性生物资产为 3 年。

(13) 无形资产及长期待摊费用的摊销。无形资产按照直线法计算的摊销费用,准予扣除,但无形资产的摊销年限不得低于 10 年。长期待摊费用的摊销年限不得低于 3 年。

需要注意,计算应纳税所得额时不得扣除的支出,包括以下几个方面。

(1) 向投资者支付的股息、红利等权益性投资收益款项。

(2) 企业所得税税款。

(3) 税收滞纳金。

(4) 罚金、罚款和被没收财物的损失。

(5) 公益救济以外的捐赠支出。

(6) 赞助支出。

(7) 未经核定的准备金支出。

(8) 与取得收入无关的其他支出。

5. 允许弥补以前年度亏损

亏损结转制度是一种税收优惠制度。企业纳税年度发生的亏损,准予向以后年度结转,用以后年度的所得弥补,但结转年限最长不得超过 5 年。注意,企业在汇总计算缴纳企业所得税时,境外营业机构的亏损不得抵减境内营业机构的盈利。

【例 6-1】 某企业盈亏状况如表 6-1 所示,7 年共应缴纳多少企业所得税?

表 6-1 某企业 2002—2008 年度盈亏状况

年 度	2002	2003	2004	2005	2006	2007	2008
应纳税所得额(万元)	−100	−50	20	20	10	40	100

【解】 2002 年度的亏损额 100 万元,按税法规定,可以用 2003 年至 2007 年的税前利润补亏。实际情况,2003 年继续亏损 50 万元,至 2007 年止,2002 年的亏损累计弥补 90 万元 (20+20+10+40),2002 年还有 10 万元亏损,只能用以后年度的税后利润弥补,不得税前扣除。

2003 年度的亏损额 50 万元,按税法规定,可以用 2004 年至 2008 年的税前利润补亏。实际情况,2004 年至 2007 年的税前利润已全部用于 2002 年度的亏损弥补,故 2003 年的亏损可以用 2008 年的税前利润弥补。

2008 年补亏后,应缴纳所得税=(100−50)×25%=12.5(万元)。

6. 减免税额、抵免税额

减免税额的相关规定可以参见 6.1.4 节税收优惠的内容。

税收抵免制度是避免所得双重征税的制度。我国为避免重复征税,采用限额扣除法,该抵免限额应当分国(地区)不分项计算,即居民企业的境外机构已在境外缴纳的所得税税额,在国内汇总纳税时,可以从其当期应纳税额中抵免。抵免限额为按照我国企业所得税法规定计算的应纳税额,超过抵免限额的部分,可以在以后5个年度内(指超过抵免限额当年的次年起连续5个纳税年度),用同一国家每年度抵免限额抵免当年应抵税额后的余额进行抵补。其计算公式为:

抵免限额＝中国境内、境外所得依照企业所得税法计算的应纳税总额
　　　　×(来源于某国的应纳税所得额÷中国境内、境外应纳税所得总额)

居民企业从其直接或者间接控制20%以上股份的外国企业分得的来源于中国境外的股息、红利等权益性投资收益,外国企业在境外实际缴纳的所得税税额中属于该项所得负担的部分,可以作为该居民企业的可抵免境外所得税税额,按照上述规定在抵免限额内抵免。

【例6-2】 某公司2007年度境内生产经营取得应纳税所得额1 000万元,所得税税率25%。其在A、B两国设有分支机构,A国分支机构当年应纳税所得额为600万元,其中生产经营所得500万元,A国规定的税率为40%,特许权使用费所得为100万元,A国规定的税率为20%。B国分支机构当年应纳税所得额为400万元,其中生产经营所得为250万元,B国规定的税率为30%;租金所得为150万元,B国规定的税率为10%。公司能提供境外纳税的佐证材料,计算该公司当年境内、外所得汇总缴纳的所得税。

【解】
① 公司境内、外所得汇总应纳所得税＝(1 000＋600＋400)×25%＝500(万元)
② A国分支机构在境外已纳税额＝500×40%＋100×20%＝200＋20＝220(万元)
　　A国分支机构税额抵免限额＝500×600÷2 000＝150(万元)
③ B国分支机构在境外已纳税额＝250×30%＋150×10%＝75＋15＝90(万元)
　　B国分支机构税额抵免限额＝500×400÷2 000＝100(万元)
④ 当年度境内、外所得汇总后实际应纳所得税＝500－150－90＝260(万元)

【例6-3】 某公司有年末会计利润100万元,经注册会计师审核,发现有以下项目需调整:
① 企业当年发生的不应该资本化的借款利息80万元,其中向非金融机构借款500万元,利率10%,同期的金融机构借款利率8%;
② 企业账面列支业务招待费50万元,该企业当年的销售收入为5 000万元;
③ 企业全年发生广告费和业务宣传费共计100万元;
④ 全年发生公益性捐赠40万元;
⑤ 当年计入损益的研究开发费80万元;
⑥ 当年已经列入营业外支出的税务罚款7万元。
据此资料,计算该公司的应纳税所得额和应纳所得税。

【解】
① 借款利息允许扣除:500×8%＝40(万元)
实际发生50万元
调增应纳税所得额10万元
② 业务招待费:50×60%＝30(万元),5 000×5‰＝25(万元),故允许扣除25万元

实际发生 50 万元

调增应纳税所得额 25 万元

③ 广告宣传费允许扣除：5 000×15％＝750(万元)

实际发生 100 万元

全部允许扣除

④ 捐赠允许扣除：100×12％＝12(万元)

实际发生 40 万元

调增应纳税所得额 28 万元

⑤ 研发费加扣：80×50％＝40(万元)，调减应纳税所得额 40 万元

⑥ 罚款不允许税前扣除，调增应纳税所得额 7 万元

应纳税所得额＝100＋10＋25＋28－40＋7＝130(万元)

应纳所得税＝130×25％＝32.5(万元)

6.2.2 企业所得税纳税申报资料

缴纳企业所得税采用按年计算，分月或分季预缴，年终汇算清缴、多退少补的征收方法。纳税人应于月份或季度终了后 15 日内预缴，年度终了后 4 个月内汇算清缴。纳税人预缴企业所得税时，应当按照纳税期限的实际数额预缴，按照实际数额预缴有困难的，可按上一年度应纳税所得额的 1/12 或 1/4 预缴，或者经当地税务机关认可的其他方法分期预缴企业所得税，预缴方法一经确定，不得随意改变。按月(季)预缴企业所得税的计算公式如下：

① 按月(季)预缴企业所得税时：

月(季)预缴的企业所得税税额＝月(季)实际的应纳税所得额×25％

或　　月(季)预缴的企业所得税税额＝上年应纳税所得额×1/12(或 1/4)×25％

② 企业所得税的汇算清缴时：

全年应纳企业所得税税额＝全年应纳税所得额×25％

年终多退少补的企业所得税税额＝全年应纳企业所得税税额－月(季)已预缴的企业所得税税额

纳税人办理纳税申报时如实报送预缴企业所得税纳税申报表和企业所得税年度纳税申报表，并根据不同情况相应报送下列有关证件、资料：财务会计报告及其说明材料；与纳税有关的合同、协议书；税控装置的电子报税资料和异地完税凭证；外出经营活动税收管理证明；境内或者境外公证机构出具的有关证明文件；税务机关规定应当报送的其他有关证件、资料。在此仅列示以下报表。

① 中华人民共和国企业所得税月(季)度预缴纳税申报表(A 类)，如表 6-2 所示。

② 中华人民共和国企业所得税月(季)度预缴纳税申报表(B 类)，如表 6-3 所示。

③ 中华人民共和国企业所得税年度纳税申报表(A 表)，如表 6-4 所示。

表 6-2 中华人民共和国企业所得税月（季）度预缴纳税申报表（A 类）

税款所属期间： 年 月 日至 年 月 日

纳税人识别号：☐☐☐☐☐☐☐☐☐☐☐☐☐☐☐

纳税人名称： 金额单位：人民币元（列至角分）

行次	项 目	本期金额	累计金额
1	一、据实预缴		
2	营业收入		
3	营业成本		
4	利润总额		
5	税率（25%）		
6	应纳所得税额（4行×5行）		
7	减免所得税额		
8	实际已缴所得税额	—	
9	应补（退）的所得税额（6行－7行－8行）	—	
10	二、按照上一纳税年度应纳税所得额的平均额预缴		
11	上一纳税年度应纳税所得额	—	
12	本月（季）应纳税所得额（11行÷12或11行÷4）		
13	税率（25%）	—	—
14	本月（季）应纳所得税额（12行×13行）		
15	三、按照税务机关确定的其他方法预缴		
16	本月（季）确定预缴的所得税额		
17	总分机构纳税人		
18	总机构	总机构应分摊的所得税额（9行或14行或16行×25%）		
19		中央财政集中分配的所得税额（9行或14行或16行×25%）		
20		分支机构分摊的所得税额（9行或14行或16行×50%）		
21	分支机构	分配比例		
22		分配的所得税额（20行×21行）		

谨声明：此纳税申报表是根据《中华人民共和国企业所得税法》、《中华人民共和国企业所得税法实施条例》和国家有关税收规定填报的，是真实的、可靠的、完整的。

法定代表人（签字）： 年 月 日

纳税人公章：	代理申报中介机构公章：	主管税务机关受理专用章：
会计主管：	经办人：	受理人：
	经办人执业证件号码：	
填表日期： 年 月 日	代理申报日期： 年 月 日	受理日期： 年 月 日

本表适用于实行查账征收方式申报企业所得税的居民纳税人及在中国境内设立机构的非居民纳税人在月（季）度预缴企业所得税时使用。

表 6-3　中华人民共和国企业所得税月(季)度预缴纳税申报表(B 类)

税款所属期间：　　年　月　日至　　年　月　日

纳税人识别号：□□□□□□□□□□□□□□□

纳税人名称：　　　　　　　　　　　　　　　　　　　　　金额单位：人民币元(列至角分)

项　　目			行次	累计金额
应纳税所得额的计算	按收入总额核定应纳税所得额	收入总额	1	
		税务机关核定的应税所得率(%)	2	
		应纳税所得额(1行×2行)	3	
	按成本费用核定应纳税所得额	成本费用总额	4	
		税务机关核定的应税所得率(%)	5	
		应纳税所得额[4行÷(1-5行)×5行]	6	
	按经费支出换算应纳税所得额	经费支出总额	7	
		税务机关核定的应税所得率(%)	8	
		换算的收入额[7行÷(1-8行)]	9	
		应纳税所得额(8行×9行)	10	
应纳所得税额的计算		税率(25%)	11	
		应纳所得税额(3行×11行或6行×11行或10行×11行)	12	
		减免所得税额	13	
应补(退)所得税额的计算		已预缴所得税额	14	
		应补(退)所得税额(12行-13行-14行)	15	

谨声明：此纳税申报表是根据《中华人民共和国企业所得税法》、《中华人民共和国企业所得税法实施条例》和国家有关税收规定填报的，是真实的、可靠的、完整的。

法定代表人(签字)：　　　　年　月　日

纳税人公章：	代理申报中介机构公章：	主管税务机关受理专用章：
会计主管：	经办人：	受理人：
	经办人执业证件号码：	
填表日期：　年　月　日	代理申报日期：　年　月　日	受理日期：　年　月　日

本表为按照核定征收管理办法(包括核定应税所得率和核定税额征收方式)缴纳企业所得税的纳税人在月(季、年)度申报缴纳企业所得税时使用，包括依法被税务机关指定的扣缴义务人。

表 6-4　中华人民共和国企业所得税年度纳税申报表(A 类)

税款所属期间：　　年　月　日至　　年　月　日

纳税人识别号：□□□□□□□□□□□□□□□

纳税人名称：　　　　　　　　　　　　　　　　　　　　　金额单位：元(列至角分)

类　别	行次	项　　目	金　额
利润总额计算	1	一、营业收入(填附表一)	
	2	减：营业成本(填附表二)	
	3	营业税金及附加	
	4	销售费用(填附表二)	

续表

类别	行次	项目	金额
	5	管理费用(填附表二)	
	6	财务费用(填附表二)	
	7	资产减值损失	
	8	加:公允价值变动收益	
	9	投资收益	
	10	二、营业利润	
	11	加:营业外收入(填附表一)	
	12	减:营业外支出(填附表二)	
	13	三、利润总额(10+11-12)	
应纳税所得额计算	14	加:纳税调整增加额(填附表三)	
	15	减:纳税调整减少额(填附表三)	
	16	其中:不征税收入	
	17	免税收入	
	18	减计收入	
	19	减、免税项目所得	
	20	加计扣除	
	21	抵扣应纳税所得额	
	22	加:境外应税所得弥补境内亏损	
	23	纳税调整后所得(13+14-15+22)	
	24	减:弥补以前年度亏损(填附表四)	
	25	应纳税所得额(23-24)	
应纳税额计算	26	税率(25%)	
	27	应纳所得税额(25×26)	
	28	减:减免所得税额(填附表五)	
	29	减:抵免所得税额(填附表五)	
	30	应纳税额(27-28-29)	
	31	加:境外所得应纳所得税额(填附表六)	
	32	减:境外所得抵免所得税额(填附表六)	
	33	实际应纳所得税额(30+31-32)	
	34	减:本年累计实际已预缴的所得税额	
	35	其中:汇总纳税的总机构分摊预缴的税额	
	36	汇总纳税的总机构财政调库预缴的税额	
	37	汇总纳税的总机构所属分支机构分摊的预缴税额	
	38	合并纳税(母子体制)成员企业就地预缴比例	
	39	合并纳税企业就地预缴的所得税额	
	40	本年应补(退)的所得税额(33-34)	
附列资料	41	以前年度多缴的所得税额在本年抵减额	
	42	以前年度应缴未缴在本年入库所得税额	

纳税人公章:	代理申报中介机构公章:	主管税务机关受理专用章:
经办人:	经办人及执业证件号码:	受理人:
申报日期: 年 月 日	代理申报日期: 年 月 日	受理日期: 年 月 日

6.3 企业所得税会计核算

6.3.1 所得税会计理论——资产负债表债务法

企业的会计核算和税务处理分别遵循不同的原则,服务于不同的目的。会计的确认、计量、报告应当遵循《企业会计准则》的规定,目的在于真实、完整地反映企业的财务状况、经营成果和现金流量等,为投资者、债权人以及其他会计信息使用者提供对其决策有用的信息;税法则是以课税为目的,根据国家有关税收法律、法规的规定,确定一定时期内纳税人应缴纳的税额,以对企业的经营所得征税。

2007年1月1日开始实施的《企业会计准则》与2008年1月1日新执行的《企业所得税法》,对于税收与会计在很大程度上进行了协调统一,但仍存在一定的差异。《企业会计准则第18号——所得税》要求企业一律采用资产负债表债务法核算递延所得税。

所谓"资产负债表债务法"是指从资产负债表出发,比较资产负债表上资产、负债按照《企业会计准则》确定的账面价值和按照税法确定的计税基础,将两者之间的差额确认为应纳税暂时性差异与可抵扣暂时性差异,进而确认相关的递延所得税负债与递延所得税资产,并在此基础上确定每一会计期间利润表中的所得税费用。

资产负债表债务法是从暂时性差异产生的本质出发,分析暂时性差异产生的原因及其对期末资产负债表的影响,并以此进行企业所得税核算的一种会计核算方法。税务会计人员运用资产负债表债务法进行所得税会计处理时,涉及计税基础、暂时性差异、所得税费用等概念的理解。

1. 资产的计税基础和负债的计税基础

按照资产负债表上的要素分类,计税基础可以分为资产的计税基础和负债的计税基础。

资产的计税基础是指企业收回资产账面价值的过程中,在计算应纳税所得额时,按照税法规定,可从流入企业的任何所得利益中予以抵扣的金额。资产在初始确认时,其计税基础一般为取得成本,但也有些特殊业务,如企业合并、非货币性交易、债务重组等方式下取得的资产,其计税基础有特殊性;在持续持有的过程中,其计税基础指资产的取得成本减去以前期间按照税法规定允许税前扣除的金额后的余额。

负债的计税基础是指各项负债账面价值减去其在未来期间计算应纳税所得额时按照税法规定可予以抵扣的金额。

从本质上来看,上述概念相当于涉及两张资产负债表:一个是按照《企业会计准则》规定编制的资产负债表,有关资产、负债在该表上以其账面价值体现;另外一个是按照税法规定进行核算编制的资产负债表,其中资产、负债列示的价值即为其计税基础。

2. 暂时性差异

会计利润与应税所得额的联系,在于两者都是会计学上的收益概念,两者都可以按照理论上的推导公式,即总收入减总费用等于总收益(或总亏损)求得。会计利润与应税所得额的区别,虽然具体结果可通过货币计量得到反映,但其形成差别的原因却只能归结为两点:收入、费用计量确认口径上的差异,以及收入、费用确认时间上的差异。

会计利润与应税所得额在收入、费用计量确认口径上存在的差异,称为"永久性差异"。这种差异不影响其他会计期间,也不会在其他期间得到弥补。企业所得税法中的税收优惠、不得税前扣除等事项通常产生永久性差异。

会计利润与应税所得额在收入、费用确认时间上存在的差异,称为"暂时性差异"。在资产负债表债务法中,大家要关注的是暂时性差异,即资产或负债的账面价值与计税基础之间的差异,该项差异在以后年度资产收回或负债清偿时,会产生应税利润或可抵扣金额。

(1) 暂时性差异形成的原因

暂时性差异形成的原因有以下三类。

其一,资产、负债的账面价值与计税基础不同产生的暂时性差异,通常涉及以下事项。

① 因公允价值变动使得金融资产账面价值与计税基础不同。
② 因资产减值准备使得存货、应收账款等账面价值与计税基础不同。
③ 因固定资产折旧方法、年限等使得其账面价值与计税基础不同。
④ 因无形资产摊销方法、期限和使用寿命不确定等使得其账面价值与计税基础不同。
⑤ 因具有融资性质的分期收款销售使得长期应收款账面价值与计税基础不同。
⑥ 以公允价值计价使得投资性房地产账面价值与计税基础不同。
⑦ 以权益法确认投资收益并补交所得税使得账面价值与计税基础不同。
⑧ 因确认售后质量保证等使得预计负债账面价值与计税基础不同。
⑨ 某些预收账款因税法作为收入确认,使得其账面价值与计税基础不同。
⑩ 现金行权的股份支付等使得应付薪酬账面价值与计税基础不同。

其二,不属于资产、负债的特殊项目产生的暂时性差异,通常涉及以下事项。

① 某些交易或事项发生以后,因为不符合资产、负债的确认条件而未体现为资产负债表中的资产或负债,但按照税法规定能够确定其计税基础的,其账面价值与计税基础之间的差异构成暂时性差异。
② 按照税法规定允许用以后年度所得弥补的可抵扣亏损。
③ 可结转以后年度的税款抵减。

其三,特殊交易或事项中产生资产、负债账面价值与计税基础不同的暂时性差异,这类交易和事项主要指企业合并业务。

(2) 暂时性差异的分类

暂时性差异又分为应税暂时性差异和可抵扣暂时性差异。

应纳税暂时性差异,将导致使用或处置资产、偿付负债的未来期间内增加应纳税所得额,由此产生递延所得税负债的差异。资产的账面价值大于其计税基础或负债的账面价值小于其计税基础时,即产生应纳税暂时性差异。

可抵扣暂时性差异,将导致使用或处置资产、偿付负债的未来期间内减少应纳税所得额,由此产生递延所得税资产的差异。资产的账面价值小于其计税基础或负债的账面价值大于其计税基础时,即产生可抵扣暂时性差异。

3. 所得税费用

企业所得税核算的主要目的是确定当期应交所得税、确认利润表中的所得税费用。按照资产负债表债务法核算企业所得税,利润表中的所得税费用包括当期所得税和递延所得税两部分。

当期所得税是指企业按照税法规定计算确定的应交给税务部门的所得税金额。其计算公式如下。

当期所得税＝当期应交所得税＝应纳税所得额×适用所得税税率

递延所得税是指按照所得税准则规定应予以确认的递延所得税资产和递延所得税负债在期末期初的差额,即递延所得税资产和递延所得税负债当期发生额的综合结果。其计算公式如下。

递延所得税＝递延所得税负债的增加额－递延所得税资产的增加额
　　　　　＝递延所得税负债的期末数减去期初数后的差额－递延所得税资产的期末数减去期初数后的差额

利润表中所得税费用＝当期所得税＋递延所得税

6.3.2 采用资产负债表债务法进行所得税会计核算程序

1. 采用资产负债表债务法的操作时点

企业采用资产负债表债务法应按照以下时点处理所得税问题。

(1) 一般业务,资产负债表日分析比较资产、负债的账面价值与其计税基础,确认其差异和所得税影响。

(2) 企业合并等特殊交易或事项中取得的资产和负债,应于购买日比较其入账价值与计税基础,确认其差异和所得税影响。

2. 采用资产负债表债务法进行所得税会计核算的一般程序

(1) 确定资产负债表中资产和负债项目的账面价值和计税基础。其中资产、负债的账面价值是指企业按照相关《企业会计准则》的规定进行核算后在资产负债表中列示的金额。同时,以企业所得税法等税收法规为基础确定资产负债表中有关资产、负债项目的计税基础。

(2) 比较资产、负债的账面价值与其计税基础,对于两者之间存在差异的,分析其性质,除《企业会计准则》中规定的特殊情况外,分别以应纳税暂时性差异与可抵扣暂时性差异乘以所得税税率,确定资产负债表日递延所得税负债和递延所得税资产的金额。

(3) 将递延所得税负债和递延所得税资产的资产负债表日金额与其期初余额相比,确定当期应予进一步确认的或转销的递延所得税负债和递延所得税资产的金额。

会计分录:

借:递延所得税资产　　　　　　　　　　或　借:所得税费用
　　(递延所得税负债)　　　　　　　　　　　贷:递延所得税负债
　　贷:所得税费用　　　　　　　　　　　　　　(递延所得税资产)

(4) 计算当期应交所得税。按照税法规定计算确定当期应纳税所得额,并乘以适用的所得税税率,确定当期应交所得税。

会计分录:

借:所得税费用
　　贷:应交税费——应交所得税

【例6-4】 某企业于2003年12月购入一套生产设备,当月安装调试完毕,投入使用,原始价值800万元。该企业采用平均年限法分4年计提折旧,预计净残值率为0。然而,按照现行税法的规定,该套设备的平均折旧年限应该为8年。假设该企业从2004年至2011年每年实现的会计利润都是1 000万元,2004年至2010年所得税税率为33%,从2011年年初开始企业所得税税率调整为25%,所得税年末一次缴纳。该企业如何进行会计核算?

【解】 2004年年末(2004年资产负债表日)的会计核算如下。

① 由资料可知,设备原值为800万元,企业折旧年限为4年,则

企业每年提取折旧=800/4=200(万元)

账面价值=800-200=600(万元)

税法折旧年限为8年,则:

税法规定每年提取折旧=800/8=100(万元)

计税基础=800-100=700(万元)

② 账面价值-计税基础=600-700=-100(万元)

此处(资产项目),暂时性差异若为负数,即可抵扣暂时性差异,会进一步计算得到递延所得税资产;暂时性差异若为正数,即应纳税暂时性差异,会进一步计算得到递延所得税负债。

$$资产负债表日递延所得税资产=100\times 33\%=33(万元)$$

③ 当期应予确认的或转销的递延所得税资产

=资产负债表日递延所得税资产-期初递延所得税资产

=33-0=33(万元)

此处,计算结果若为正数,即当期应予确认的递延所得税资产;若为负数,即当期应予转销的递延所得税资产。

借:递延所得税资产　　　　　　　　　　　　　　　　　　　　　330 000
　　贷:所得税费用　　　　　　　　　　　　　　　　　　　　　　　330 000

④ 企业当年会计利润为1000万元。税法规定每年提取折旧为100万元,而企业每年提取折旧为200万元,多提了100万元,应调增应纳税所得额100万元,则:

$$当期应纳所得税=(1\,000+100)\times 33\%=363(万元)$$

借:所得税费用　　　　　　　　　　　　　　　　　　　　　　　3 630 000
　　贷:应交税费——应交所得税　　　　　　　　　　　　　　　　　3 630 000

⑤ 递延所得税=递延所得税负债的增加额-递延所得税资产的增加额

=0-33=-33(万元)

利润表中所得税费用=当期所得税+递延所得税=363+(-33)=330(万元)

将 2004 年会计核算中的③、④分录合并如下。

借：所得税费用　　　　　　　　　　　　　　　　　　　　　　　　3 300 000
　　递延所得税资产　　　　　　　　　　　　　　　　　　　　　　　 330 000
　　贷：应交税费——应交所得税　　　　　　　　　　　　　　　　　　　　3 630 000

2005 年至 2007 年的会计核算，可以重复 2004 年会计核算中①到⑤的步骤计算处理。

2008 年年末（2008 年资产负债表日）的会计核算如下。

① 企业 2007 年年末已提足折旧 800 万元，2008 年开始企业不再提取折旧；而税法规定每年还要提取折旧 100 万元，累计折旧为 500 万元，则：

账面价值＝800－800＝0（万元）

计税基础＝800－500＝300（万元）

② 账面价值－计税基础＝0－300＝－300（万元）

此处（资产项目），暂时性差异若为负数，即可抵扣暂时性差异，会进一步计算得到递延所得税资产。

资产负债表日递延所得税资产＝300×33％＝99（万元）

③ 当期应予确认的或转销的递延所得税资产
　　＝资产负债表日递延所得税资产－期初递延所得税资产
　　＝99－132＝－33（万元）

借：所得税费用　　　　　　　　　　　　　　　　　　　　　　　　　330 000
　　贷：递延所得税资产　　　　　　　　　　　　　　　　　　　　　　　330 000

④ 2008 年会计折旧为 0 万元，税法折旧为 100 万元，将调减应纳税所得额 100 万元，则：

当期应纳所得税＝(1 000－100)×33％＝297（万元）

借：所得税费用　　　　　　　　　　　　　　　　　　　　　　　　2 970 000
　　贷：应交税费——应交所得税　　　　　　　　　　　　　　　　　　　　2 970 000

⑤ 递延所得税＝递延所得税负债的增加额－递延所得税资产的增加额
　　　　　　　＝0－(－33)＝33（万元）

利润表中所得税费用＝当期所得税＋递延所得税＝297＋33＝330（万元）

将 2008 年会计核算中的③、④分录合并如下：

借：所得税费用　　　　　　　　　　　　　　　　　　　　　　　　3 300 000
　　贷：递延所得税资产　　　　　　　　　　　　　　　　　　　　　　　 330 000
　　　　应交税费——应交所得税　　　　　　　　　　　　　　　　　　　2 970 000

2009 年至 2010 年的会计核算，可以参考 2008 年会计核算中的①到⑤步骤计算处理。

2011 年年末（2011 年资产负债表日）的会计核算如下。

① 2011 年税法规定还要提取折旧 100 万元，累计折旧为 800 万元，则：

账面价值＝800－800＝0（万元）

计税基础＝800－800＝0（万元）

② 账面价值－计税基础＝0－0＝0（万元）

此处累计暂时性差异为0,则资产负债表日递延所得税资产为0万元。

③ 当期应予确认的或转销的递延所得税资产
＝资产负债表日递延所得税资产－期初递延所得税资产
＝0－33＝－33(万元)

借：所得税费用   330 000
　　贷：递延所得税资产   330 000

④ 2011年会计折旧为0万元,税法折旧为100万元,将调减应纳税所得额100万元,则：
当期应纳所得税＝(1 000－100)×25％＝225(万元)

借：所得税费用   2 250 000
　　贷：应交税费——应交所得税   2 250 000

⑤ 递延所得税＝递延所得税负债的增加额－递延所得税资产的增加额
　　　　　　＝0－(－33)＝33(万元)

利润表中所得税费用＝当期所得税＋递延所得税＝225＋33＝258(万元)

将2011年会计核算中的③、④分录合并如下：

借：所得税费用   2 580 000
　　贷：递延所得税资产   330 000
　　　　应交税费——应交所得税   2 250 000

该企业2004—2011年度所得税纳税核算,如表6-5所示。

表6-5 2004—2011年度所得税纳税核算计算表

金额单位：万元

项　　　目		2004	2005	2006	2007	2008	2009	2010	2011
会计累计折旧		200	400	600	800	—	—	—	—
税法累计折旧		100	200	300	400	500	600	700	800
账面价值		600	400	200	0	—	—	—	—
计税基础		700	600	500	400	300	200	100	0
累计暂时性差异		－100	－200	－300	－400	－300	－200	－100	0
适用税率		33％	33％	33％	33％	33％	33％	33％	25％
当期应交税金		363	363	363	363	297	297	297	225
期初递延所得税资产		33	66	99	132	99	66	33	0
期末递延所得税资产		33	66	99	132	99	66	33	0
当期所得税费用		330	330	330	330	330	330	330	258
会计分录	借：所得税费用	330	330	330	330	330	330	330	258
	递延所得税资产	33	33	33	33	—	—	—	—
	贷：递延所得税资产	—	—	—	—	33	33	33	33
	应交税费	363	363	363	363	297	297	297	225

【例6-5】　某公司当年度会计资料如下,计算应纳税所得额。

① 实现利润总额300万元。

② 该企业职工人数200人,实发工资150万元。

③ 该企业按实发工资的2%、14%、1.5%分别计提职工工会经费、职工福利费、职工教育经费共计26.25万元。

④ 支付税款滞纳金3万元。

⑤ 国库券的利息收入为2.5万元。

⑥ 非公益性捐赠支出为5万元。

⑦ 罚款收入1万元。

⑧ 支付给金融机构的借款利息1.5万元,未超出扣除标准。

⑨ 本年销货总额2 000万元,计入管理费用的业务招待费为12万元。

⑩ 该公司建立了坏账准备金制度(按年末应收账款余额的3‰计提),上年末应收账款余额为400万元,本年末应收账款的余额为300万元,坏账准备的贷方余额为1.2万元。

【解】

对于第②、③项,符合工资薪金及3项经费扣除标准,无须调整。

对于第④项,税款滞纳金是不能在税前扣除的,增加应纳税所得额3万元。

对于第⑤项,国库券的利息收入是不作为收入的,减少应纳税所得额2.5万元。

对于第⑥项,非公益性捐赠支出不能在税前扣除,增加应纳税所得额5万元。

对于第⑦项,罚款收入1万元是属于收入范围的,无须调整。

对于第⑧项,支付给金融机构的借款利息1.5万元,因为题中指明其未超标,所以属于扣除范围,也无须调整。

对于第⑨项,按销售收入计算2 000×5‰=10(万元),按实际发生业务招待费计算12×60%=7.2(万元),允许列支的业务招待费最高限额应为7.2万元。

超标列支=12-7.2=4.8(万元),增加应纳税所得额4.8万元。

对于第⑩项,年末应计提的坏账准备金=300×3‰=0.9(万元)

多提坏账准备金=1.2-0.9=0.3(万元),增加应纳税所得额0.3万元。

应纳税所得额=300+3-2.5+5+4.8+0.3=310.6(万元)

6.4 企业所得税税收筹划

6.4.1 企业所得税纳税人的税收筹划

纳税人的税收筹划主要是通过纳税人之间的合并、分立、集团公司内设立子公司或分公司的选择,以达到规避高税率、享受税收优惠的目的。

企业可以通过分公司与子公司相互转换来实现减轻企业税负的目的。子公司是独立的法人,要承担全面纳税义务;分公司不是独立的法人,只承担有限纳税义务。一般来说,当外地的营业活动处于初始阶段时,母公司可在外地设立一个分支机构(分公司),使外地的开业亏损能在汇总纳税时减少母公司的应纳税款。

【例6-6】假设某集团由总公司和两家子公司甲和乙组成。2008年总公司本部实现利润100万元,子公司甲实现利润10万元,子公司乙亏损15万元,所得税税率为25%。计算该集团的应交企业所得税。

【分析】

公司本部应交所得税：$100 \times 25\% = 25$(万元)

甲子公司应交所得税：$10 \times 25\% = 2.5$(万元)

乙子公司由于当年亏损,该年度无须缴纳所得税。

该集团整体税负：$25 + 2.5 = 27.5$(万元)

如果甲和乙不是子公司,而是分公司,则该集团整体税负为：$(100 + 10 - 15) \times 25\% = 23.75$(万元),低于母子公司的整体税负。

6.4.2 企业所得税计税依据的税收筹划

企业所得税的计税依据是应纳税所得额,而应纳税所得额的大小取决于收入和扣除项目两个因素。在收入筹划过程中,可以通过推迟计税依据实现和设法减少计税依据来进行筹划。

【例6-7】 A公司2011年购买B公司的股票1 000万元,获B公司20%股份。2010年年底B公司报告净收益1 200万元,A公司所得税税率33%,B公司所得税税率15%。采用成本法核算时：B公司年末没有分配利润,则A公司不用补交所得税；等收到股利240万元时,才补交所得税。采用权益法核算时：B公司年末还没有分配利润,则A公司照样要补交所得税。在选择投资和会计核算方法时,必须注意上面的相关会计理论,否则将会面临纳税调整。

在收入总额既定的前提下,扣除项目的筹划空间比较大,可以通过增加准予扣除项目的金额,达到减少应纳税所得额的目的,进而减少应交所得税。例如,推迟获利年度；通过企业的兼并、合并,使成员企业之间的利润和亏损互相抵冲等。另外,还可以考虑选择合理的费用分摊方法、资产租赁方式、筹资方式,达到税收筹划的目的。

不同的费用分摊方式会扩大或缩小企业成本,从而影响企业利润水平,因此企业可以选择有利的方法来进行费用的分摊。

(1) 在盈利年度,应选择能使成本费用尽快得到分摊的分摊方法。其目的是使成本费用的抵税作用尽早发挥,推迟利润的实现,从而推迟所得税的纳税义务时间。例如,在盈利企业,对低值易耗品的价值摊销应选择一次摊销法。

(2) 在亏损年度,分摊方法的选择应充分考虑亏损的税前弥补程度。在其亏损额预计不能或不能全部在未来年度里得到税前弥补的年度,应选择能使成本费用尽可能地摊入亏损能全部得到税前弥补或盈利的年度,从而使成本费用的抵税作用得到最大限度的发挥。

(3) 在享受税收优惠政策的年度,应选择能避免成本费用的抵税作用被优惠政策抵消的分摊方法。例如,在享受免税和正常纳税的交替年度,应选择能使减免税年度摊销额最小和正常纳税年度摊销最大的分摊方法。

6.4.3 企业所得税减免税的税收筹划

在详细了解税法规定的减税免税政策的基础上,应该充分利用税收优惠政策进行税收筹划,以便合法降低整体税负。减免税筹划应注意的问题是必须履行有关程序。对于可以享受免征、减征企业所得税待遇的企业,应当将从事的行业、主要产品名称和确定的经营期等情况报主管税务机关审核,未经审核同意的,不得享受免征、减征企业所得税待遇。

还可以考虑,在低税率地区设立子公司;通过经营行业的选择或兴办高新技术企业等享受低税率。

【例6-8】 某科技公司2011年8月开业,当年每月实现利润为5万元,2012年预计可实现利润200万元。该企业如何进行税收筹划?

【解】 如果选择当年为免税期,则当年不交所得税为 $5\times5\times33\%=8.25$(万元),第二年应交所得税为 $200\times33\%=66$(万元);如果选择第二年为免税期,则可节税 $66-8.25=57.75$(万元)。

注意:如果当年经营期不到半年,可申请当年交税第二年起才免税,但如果企业选择该办法,一旦次年发生亏损,其上一年度已交的企业所得税不给予退还,年度亏损也应计算为免税执行期限,其亏损额只能留在以后年度的纳税所得中给予抵扣。

企业所得税纳税申报模拟

【资料】

某生产型企业2011年度的经营情况如表6-6所示。该企业所得税按季度预缴,年末汇算清缴,所得税税率为25%。

表6-6　2011年度损益类账户资料

损益项目	金额(万元)
主营业务收入	10 000
主营业务成本	7 000
营业税金及附加	80
营业费用	620
管理费用	700
财务费用	700
公允价值变动收益	60
投资收益	100
营业外收入	100
营业外支出	160
利润总额	1 000
所得税费用	150
净利润	850

该企业2011年前3个季度已预缴所得税150万元。经审核,该企业当年会计资料有下列事项需要调整:① 国债利息收入50万元;② 税款滞纳金10万元;③ 交易性金融资产公允价值增加60万元;④ 提取存货跌价准备200万元;⑤ 因售后服务预计费用100万元。

【会计核算】

(1) 按季预缴所得税

借:所得税费用——当期所得税费用　　　　　　　　　　　　　　500 000

贷：应交税费——应交所得税			500 000
借：本年利润		500 000	
贷：所得税费用——当期所得税费用			500 000
借：应交税费——应交所得税		500 000	
贷：银行存款			500 000

（2）纳税调整

应纳税所得额＝1 000－50＋10－60＋200＋100＝1 200（万元）

应纳所得税＝1 200×25％＝300（万元）

本期应交所得税＝300－50×3＝150（万元）

借：所得税费用——当期所得税费用		1 500 000	
贷：应交税费——应交所得税			1 500 000

（3）确定递延所得税费用

假定年初递延所得税资产、递延所得税负债账面余额为0。

提取存货跌价准备200万元、因售后服务预计费用100万元，形成可抵扣暂时性差异300万元；交易性金融资产公允价值增加60万元，形成应纳税暂时性差异。

递延所得税资产＝300×25％－0＝75（万元）；

递延所得税负债＝60×25％－0＝15（万元）；

借：递延所得税资产		750 000	
贷：递延所得税负债			150 000
所得税费用——递延所得税费用			600 000

（4）缴纳税款

借：应交税费——应交所得税		1 500 000	
贷：银行存款			1 500 000

【纳税申报】

根据会计核算结果，该企业填报企业所得税纳税申报表，如表6-7所示（其他附表略）。

表6-7　中华人民共和国企业所得税年度纳税申报表（A类）

税款所属期间：2011年1月1日至2011年12月31日

纳税人名称：××××××

纳税人识别号：

金额单位：元（列至角分）

类别	行次	项目	金额
利润总额计算	1	一、营业收入（填附表一）	100 000 000
	2	减：营业成本（填附表二）	70 000 000
	3	营业税金及附加	800 000
	4	销售费用（填附表二）	6 200 000
	5	管理费用（填附表二）	7 000 000
	6	财务费用（填附表二）	7 000 000

续表

类别	行次	项 目	金 额
	7	资产减值损失	
	8	加：公允价值变动收益	600 000
	9	投资收益	1 000 000
	10	二、营业利润	10 600 000
	11	加：营业外收入（填附表一）	1 000 000
	12	减：营业外支出（填附表二）	1 600 000
	13	三、利润总额(10＋11－12)	10 000 000
应纳税所得额计算	14	加：纳税调整增加额（填附表三）	3 100 000
	15	减：纳税调整减少额（填附表三）	1 100 000
	16	其中：不征税收入	
	17	免税收入	
	18	减计收入	
	19	减、免税项目所得	
	20	加计扣除	
	21	抵扣应纳税所得额	
	22	加：境外应税所得弥补境内亏损	
	23	纳税调整后所得(13＋14－15＋22)	12 000 000
	24	减：弥补以前年度亏损（填附表四）	
	25	应纳税所得额(23－24)	
应纳税额计算	26	税率(25%)	
	27	应纳所得税额(25×26)	3 000 000
	28	减：减免所得税额（填附表五）	
	29	减：抵免所得税额（填附表五）	
	30	应纳税额(27－28－29)	3 000 000
	31	加：境外所得应纳所得税额（填附表六）	
	32	减：境外所得抵免所得税额（填附表六）	
	33	实际应纳所得税额(30＋31－32)	3 000 000
	34	减:本年累计实际已预缴的所得税额	1 500 000
	35	其中：汇总纳税的总机构分摊预缴的税额	
	36	汇总纳税的总机构财政调库预缴的税额	
	37	汇总纳税的总机构所属分支机构分摊的预缴税额	
	38	合并纳税（母子体制）成员企业就地预缴比例	
	39	合并纳税企业就地预缴的所得税额	
	40	本年应补(退)的所得税额(33－34)	1 500 000
附列资料	41	以前年度多缴的所得税额在本年抵减额	
	42	以前年度应缴未缴在本年入库所得税额	

纳税人公章：	代理申报中介机构公章：	主管税务机关受理专用章：
经办人：×××	经办人及执业证件号码：	受理人：
申报日期：2012 年 1 月 15 日	代理申报日期： 年 月 日	受理日期： 年 月 日

第6章 企业所得税

📝 复习思考题

1. 简述居民企业和非居民企业的区别。
2. 简述资产的计税基础、负债的计税基础。
3. 在企业所得税会计核算过程中,什么是永久性差异、什么是暂时性差异?
4. 论述应纳税暂时性差异、可抵扣暂时性差异、递延所得税负债、递延所得税资产之间的关系。
5. 简述企业所得税资产负债表债务法的账务处理程序。
6. 如何进行企业所得税税收筹划?

【业务题】

1. A企业于2003年12月购入一套生产设备,当月安装调试完毕,投入使用,原始价值800万元。该企业采用平均年限法分4年计提折旧,预计净残值率为0。然而,按照现行税法的规定,该套设备的平均折旧年限应该为8年。假设A企业从2004年至2011年每年实现的会计利润都是1 000万元,2004年、2005年所得税税率为33%,从2006年年初开始企业所得税税率调整为30%,2011年企业所得税税率调整为25%,所得税年末一次缴纳。分析计算各年该企业应交纳的所得税税额,并用资产负债表债务法进行会计核算。

2. 某国有企业2011年度有关资料如下,计算该企业应纳的企业所得税。
   (1) 实现利润总额1 000万元。
   (2) 前年尚有未弥补的亏损15万元。
   (3) 因违法经营,支付罚款3万元。
   (4) 国库券利息收入8万元。
   (5) 该企业通过民政部门向地震灾区捐款40万元,在营业外支出中列支;该企业为解决职工子女上学问题,直接向某小学捐款50万元,在营业外支出中列支。
   (6) 本年销售总额2 000万元,计入管理费用的业务招待费为15万元。

第7章 个人所得税

- ◎ 掌握个人所得税的税收实体法要素
- ◎ 能够准确计算个人所得税应纳税额,并进行相应的会计核算
- ◎ 能够填写完成个人所得税的纳税申报材料
- ◎ 了解个人所得税税收筹划的基本思路

7.1 个人所得税概述

7.1.1 个人所得税的概念及特点

1. 个人所得税的概念

个人所得税是对个人(自然人)取得的应税所得课征的一种税。个人所得税有利于我国增加财政收入、完善税收体系、调节社会贫富差距,它也是世界各国普遍开征的一个税种。

2. 个人所得税的特点

(1) 实行分类征收

国际上个人所得税的征收,一般有三种模式:分类征收制、综合征收制和混合征收制。这三种税制各有所长,各国可根据本国的具体情况选择运用。我国现行个人所得税的征收实行的是分类征收制,列举了11个应税所得项目,分别适用不同的费用扣除规定、税率和计税方法。

(2) 采用比例税率和超额累进税率两种计算方法

我国根据各类个人所得的不同性质和特点,将上述两种形式的税率综合运用于个人所得税制。其中,工资、薪金所得采用七级超额累进税率计算征税;个体工商户的生产、经营所得和对企事业单位的承包经营、承租经营所得采用五级超额累进税率计算征税;对其他所得实行20%比例税率征税。

(3) 计税方式多样性

针对各项所得核算的不同特点规定,工资、薪金所得按月计税;个体工商户的生产、经营

所得和对企事业单位的承包经营、承租经营所得按年计税,分月预缴;其他各项所得均采用按次计税的方法。

(4) 鲜明的奖限政策

为加强对某些过高收入的调节力度,税法增加了"对劳务报酬所得一次收入畸高的,可以实行加成征收"的规定。同时,为鼓励专家学者著书立说,提高全民族的知识水平和文化素质,税法规定对稿酬所得一律减征30%的个人所得税。

(5) 以个人为计税单位

个人所得税在计税时以取得收入的个人为计算单位计算所得税,而不考虑取得收入的个人家庭人口等情况。这也是近期被广泛关注的问题,有待进一步讨论。

(6) 计算简便

我国现行个人所得税的适用税率和费用扣除方法都比较简明,便于计算。征收方法基本上实行由支付单位扣缴的源泉征收和个人自行申报纳税两种。这既方便纳税人,也利于税务机关征收管理。

7.1.2 个人所得税的征收范围、纳税义务人及扣缴义务人

1. 个人所得税的征收范围

根据《中华人民共和国个人所得税法》(以下简称《个人所得税法》)第一条规定:在中国境内有住所,或者无住所而在境内居住满一年的个人,从中国境内、境外取得的所得,依照规定缴纳个人所得税;在中国境内无住所又不居住或者无住所而在境内居住不满一年的个人,从中国境内取得的所得,依照规定缴纳个人所得税。

2. 个人所得税的纳税义务人

个人所得税的纳税人包括中国公民、个体工商户、外籍个人,以及香港、澳门、台湾地区的同胞等。依据住所和居住时间两个标准,个人所得税的纳税人分为居民纳税人和非居民纳税人两类,分别承担不同的纳税义务。

(1) 居民纳税人

居民纳税人是指在中国境内有住所或者无住所而在境内居住满一年的个人。居民纳税人负无限的纳税义务,即其就来源于全球的应税所得,向中国缴纳个人所得税。

(2) 非居民纳税人

非居民纳税人是指在中国境内无住所又不居住,或者无住所而在境内居住不满一年的个人。非居民纳税人负有限的纳税义务,即只就其从中国境内取得的所得在中国缴纳个人所得税。

住所和居住时间标准是两个并列标准。个人主要符合或达到其中任何一个标准即成为居民纳税人,两个标准都不符合的即为个人所得税的非居民纳税人。"住所"是税法的特定概念,它不是说居住的场所或居住的地方,是因户籍、家庭、经济利益关系而在中国境内习惯性居住。所谓"习惯性居住",不是指实际居住,也不是指在某一特定时期内的居住地,而是判断税收意义上居民与非居民的法律概念。"居住满一年",是指在一个纳税年度中在中国

境内住满365日的纳税人,临时离境的不扣减日数。所说的"临时离境"是指在一个纳税年度中一次不超过30日或者多次累计不超过90日的离境。

对于所得是否来源于中国境内,并不以款项的支付地为认定标准,也不以取得者是否居住在中国境内为认定标准,而是以受雇活动的所在地、提供个人劳务的所在地、财产坐落地以及资金、产权的实际运用地等标准来确定。

3. 个人所得税的扣缴义务人

《个人所得税法》规定,个人所得税以所得人为纳税义务人,以支付所得的单位或者个人为扣缴义务人。因而,个人所得税实行以代扣代缴为主,以自行申报纳税为辅的征收管理方式。

(1) 扣缴义务人及其法定义务

凡向个人支付应纳税所得的单位或者个人为个人所得税的扣缴义务人。具体包括向个人支付应纳税所得的企业(公司)、事业单位、机关、社会团体、军队、驻华机构(不包括外国驻华使领馆和联合国及其他依法享有外交特权和豁免的国际组织驻华机构)、个体工商户等单位或者个人。

按照税法规定,代扣代缴个人所得税是扣缴义务人的法定义务。纳税义务人的11个应税所得项目中,除个体工商户的生产、经营所得之外,均属代扣代缴范围。

扣缴义务人在向个人支付应纳税所得(包括现金、实物、有价证券)时,无论纳税人是否属于本单位人员,均应依法代扣代缴其应纳的个人所得税税款。扣缴义务人在代扣税款的次月内,向主管税务机关报送其支付所得个人的基本信息、支付所得数额、扣缴税款的具体数额和总额以及其他相关涉税信息。

(2) 扣缴义务人的职责与法律责任

① 扣缴义务人应设立代扣代缴税款账簿,正确反映个人所得税的扣缴情况,并如实填写扣缴个人所得税报告表及其他有关资料。

② 扣缴义务人每月所扣的税款,应当在次月7日内缴入国库,并向主管税务机关报送扣缴个人所得税报告表、代扣代收税款凭证、支付个人收入明细表以及税务机关要求报送的其他有关资料。

③ 扣缴义务人依法履行代扣代缴税款义务时,纳税人不得拒绝。纳税人拒绝的,扣缴义务人应及时报告税务机关处理,并暂停支付其应纳税所得。否则,纳税人应缴纳的税款由扣缴义务人负担。

④ 扣缴义务人应扣未扣,应收未收税款的,由扣缴义务人缴纳应扣未扣、应收未收的税款以及相应的滞纳金或罚款。

⑤ 扣缴义务人的法人代表(或单位主要负责人),财会部门的负责人及具体办理代扣代缴税款的有关人员,共同对依法履行代扣代缴义务负法律责任。

⑥ 扣缴义务人在规定期限内不缴或者少缴应解缴的税款,经税务机关责令限期缴纳,逾期仍未缴纳的,税务机关除依法采取强制执行措施,追缴其不缴或者少缴的税款外,可处以不缴或者少缴的税款5倍以下的罚款。

7.1.3 个人所得税的征收对象及税目

个人所得税的征税对象是个人取得的应税所得。《个人所得税法》列举征税的个人所得共有 11 个项目。

1. 工资、薪金所得

工资、薪金所得是指个人因任职或者受雇而取得的工资、薪金、奖金、年终加薪、劳动分红、津贴、补贴以及与任职或者受雇有关的其他所得。

工薪所得不包括：① 独生子女补贴；② 执行公务员工资制度未纳入基本工资总额的补贴、津贴差额和家属成员的副食品补贴；③ 托儿补助费；④ 差旅费津贴、误餐补助；⑤ 按照省级以上规定比例提取并缴付的住房公积金、医疗保险金、基本养老保险金和失业保险金等。其中，误餐补助是指按照财政部规定，个人因公在城区、郊区工作，不能在工作单位或返回就餐的，根据实际误餐顿数，按规定的标准领取的误餐费。单位以误餐补助名义发给职工的补helping、津贴不能包括在内。

出租汽车经营单位对出租汽车驾驶员采取单车承包或承租方式运营，出租车驾驶员从事客货营运取得的收入，按工薪所得征税。

自 2001 年 11 月 9 日起，公司职工取得的用于购买企业国有股权的劳动分红，按工薪所得项目计征个人所得税。

自 2004 年 1 月 20 日起，对商品营销活动中，企业和单位对营销业绩突出的雇员以培训班、研讨会、工作考察等名义组织旅游活动，通过免收差旅费、旅游费对个人实行奖励(包括实物、有价证券等)，应将发生费用全额并入营销人员当期工薪所得征税，并由提供上述费用的单位代扣代缴。

2. 个体工商户的生产、经营所得

个体工商户的生产、经营所得包括：① 个体工商户从事工业、手工业、建筑业、交通运输业、商业、饮食业、服务业、修理业以及其他行业生产、经营取得的所得；② 个人经过政府有关部门批准，取得执照，从事办学、医疗、咨询等有偿服务活动取得的所得；③ 个体工商户和个人取得的与生产、经营有关的各项应税所得；④ 个人从事彩票代销业务取得的所得；⑤ 从事个体出租车运营的、出租车属个人所有但挂靠单位的或出租车经营单位将出租车所有权转移给驾驶员的，驾驶员从事客运运营取得的所得；⑥ 其他个人从事个体工商业生产经营取得的所得。

个体户和个人取得的与生产经营无关的其他各项应税所得，应分别按照其他项目征税。如对外投资取得的股息所得，应按"利息、股息、红利所得"税目的规定单独计征个人所得税。

依照《中华人民共和国个人独资企业法》和《中华人民共和国合伙企业法》登记成立的个人独资企业、合伙企业的投资者、依照《中华人民共和国私营企业暂行条例》登记成立的独资、合伙性质的私营企业的投资者、依照《中华人民共和国律师法》登记成立的合伙制律师事务所的投资者、经政府有关部门依照法律法规批准成立的负无限责任和无限连带责任的其他个人独资、个人合伙性质的机构或组织的投资者，所取得的生产经营所得参照个体工商户的生产经营所得项目征税。个人独资企业、合伙企业的个人投资者，以企业资本为本人、家庭成员及其他相关人员支付与企业生产经营无关的消费性支出及购买汽车、住房等财产支出，视为企业对个人投资者的利润分配，并入所得并按个体工商户征税。

3. 对企事业单位的承包经营、承租经营所得

对企事业单位的承包经营、承租经营所得是指个人承包经营、承租经营以及转包、转租取得的所得，还包括个人按月或者按次取得的工资、薪金性质的所得。

个人对企事业单位的承包、承租经营形式较多，分配方式也不尽相同。大体上可以分为两类。

（1）个人对企事业单位承包、承租经营后，工商登记改变为个体工商户的，其承包、承租经营所得，实际上属于个体工商业户的生产、经营所得，应按个体工商户的生产、经营所得项目征收个人所得税，不再征收企业所得税。

（2）个人对企事业单位承包、承租经营后，工商登记仍为企业的，不论其分配方式如何，均应先按照企业所得税的有关规定缴纳企业所得税；然后根据承包、承租经营者按合同（协议）规定取得的所得，依照个人所得税法的有关规定缴纳个人所得税。具体内容如下。

① 承包、承租人对企业经营成果不拥有所有权，仅按合同（协议）规定取得一定所得的，应按工资、薪金所得项目征收个人所得税。

② 承包、承租人按合同（协议）规定只向发包方、出租人缴纳一定的费用，缴纳承包、承租费后的企业经营成果归承包、承租人所有的，其取得的所得，按企事业单位承包经营、承租经营所得项目征收个人所得税。

外商投资企业采取发包、出租经营，且经营人为个人的，对经营人从外商投资企业分享的收益或取得的所得，按个人对企事业单位的承包经营、承租经营所得征税。

4. 劳务报酬所得

劳务报酬所得是指个人独立从事各种非雇佣的劳务所取得的所得，包括从事设计、装潢、安装、制图、化验、测试、医疗、法律、会计、咨询、讲学、新闻、广播、翻译、审稿、书画、雕刻、影视、录音、录像、演出、表演、广告、展览、技术服务、介绍服务、经纪服务、代办服务和其他劳务报酬的所得。

劳务报酬所得还包括个人担任董事、监事职务且不在公司任职、受雇，所取得的董事费收入。

自 2004 年 1 月 20 日起，企业通过免收差旅费、旅游费对非雇员实行营销业绩奖励，应将发生费用全额按劳务报酬所得征税，并由提供上述费用的单位代扣代缴。

自 2006 年 6 月 1 日起，对保险营销员佣金中的展业成本，免征个人所得税；佣金中的劳务报酬部分，扣除实际缴纳的营业税金及附加后，依照税法有关规定计算征收个人所得税。根据目前保险营销员展业的实际情况，佣金中展业成本的比例暂定为保费收入的 40%。

注意，是否存在雇佣与被雇佣关系，是判断一种收入是属于劳务报酬所得，还是属于工资、薪金所得的重要标准。前者不存在雇佣关系，而后者是个人从事非独立劳务活动，与所在单位存在雇佣关系。

个人兼职取得的收入按劳务报酬所得征税,退休人员再任职取得的收入则按工资、薪金所得征税。

5. 稿酬所得

稿酬所得是指个人因其作品以图书、报刊形式出版、发表而取得的所得。这里所说的作品,包括文学作品、书画作品、摄影作品,以及其他作品。作者去世后,财产继承人取得的遗作稿酬,也应征收个人所得税。

6. 特许权使用费所得

特许权使用费所得是指个人提供专利权、商标权、著作权、非专利技术以及其他特许权的使用权取得的所得。特许权主要涉及以下 4 种权利。

(1) 专利权是指由国家专利主管机关依法授予专利申请人在一定时期内对某项发明创造享有的专有利用的权力,它是工业产权的一部分,具有专有性(独占性)、地域性、时间性。

(2) 商标权是指商标注册人依法律规定而取得的对其注册商标在核定商品上使用的独占使用权。商标权也是一种工业产权,可以依法取得、转让、许可使用、继承、丧失、请求排除侵害等。

(3) 著作权,即版权,是指作者对其创作的文学、科学和艺术作品依法享有的某些特殊权力。著作权是公民的一项民事权利,既具有民法中的人身权性质,也具有民法中的财产权性质,主要包括发表权、署名权、修改权、保护权、使用权和获得报酬权。

作者将自己的文学作品手稿原件或复印件公开拍卖取得的所得,应按特许权使用费所得项目计征个人所得税。个人拍卖除文字作品原稿及复印件外的其他财产,按财产转让所得征税。

(4) 非专利技术,即专利技术以外的专有技术。这类技术大多尚处于保密状态,仅为特定人知晓并占有。

7. 利息、股息、红利所得

利息、股息、红利所得是指个人拥有债权、股权而取得的利息、股息、红利所得。其中,利息一般是指存款、贷款和债券的利息。股息、红利是指个人拥有股权取得的公司、企业分红。按照一定的比率派发的每股息金,称为股息;根据公司、企业应分配的、超过股息部分的利润,按股派发的红股,称为红利。

除个人独资企业、合伙企业以外的其他企业的个人投资者,以企业资本为本人、家庭成员及其他相关人员支付与企业生产经营无关的消费性支出及购买汽车、住房等财产支出,视为企业对个人投资者的红利分配,按利息、股息、红利项目征税。企业的上述支出不允许在企业所得税前扣除。

年度内个人投资者从其投资的企业(独资、合伙企业除外)借款,年终既不归还又未用于生产经营的,视为对个人投资者的红利分配,按利息、股息、红利项目征税。

8. 财产租赁所得

财产租赁所得是指个人出租建筑物、土地使用权、机器设备、车船以及其他财产取得的所得。

在确定纳税义务人时,应以产权凭证为依据;对无产权凭证的,由主管税务机关根据实际情况确定;产权所有人死亡,在未办理产权继承手续期间,该财产出租而有租金收入的,以领取租金的个人为纳税义务人。

个人取得的财产转租收入,属于"财产租赁所得"的征税范围。

9. 财产转让所得

财产转让所得是指个人转让有价证券、股权、建筑物、土地使用权、机器设备、车船以及其他财产取得的所得。个人将书画作品、古玩等公开拍卖取得的收入,也按财产转让所得征税,但对股票转让所得暂不征税。自2010年10月1日起,对出售自有住房并在1年内重新购房的纳税人不再减免个人所得税。对个人转让自用5年以上,并且是家庭唯一生活用房取得的所得,免征个人所得税。

10. 偶然所得

偶然所得是指个人得奖、中奖、中彩以及其他偶然性质的所得。其中"得奖"是指参加各种有奖竞赛活动,取得名次获得的奖金;"中奖、中彩"是指参加各种有奖活动,如有奖销售、有奖储蓄或购买彩票,经过规定程序,抽中、摇中号码而取得的奖金。

企业对累积消费达到一定额度的顾客,给与额外抽奖机会,个人的获奖所得,按照"偶然所得"项目,全额适用20%的税率缴纳个人所得税。

11. 其他所得

除了10项个人应税所得外,对于今后可能出现的需要征税的新项目,以及个人取得的难以界定应税项目的个人所得,由国务院财政部门确定征收个人所得税。

目前列入"其他所得"项目征税的主要有:个人从银行和其他金融机构取得的超过中国人民银行规定的存款利率和保值贴补率计算的利息,而不论其以何种名义取得;个人因任职单位缴纳有关保险费用而取得的无赔款优待收入,但个人自己缴纳有关商业保险费(不包括保费全部返还个人的)而取得的无赔款优待除外;股民个人从证券公司取得的回扣或者交易手续费返还收入。

个人取得的应纳税所得,包括现金、实物和有价证券。所得为实物的,应当按照取得的凭证上所注明的价格计算应纳税所得额;无凭证的实物或者凭证上所注明的价格明显偏低的,由主管税务机关参照当地市场价格核定应纳税所得额。所得为有价证券的,由主管税务机关根据票面价格和市场价格核定应纳税所得额。

7.1.4 个人所得税的税率

个人所得税针对不同所得项目采用不同税率(详见7.2节)。

对于工资、薪金所得根据应纳税所得额,分别适用3%～45%的七级超额累进税率。

对于个体工商户的生产、经营所得,对企事业单位的承包经营、承租经营所得,个人独资企业和合伙企业的生产经营所得,根据年应纳税所得额,分别适用5%～35%的五级超额累进税率。

对企事业单位承包经营、承租经营所得,如果承包方仅需上缴一定的承包费用,剩下的所得由承包人所有,按对企事业单位承包经营、承租经营所得,适用五级超额累进税率计算缴纳个人所得税;如果经营所得要全部上缴,承包方只取得固定的承包收入,按工资、薪金所得,计算缴纳个人所得税。

除工资、薪金所得和个体工商户的生产、经营所得及对企事业单位承包经营、承租经营所得以外,其他8个项目所得均以"次"计算应纳税额,并适用20%的比例税率。但具体运用时,有些项目要加征,有些项目要减征。对储蓄存款利息,自2008年10月9日(含)起,暂免征收储蓄存款利息个人所得税。

7.1.5　个人所得税的税收优惠

1. 免税规定

税法规定,下列所得免征个人所得税。

(1) 省级人民政府、国务院部委和中国人民解放军军以上单位,以及外国组织、国际组织颁发的科学、教育、技术、文化、卫生、体育、环境保护等方面的奖金。

(2) 国债和国家发行的金融债券利息。国债利息是指个人持有中华人民共和国财政部发行的债券而取得的利息;国家发行的金融债券利息是指个人持有经国务院批准发行的金融债券而取得的利息所得。

(3) 企业和个人按照省级以上政府规定的比例提取并缴付的4项基金(住房公积金、医疗保险金、基本养老保险金、失业保险金),不计入个人当期的工薪收入,免征个人所得税;超过规定比例缴付的部分,计征个人所得税。个人领取原提存的住房公积金、医疗保险金、基本养老保险金时,免征个人所得税。

(4) 按照国家统一规定发给的补贴、津贴。这是指按照国务院规定发给的政府特殊津贴和国务院规定免纳个人所得税的补贴、津贴。

(5) 按照国家统一规定发给干部、职工的安家费、退职费、退休工资、离休工资、离休生活补助费。

(6) 福利费、抚恤金、救济金。福利费是指根据国家有关规定,从企业、事业单位、国家机关、社会团体提留的福利费或者工会经费中支付给个人生活补助费;救济金是指国家民政部门支付给个人的生活困难补助费。

(7) 保险赔款。

(8) 发给见义勇为者的奖金、奖品。

(9) 个人取得的教育储蓄存款利息所得以及国务院财政部门确定的其他专项存款或者储蓄性专项基金存款的利息所得。

(10) 储蓄机构内从事代扣代缴工作的办税人员取得的扣缴利息税手续费所得。

(11) 军人的转业费、复员费。

(12) 依照我国有关法律规定应予免税的各国驻华使馆、领事馆的外交代表、领事官员和其他人员的所得。这主要是指上述人员依照《中华人民共和国领事特权与豁免条例》和《中华人民共和国领事特权与豁免权》规定免税的所得。

(13) 中国政府参加的国际公约、签订的协议中规定免税的所得。

(14) 经国务院财政部门批准免税的所得。

2. 减税规定

税法规定,有下列情形之一的,经批准可以减征个人所得税,减征的幅度和期限由省、自治区、直辖市人民政府确定。

(1) 残疾、孤老人员和烈属的所得。

(2) 因严重自然灾害造成重大损失的。

(3) 其他经国务院财政部门批准减税的。

另外,税法还规定,对稿酬所得按应纳税额减征30%。

3. 暂免征税项目

(1) 外籍个人以非现金形式或实报实销形式取得的住房补贴、伙食补贴、搬迁费、洗礼费。

(2) 外籍个人按合理标准取得的境内、境外出差补贴。

(3) 外籍个人取得的探亲费、语言训练费、子女教育费等,经当地税务机关审核批准为合理的部分。

(4) 外籍个人从外商投资企业取得的股息、红利所得。

(5) 凡符合下列条件之一的外籍专家取得的工资、薪金所得,可免征个人所得税:① 根据世界银行专项贷款协议由世界银行直接派往我国工作的外国专家;② 联合国组织直接派往我国工作的专家;③ 为联合国援助项目来华工作的专家;④ 援助国派往我国专为该国无偿援助项目工作的专家;⑤ 根据两国政府签订的文化交流项目来华工作两年以内的文教专家,其工资、薪金所得由该国负担的;⑥ 根据我国大专院校国际交流项目来华工作两年以内的文教专家,其工资、薪金所得由该国负担的;⑦ 通过民间科研协定来华工作的专家,其工资、薪金所得由该国政府机构负担的。

(6) 个人举报、协查各种违法、犯罪行为而获得的奖金。

(7) 个人办理代扣代缴手续,按规定取得的扣缴手续费。

(8) 对个人购买社会福利有奖募捐奖一次中奖收入不超过1万元的,暂免征收个人所得税,超过1万元的,按金额征税。

(9) 达到离休、退休年龄,但确因工作需要,适当延长离休、退休年龄的高级专家(指享受国家发放的政府特殊津贴的专家、学者),其在延长离休、退休期间的工资、薪金所得,视同离休、退休工资免征个人所得税。

(10) 对国有企业职工,因企业依照《中华人民共和国企业破产法(试行)》宣告破产,从破产企业取得的一次性安置费收入,免予征收个人所得税。

(11) 国有企业职工与企业解除劳动合同取得的一次性补偿收入,在当地上年企业职工年平均工资的3倍数额内,可免征个人所得税。

(12) 具备《失业保险条例》规定条件的失业人员,领取的失业保险金,免予征收个人所得税。

(13) 下岗职工从事社区居民服务业,对其取得的经营所得和劳务报酬所得,从事个人经营的自其领取税务登记证之日起,从事独立劳务服务的自其持下岗证明在当地主管税务机关备案之日起,3年内免征个人所得税。但第一年免税期满后由县以上主管税务机关就免税主体及范围按规定逐年审核,符合条件的,可继续免征1年至2年。社区居民服务业的界定及免税范围:① 家庭清洁卫生服务;② 初级卫生保健服务;③ 婴幼儿看护和教育服务;④ 残疾儿童教育训练和寄托服务;⑤ 养老服务;⑥ 病人看护和幼儿、学生接送服务(不包括出租车接送);⑦ 避孕节育咨询;⑧ 优生优育优教咨询。

(14) 关于中国科学院院士津贴免征个人所得税的规定:经国务院批准,对中国科学院院士的院士津贴,按每人每月200元发给,并免征个人所得税。关于两院"资深院士津贴"免税的规定:对中国科学院、中国工程院发给资深院士每人每年1万元的资深院士津贴免征个人所得税。

(15) 关于股份制企业用资本公积金转增股本征免税问题:股份制企业用资本公积金转增股本不属于股息、红利性质的分配,对个人取得的转增股本数额,不作为个人所得,不征收个人所得税。"资本公积金"是指股份制企业股票溢价发行收入所形成的资本公积金。将此转增股本由个人取得的数额,不作为应税所得征收个人所得税。而与此不相符合的其他资本公积金分配个人所得部分,应当依法征收个人所得税。

(16) 奥运会获奖收入免税。对参赛运动员因奥运会比赛获得的奖金和其他奖赏收入,按现行有关规定免征个人所得税。

(17) 个人将其所得向教育事业和其他公益事业捐赠,在缴纳个人所得税时,可以按照国务院有关规定从应纳税所得额中扣除。但准予扣除的部分必须符合下列条件:① 必须是向在中国境内的教育和其他公益事业以及遭受自然灾害地区、贫困地区的捐赠;② 必须通过中国境内非营利的社会团体、国家机关等组织进行,不得直接捐赠;③ 除特殊规定外,捐赠金额不超过个人所得税应纳税所得额的30%。

另外,对符合下列捐赠方式(通过非营利性的社会团体和国家机关)的个人捐赠,可以在缴纳个人所得税前全额扣除:向福利性、非营利的老年服务机构、教育事业的捐赠;向红十字事业的捐赠;向公益性青少年活动场所的捐赠;向中华健康快车基金会、中华慈善总会、中国法律援助基金会、中华见义勇为基金会、宋庆龄基金会、中国福利会、中国残疾人福利基金会、中国扶贫基金会、中国煤矿尘肺病治疗基金会、中华环境保护基金会用于公益性、救济性的捐赠。

4. 境外所得的税额扣除

基于国家之间对同一所得避免双重征税的原则,我国在对纳税人的境外所得行使税收管辖权时,对该所得在境外已纳的税额,采取分不同情况予以扣除的做法。

税法规定,纳税人从中国境外取得的所得,准予其在应纳税额中扣除已在境外缴纳的个人所得税税额,但扣除额不得超过"该纳税义务人境外所得依照我国个人所税法规定计算的应纳税额"。这里所说的"已在境外缴纳的个人所得税税额",是指纳税人从中国境外取得的所得,依照该所得来源国家或地区的法律应当缴纳并且实际已经缴纳的税款。这里所说的"境外所得依照我国个人所得税法规定计算的应纳税额",是指纳税人从中国境外取得的所得,区别不同国家或者地区和不同应税项目,依照我国税法规定的费用减除标准和适用税率计算的应纳税额之和为该国家或者地区的扣除限额。

纳税人在中国境外一个国家或地区实际已经缴纳的个人所得税税额,低于依照上述规定计算出的该国家或地区扣除限额的,应当在中国缴纳差额部分的税款;超过该国家或地区扣除限额的,其超过部分不得在本纳税年度的应纳税额中扣除,但是可以在以后纳税年度的该国家或地区扣除限额的余额中补扣,补扣期限最长不得超过5年。

5. 对部分在境内无住所纳税人的照顾

(1) 境内无住所,1年中在境内连续或累计居住不超过90日(高管人员适用183日)的,境内支付或境外支付而由境内负担的所得,向中国税务机关纳税;境外支付且非境内负担的所得,不向中国税务机关纳税。

(2) 境内无住所,1年中在境内连续或累计居住超过90日(高管人员适用183日),但不满1年的,境内工作期间的所得,无论境内支付和境外支付,均向中国税务机关纳税;境外工作期间,除董事、高管人员以外,不向中国税务机关纳税。

(3) 境内无住所,境内居住满1年而不超过5年的,境内工作期间,境内支付和境外支付的所得,均向中国税务机关纳税。境外工作期间,境内支付的所得,向中国税务机关纳税;境外支付的所得,不向中国税务机关纳税。

注意,《个人所得税法》列举征税的个人所得共有11个项目,涉及的具体税收优惠比较多,要适时关注最新的国家、地方有关政策、办法的变化。

7.2 个人所得税应纳税额的计算与申报

个人所得税应纳税额的计算,采取分项确定、分类扣除,根据其所得的不同情况分别实行定额、定率和会计核算三种扣除方法。每项个人收入的扣除范围、扣除标准和适用税率不尽相同,不同的所得项目在计税方法上是不同的。

7.2.1 工资、薪金所得应纳个人所得税的计算

1. 一般工资、薪金个人所得税的计算

(1) 工资、薪金所得按月计征,其应纳税所得额为月应纳税所得额。每月在工薪收入的基础上,减去按省级规定标准缴纳的住房公积金、基本养老保险金、基本医疗保险金、失业保险金等免税项目,即应税收入。

(2) 在应税收入的基础上,每月固定减除3 500元,得到应纳税所得额,即:

应纳税所得额=月应税收入-费用扣除标准

注意,①在中国境内无住所而在中国境内取得工薪所得的外籍人员和在中国境内有住所而在中国境外取得工薪所得的中国公民,每月扣除3 500元后,还可以附加减除费用1 300元,得到应纳税所得额,即:

应纳税所得额=月应税收入-费用扣除标准-附加减除费用1 300元

② 华侨和香港、澳门、台湾同胞适用外籍人员的费用扣除标准。

(3) 根据应纳税所得额,查3%～45%的七级超额累进税率表(表7-1),找出适用税率和速算扣除数,代入公式计算,即:

工薪所得应纳个人所得税＝应纳税所得额×适用税率－速算扣除数

或 工薪所得应纳个人所得税＝(每月收入额－3 500元或4 800元)×适用税率－速算扣除数

表7-1 工资、薪金所得适用税率表

级数	全月应纳税所得额(含税)	全月应纳税所得额(不含税)	税率/%	速算扣除数
1	不超过1 500元的部分	不超过1455元的部分	3	0
2	超过1 500～4 500元的部分	超过1 455～4 155元的部分	10	105
3	超过4 500～9 000元的部分	超过4 155～7 755元的部分	20	555
4	超过9 000～35 000元的部分	超过7 755～27 255元的部分	25	1 005
5	超过35 000～55 000元的部分	超过27 255～41 255元的部分	30	2 755
6	超过55 000～80 000元的部分	超过41 255～57 505元的部分	35	5 505
7	超过80 000元的部分	超过57 505元的部分	45	13 505

注:该税率表自2011年9月1日起执行。

【例7-1】 中国公民赵某2012年6月取得工资收入8 000元,赵某6月份应纳个人所得税是多少?

【解】 应纳税所得额＝8 000－3 500＝4 500(元)

应纳个人所得税＝4 500×10%－105＝345(元)

【例7-2】 2012年5月某外商投资企业工作的外籍管理人员取得薪金收入14800元,计算其应纳的个人所得税是多少?

【解】 应纳税所得额＝14 800－4 800＝10 000(元)

应纳个人所得税＝10 000×25%－1 005＝1 495(元)

2. 雇主为雇员负担个人所得税的计算

在实际工作中,有的雇主(单位或个人)常常为纳税人负担税款,即支付给纳税人的工薪为税后所得。则雇主代为缴纳的个人所得税的计算公式为:

应纳税所得额＝(不含税收入额－费用扣除标准－速算扣除数)÷(1－税率)

应纳个人所得税＝应纳税所得额×适用税率－速算扣除数

3. 个人取得全年一次性奖金或年终加薪应纳个人所得税的计算

全年一次性奖金是指行政机关、企事业单位等扣缴义务人根据其全年经济效益和对雇员全年工作业绩的综合考核情况,向雇员发放的一次性奖金。一次性奖金包括年终加薪、实行年薪制和绩效工资办法的单位根据考核情况兑现的年薪和绩效工资。

纳税人取得全年一次性奖金(以下简称年终奖),单独作为1个月工薪所得计算纳税,自2005年1月1日起,按以下办法由扣缴义务人发放时代扣代缴。

(1)个人取得全年一次性奖金且获取奖金当月个人的工资、薪金所得高于(或等于)税法规定的费用扣除额的,用全年一次性奖金总额除以12个月,按其商数对照工资、薪金所得项目税率表,确定适用税率和速算扣除数。

应纳税所得额＝个人当月取得的全年一次性奖金

年终奖应纳个人所得税＝应纳税所得额×适用税率－速算扣除数

(2) 个人取得全年一次性奖金且获取奖金当月个人的工资、薪金所得低于税法规定的费用扣除额的,用全年一次性奖金减去"个人当月工资、薪金所得与费用扣除额的差额"后的余额除以12个月,按其商数对照工资、薪金所得项目税率表,确定适用税率和速算扣除数。

应纳税所得额＝个人当月取得全年一次性奖金－(费用扣除额－个人当月工资、薪金所得)

年终奖应纳个人所得税 ＝(年终奖－当月工薪与费用扣除额的差额)×适用税率－扣除数。

注意,上述计算纳税方法是一种优惠办法,在一个纳税年度内,对每一个人,只允许采用一次。对于全年考核,分次发放奖金的,该办法也只能采用一次。

【例7-3】 赵先生2011年12月获得年终奖为19 000元,当月取得工资收入5 000元,本月应纳个人所得税是多少?

【解】 一次性奖金为19 000元且当月工资高于3 500元,19 000元年终奖平均到各月约为1 583元,对应的税率和速算扣除数分别为10％、105元。

当月工资应纳个人所得税额＝(5 000－3 500)×3％＝45(元)

一次性奖金应纳个人所得税额＝19 000×10％－105＝1 795(元)

本月共须缴纳个人所得税额＝45＋1 795＝1 840(元)

若赵先生2011年12月工资为2000元,其他资料不变,则:

一次性奖金为19000元且当月工资低于3500元,则[19 000－(3500－2000)]÷12＝1 458(元),对应的税率和速算扣除数分别为3％、0元。

一次性奖金应纳个人所得税额＝[19 000－(3 500－2 000)]×3％＝525(元)

本月共须缴纳个人所得税额＝0＋525＝525(元)

4. 双薪的计税方法

年终双薪就是多发一个月的工资,就机关而言,相当于全年一次性奖金,应按全年一次性奖金政策规定计算个人所得税;就企业而言,如果当月既有年终双薪,又有全年一次性奖金,可合并按全年一次性奖金政策规定计算个人所得税,否则,应并入当月的工资按规定计算个人所得税。

5. 提前退休人员个人所得税的计算

2011年1月1日起,对个人提前退休取得一次性补贴收入征收个人所得税,处理如下:

(1) 机关、企事业单位对未达到法定退休年龄、正式办理提前退休手续的个人,按照统一标准向提前退休工作人员支付一次性补贴,不属于免税的离退休工资收入,应按照"工资、薪金所得"项目征收个人所得税。

(2) 个人因办理提前退休手续而取得的一次性补贴收入,应按照办理提前退休手续至法定退休年龄之间所属月份平均分摊计算个人所得税。计税公式:

应纳个人所得税＝{[(一次性补贴收入÷办理提前退休手续至法定退休年龄的实际月

份数)－费用扣除标准]×适用税率－速算扣除数}×提前办理退休手续至法定退休年龄的实际月份数

(3) 个人在办理提前退休手续后至法定退休年龄之间重新就业取得的工薪,应与其从原任职单位取得的同一月份的工薪合并,依法自行向主管税务机关申报缴纳个人所得税。

【例 7-4】 2012 年 1 月份,某单位职工老孙办理了退休手续,并领取一次性收入 100 000 元,退休工资 2 000 元(其至法定离退休年龄还有 2 年零 1 个月)。计算老孙该月应纳个人所得税?

【解】 老孙取得的一次性收入,应按"工资、薪金所得"项目计征个人所得税。

确定适用税率:100 000÷25+2 000－3 500＝2 500(元),故其适用税率应为 10%,速算扣除数为 105 元。

当月应纳个人所得税＝(100 000+2 000－3 500)×10%－105＝9 745(元)。

7.2.2 个体工商户的生产、经营所得应纳个人所得税的计算

1. 账证健全的个体工商户实行查账计算征收个人所得税

采用查账征收的,应纳个人所得税的计算公式如下。

$$应纳税所得额＝收入总额－允许扣除项目金额－规定的费用减除标准$$
$$允许扣除项目金额＝成本＋费用＋损失＋准予扣除的税金$$
$$应纳个人所得税＝应纳税所得额×适用税率－速算扣除数$$

其中,收入总额是指个体工商户从事生产经营以及与生产经营有关的活动所取得的各项收入,包括商品(产品)销售收入、营运收入、劳务服务收入、工程价款收入、财产出租或转让收入、利息收入、其他业务收入和营业外收入等,各项收入应当按权责发生制原则确定;成本、费用是指个体工商户从事生产经营所发生的各项直接支出和分配计入成本的间接费用以及销售费用、管理费用、财务费用;损失是指个体工商户在生产经营过程中发生的各项营业外支出;税金是指个体工商户按规定缴纳的各种应由企业负担的税金。费用减除标准,个体工商户自 2011 年 9 月 1 日(含)以后的生产经营所得,适用修改后的费用减除标准,即每月 3 500 元。

个体工商户的生产、经营所得按年度计算缴纳个人所得税,适用 5%～35%的五级超额累进税率(表 7-2)。

表 7-2 个体工商户生产经营所得和对企事业单位的
承包经营、承租经营所得等适用税率表

级数	全年应纳税所得额(含税)	全年应纳税所得额(不含税)	税率/%	速算扣除数
1	不超过 15 000 元的部分	不超过 14 250 元的部分	5	0
2	超过 15 000～30 000 元的部分	超过 14 250～27 750 元的部分	10	750
3	超过 30 000～60 000 元的部分	超过 27 750～51 750 元的部分	20	3 750
4	超过 60 000～100 000 元的部分	超过 51 750～79 750 元的部分	30	9 750
5	超过 100 000 元的部分	超过 79 750 元的部分	35	14 750

注意,与企业所得税相关政策一样,允许扣除项目并不一定允许全额扣除。个体工商户取得与生产经营活动无关的各项应税所得,应分别适用各应税项目的规定计算征收个人所得税。

2. 核定征收

按照有关规定,达到规定经营规模的个体工商户,必须建账。对未达到规定经营规模暂未建账或经批准暂缓建账的个体工商户,采取定期定额征收、核定应税所得率征收以及其他合理的征收方式征税。实行核定征收的投资人,不能享受个人所得税的优惠政策。

采取核定应税所得率征收方式的,应纳个人所得税额的计算公式如下。

应纳税所得额＝收入总额×应税所得率

＝成本费用支出额÷(1－应税所得率)×应税所得率

应纳个人所得税＝应纳税所得额×适用税率

应税所得率应按表 7-3 规定的标准执行。

表 7-3 个体工商户个人所得税应税所得率表

行业	应税所得率/%
工业、交通运输业、商业	5～20
建筑业、房地产开发业	7～20
饮食服务业	7～25
娱乐业	20～40
其他行业	10～30

注意,个体工商户个人所得税应税所得率依照各地方税务局的具体规定标准执行。

7.2.3 对企事业单位的承包、承租经营所得应纳个人所得税的计算

个人对企事业单位的承包、承租经营取得所得缴纳个人所得税,要分以下两种情况区别对待。

(1) 企业实行个人承包、承租经营后,承包、承租人按合同(协议)的规定只向发包、出租方缴纳一定费用,企业经营成果归其所有的,承包、承租人取得的所得,按对企事业单位的承包经营、承租经营所得计算缴纳个人所得税,适用5%～35%的五级超额累进税率(同于个体工商户生产经营所得适用税率表,参见表7-2),计算公式如下。

应纳税所得额＝个人承包经营、承租经营收入总额－必要费用

应纳个人所得税＝应纳税所得额×适用税率－速算扣除数

其中,收入总额是指纳税人按照承包经营、承租经营合同规定分得的经营利润和工薪性质的所得之和;必要费用是指每月 3 500 元,即全年减除 42 000 元。

在一个纳税年度中,承包经营、承租经营期限不足 1 年的,以其实际经营期为纳税年度。

【例 7-5】 2012 年 1 月,孙某与学校签定合同承包招待所,合同规定承包期限 2 年,孙某每年向学校上交承包费 50 000 元,其余经营所得归孙某所有,假设承包当年实现利润为 100 000 元。孙某 2012 年度应纳多少个人所得税?

【解】

应纳税所得额 = 100 000 − 50 000 − 3 500×12 = 8 000(元)

查表7-2,适用税率为5%、速算扣除数为0元。

应纳个人所得税 = 8 000×5% = 400(元)。

(2) 企业实行个人承包、承租经营后,承包、承租人对企业经营成果不拥有所有权,仅是按合同(协议)规定取得一定所得的,其所得按工资、薪金所得计算缴纳个人所得税。

另外,如果企业实行个人承包、承租经营后,工商登记改变为个体工商户的,承包人应当依照个体工商户的生产、经营所得计算缴纳个人所得税,不再缴纳企业所得税。

企业实行承包、承租经营后,不能提供完整、准确的纳税资料,不能正确计算应纳税所得额的,由税务部门核定其应纳税所得额和缴税方式。

7.2.4 劳务报酬所得应纳个人所得税的计算

劳务报酬所得,按次缴纳个人所得税。一次性收入,以取得该收入为一次;同一项目的连续性收入,以一个月内取得的收入为一次。

(1) 每次劳动报酬不超过4 000元的,定额减去800元,适用税率为20%,公式如下。

$$应纳个人所得税 = (每次收入 − 800) × 20\%$$

(2) 每次劳动报酬超过4 000元的,定率减除20%,适用税率为20%。对劳务报酬所得一次收入畸高(应纳税所得额超过20 000元)的,要实行加成征收办法,即当定率减除20%后的应纳税所得额大于20 000元而小于50 000元时,适用税率为20%,再按应纳税所得额加征50%;当定率减除20%后的应纳税所得额大于50 000元时,适用税率为20%,再按应纳税所得额加征100%。实际执行时,采用三级超额累进税率(表7-3),计算公式如下。

$$应纳税所得额 = 每次收入 × (1 − 20\%)$$

$$应纳个人所得税 = 应纳税所得额 × 税率 − 速算扣除数$$

表7-4 劳务报酬税率表

级 次	应纳税所得额(含税)	应纳税所得额(不含税)	税 率	速算扣除数
1	20 000元以下的部分	16 000元以下的部分	20%	0
2	20 000~50 000元的部分	16 000~37 000元的部分	30%	2 000
3	50 000元以上的部分	37 000元以上的部分	40%	7 000

【例7-6】 李某一次取得劳务报酬收入5万元,计算其应缴纳的个人所得税额。

【解】

应纳税所得额 = 50 000×(1−20%) = 40 000(元)

参照表7-4,适用税率为30%,速算扣除数为2 000元。

应纳个人所得税 = 40 000×30% − 2 000 = 10 000(元)

7.2.5 稿酬所得应纳个人所得税的计算

稿酬所得按次纳税。每次取得的收入是指每次出版、发表作品取得的收入。

个人以图书、报刊形式出版、发表同一作品,不论出版单位是预付还是分笔支付稿酬,或者加印该作品后再付稿酬,均应合并为一次征税。在两处以上出版、发表或再版同一作品而取得的稿酬,则可以分别各处取得的所得或再版所得分次征税。

个人的同一作品在报刊连载,应合并连载所得,视为一次。连载后又出书取得稿酬的,或先出书后连载取得稿酬的,应视同再版稿酬分次征税。

作者去世后,对取得其遗作稿酬的个人,按稿酬所得征税。

稿酬所得适用20%的比例税率,并可以免纳30%的税额,计算公式如下。

(1) 稿酬收入不超过4 000元的:

应纳个人所得税=应纳税所得额×适用税率×(1−30%)
　　　　　　　=(每次稿酬收入额−800)×20%×(1−30%)

(2) 每次稿酬收入超过4 000元的:

应纳个人所得税=应纳税所得额×适用税率×(1−30%)
　　　　　　　=[每次稿酬收入额×(1−20%)]×20%×(1−30%)

【例7-7】 周某在某杂志上发表一篇文章,获得稿酬3 000元,计算周某应缴纳的个人所得税。

【解】

应纳个人所得税=(3 000−800)×20%×(1−30%)=308(元)

假设周某本次获得稿酬为5 000元,则应缴纳个人所得税税额如下。

应纳个人所得税=5 000×(1−20%)×20%×(1−30%)=560(元)

7.2.6 特许权使用费所得应纳个人所得税的计算

特许权使用费所得,按次纳税,以一项特许权一次许可使用所取得的收入为一次,如果该次转让取得的收入是分笔支付的,则将各笔收入合并为一次。费用减除标准与劳务报酬所得相同。特许权使用费所得适用20%的税率,没有加征和减征的规定。对个人从事技术转让所支付的中介费,若能提供有效合法凭证,允许从其所得中扣除。计算公式如下。

(1) 每次收入不超过4 000元的:

应纳个人所得税=应纳税所得额×20%=(每次收入−800)×20%

(2) 每次收入超过4 000元的:

应纳个人所得税=应纳税所得额×20%=每次收入×(1−20%)×20%

【例7-8】 吴先生发明一项专利技术,2011年8月转让给A公司,使用权转让价10 000元,A公司8月支付使用费6 000元,9月支付使用费4 000元;10月,吴先生又将该项使用权转让给B公司,获得转让费收入3 800元,吴先生转让特许权使用费所得应缴纳的个人所得税是多少?

【解】 吴先生此项专利技术转让了两次,应分两次所得计算个人所得税。

转让给A公司应纳个人所得税=(6 000+4 000)×(1−20%)×20%=1 600(元)

转让给B公司应纳个人所得税=(3 800−800)×20%=600(元)

吴先生转让此项专利技术共缴纳个人所得税=1 600+600=2 200(元)

7.2.7 利息、股息、红利所得和偶然所得应纳个人所得税的计算

利息、股息、红利、中奖、中彩等所得,按次纳税,以每次取得所得为一次。应纳税所得额为每次收入额,不做任何扣除,适用税率为20%,计算公式如下。

$$应纳个人所得税 = 应纳税所得额 \times 20\%$$

注意,2007年8月15日起,储蓄存款的利息税税率由20%调减为5%;自2008年10月19日起暂免征收储蓄存款利息个人所得税。

【例7-9】 2012年郑某购买福利彩票中奖5 000元;参加某商场举办的有奖销售活动中奖20 000元现金。郑某的上述所得是否应缴纳个人所得税。

【解】 郑某购买的福利彩票中奖所得未超过1万元,所以暂免征收个人所得税;参加某商场的有奖销售活动所得按"偶然所得"征收个人所得税。

郑某应纳个人所得税 = 20 000 × 20% = 4 000(元)

7.2.8 财产租赁所得应纳个人所得税的计算

财产租赁所得,是指个人出租建筑物、土地使用权、机器设备、车船以及其他财产取得的所得。

财产租赁应纳税所得额 = 每次取得财产租赁收入 − 准予扣除项目 − 费用扣除标准

财产租赁所得以一个月内取得的收入为一次。

个人出租财产取得的财产租赁收入,在计算缴纳个人所得税时,应依次扣除以下费用。

① 财产租赁过程中缴纳的税费,包括营业税、城市维护建设税、教育费附加、房产税。
② 向出租方支付的租金(适用于转租业务)。
③ 由纳税人负担的该出租财产实际开支的修缮费用。必须是实际发生并能够提供有效准确凭证的支出,以每次扣除800元为限,一次扣除不完的,准予在下次继续扣除,直至扣完为止。
④ 税法规定的费用扣除标准。即每次收入不超过4 000元的,可以扣除800元;每次收入超过4 000元的,可以扣除收入的20%。

财产租赁所得的个人所得税的适用税率为20%,个人出租居住用房暂减按10%计算征收个人所得税。计算公式如下。

① 每次(月)收入低于4 000元的:

应纳税所得额 = [每次(月)收入额 − 准予扣除项目 − 修缮费用(以800元为限)] − 800

应纳个人所得税 = 应纳税所得额 × 适用税率

② 每次(月)收入高于4 000元的:

应纳税所得额 = [每次(月)收入额 − 准予扣除项目 − 修缮费用(以800元为限)] × (1 − 20%)

应纳个人所得税 = 应纳税所得额 × 适用税率

【例7-10】 王某2011年2月获得房屋出租收入8 000元,按税法规定已经缴纳了房产

税、营业税、城市维护建设税和教育费附加等 1 396 元,当月发生修缮费 2 000 元,均提供有效凭证,依财产租赁所得项目计算王某 2 月份应纳个人所得税。(出租房屋为居民住房)

【解】
应纳税所得额=(8 000－1 396－800)×(1－20％)=4 643.20(元)
应纳个人所得税=4 643.20×10％=464.32(元)

7.2.9 财产转让所得应纳个人所得税的计算

财产转让所得是指个人转让有价证券、股权、建筑物、土地使用权、机器设备、车船以及其他财产取得的所得。应纳个人所得税的计算公式如下。

应纳税所得额=每次转让财产收入额－财产原值－合理费用
应纳个人所得税=应纳税所得额×适用税率(20％)

其中,每次转让财产收入额是指以一件财产的所有权一次转让取得的收入,不管分多少次支付,均合并为一次转让财产收入。

财产原值是指:① 对建筑物,为建造费或者购进价格以及其他费用;② 对有价证券,为买入价以及买入时按规定缴纳的有关费用;③ 对土地使用权,为取得土地使用权所支付的金额、开发土地的费用以及其他有关费用;④ 对机器设备、车船,为购进价格、运费、安装费及其他费用;⑤ 对其他财产,参照以上 4 种办法确定。

上述财产原值的确定,个人必须提供有关的合法凭证;对未能提供完整、准确的财产原值合法凭证而不能正确计算财产原值的,税务部门可根据当地实际情况核定其财产原值或实行核定征收。

合理费用是指个人在卖出财产时按有关规定所支付的税费,如营业税、城市维护建设税及教育费附加、土地增值税、印花税、手续费、中介服务费、资产评估费等。

其他规定:① 股票转让所得暂不征收个人所得税;② 个人通过招标、竞拍或其他方式购置债权后,通过相关司法或行政程序主张债权而取得的所得,按照"财产转让所得"缴纳个人所得税。

【例 7-11】 王某 2010 年 5 月以每份 50 元的价格购入某公司债券 700 份,并支付相关税费 210 元。2012 年 6 月,王某将该债券以每份 65 元的价格全部卖出,并支付相关税费 520 元。计算王某应纳个人所得税。

【解】
应纳税所得额=700×65－(700×50＋210)－520=9 770(元)
应纳个人所得税=9 770×20％=1 954(元)

7.2.10 个人所得税纳税申报

个人所得税的纳税办法,有自行申报和代扣代缴两种形式。具备自行申报条件的纳税义务人,应按照国家的有关规定办理纳税申报。同时扣缴义务人也应按照国家的有关规定办理全员全额扣缴申报。

1. 个人所得税的自行申报纳税

自行申报纳税是指由纳税人自行在税法规定的期限内,向税务机关申报取得的应纳税项目,如实填写个人所得税纳税申报表,并按照税法规定计算应纳税额,缴纳个人所得税的一种方法。

(1) 自行申报纳税的适用情况

纳税人有下列情形之一的,必须自行向税务机关申报所得并缴纳个人所得税。

① 年所得12万元以上的。

② 在两处或者两处以上取得工资、薪金所得的。

③ 从中国境外取得所得的。

④ 取得应纳税所得,没有扣缴义务人的。

⑤ 国务院规定的其他情形。

(2) 自行申报纳税的纳税期限

除特殊情况外,纳税人应在取得应纳税所得的次月15日内,向主管税务机关报送个人所得税月份申报表(表7-5)并缴纳税款。个人所得税纳税人应在年度终了30日内将税款缴入国库,并向当地税务机关报送个人所得税年度申报表(表7-6)。具体规定如下。

① 年所得12万元以上的纳税义务人,在年度终了后3个月内到主管税务机关办理纳税申报。

② 账册健全的个体工商户和个人独资企业、合伙企业投资者取得的生产、经营所得应纳的税款实行按年计算、分月预缴,由纳税人在次月15日内申报预缴,纳税年度终了后3个月内进行汇算清缴,多退少补。账册不健全的个体工商户的生产,经营所得应纳的税款,由各地税务机关依据税收征管法及其实施细则的有关规定,自行确定征收方式。

③ 纳税人年终一次性取得承包经营、承租经营所得的,自取得收入之日起30日内申报纳税;在一年内分次取得承包经营、承租经营所得的,应在取得每次所得后的15日内预缴税款,年度终了后3个月内汇算清缴,多退少补。

④ 劳务报酬、稿酬、特许权使用费、利息、股息、红利、财产租赁、财产转让所得和偶然所得等,按次计征。取得所得的纳税人应当在次月15日内将应纳税款缴入国库,并向税务机关报送个人所得税纳税申报表。

⑤ 从中国境外取得所得的纳税人,其来源于中国境外的应纳税所得,在纳税年度终了后30日内,向中国主管税务机关申报纳税;如在取得境外所得时结清税款的,或者在境外按所得来源国税法规定免予缴纳个人所得税的,应在次年1月1日起30日内向中国主管税务机关申报纳税。

纳税期限的最后一日是法定休假日的,以休假日的次日为期限的最后一日。纳税人确有困难,不能按期办理纳税申报的,经主管税务机关核准,可以延期申报。纳税人因有特殊困难,不能按期缴纳税款的,经县以上税务局(分局)批准,可以延期缴纳税款,但最长不得超过3个月。

(3) 自行申报纳税的纳税地点

自行申报地点一般应为收入来源地的主管税务机关。

表 7-5　个人所得税月份申报表

纳税月份：自　年　月　日至　年　月　日　　填表日期：　年　月　日　　金额单位：人民币元

纳税人编码									
纳税人姓名			国籍				抵华日期		
在中国境内住址	省、市、县、街道及号数（包括公寓号码） _____街道 公寓　　　　　_____省 　　　　　县/市								
在中国境内通信地址（如非上述住址）			邮编						
职业		服务单位				电话			
所得项目	所得期间	收入额				减费用额	应纳税所得额	税率	速算扣除数	应纳税额	已扣缴税款	应补（退）税款	服务地点
		人民币	外币										
			货币名称	金额	外汇牌价	折合人民币							
		人民币合计											

声明：我声明：此纳税申报表是根据《中华人民共和国个人所得税法》的规定填报的，我确信它是真实的、可靠的、完整的。

声明人签字：_____

授权代理人　（如果你已委托代理人，请填写下列资料）
为代理一切税务事宜，现授权_____（地址）
为本人代理申报，任何与本申报表有关的来往文件都可寄与此人。
授权人签字：_____

代理申报人签字：_____　　　纳税人（签字或盖章）：_____

表7-6 个人所得税年度申报表

纳税年度：自　年　月　日　至　年　月　日　　填表日期：　年　月　日　　申报日期：　年　月　日　　金额单位：人民币元

纳税人编码　　　　　　　　　　

纳税人姓名				国籍								
中国境内住址		省、市、县、街道及门号数（包括公寓号码）				街道		县/市		省		
中国境内通信地址（如非上述地址）				公寓		邮编						
职业		服务单位						服务地点		电话		

中国境内所得已纳税额

所得项目	所得期间	应纳税所得额	已纳所得税额	自缴或扣缴	所得项目	收入额	减费用额	应纳税所得额	税率	速算扣除数	应纳所得税款	境外已缴税款
1	2	3	4	5	6	7	8	9	10	11	12	13

境外所得应纳税额

授权代理人	（如果你已委托代理人，请填写下列资料） 为代理一切税务事宜，现授权_____（地址）_____为本人代理申报人，任何与本申报有关的来往文件都可寄与此人。 授权人签字：	声明	我声明：此纳税申报表是根据《中华人民共和国个人所得税法》的规定填报的，我确信它是真实的、可靠的、完整的。 声明人签字：_____

代理申报人（签字）		纳税人（签字或盖章）	

以下由税务机关填写

收到日期		接收人		审核日期		
境外税额的扣除计算	扣除限额		审核记录		主管税务机关盖章	
	实际扣除额					
	上年报免或结转的税额				主管税务官员签字	
	应补缴的税额					

纳税人从两处或两处以上取得工资、薪金所得的,可选择并固定在其中一地税务机关申报纳税。

从中国境外取得所得的,向中国境内户籍所在地主管税务机关申报;在中国境内有户籍,但户籍所在地与中国境内经常居住地不一致的,选择并固定向其中一地主管税务机关申报;在中国境内没有户籍的,向中国境内经常居住地主管税务机关申报。

个体工商户向实际经营所在地主管税务机关申报。

个人独资企业、合伙企业投资者兴办两个或两个以上企业的,区分不同情形确定纳税申报地点:① 兴办的企业全部是个人独资性质的,分别向各企业的实际经营管理所在地主管税务机关申报;② 兴办的企业具有合伙性质的,向经常居住地主管税务机关申报;③ 兴办的企业具有合伙性质,个人投资者经常居住地与其兴办企业的经营管理所在地不一致的,选择并固定向其参与兴办的某一合伙企业的经营管理所在地主管税务机关申报。

纳税人要求变更申报纳税地点的,须经原主管税务机关批准。

(4) 自行申报纳税的方式

自行申报纳税的方式主要有以下4种。

① 本人直接申报纳税。

② 委托他人申报纳税。

③ 邮寄申报。对采取邮寄申报纳税的,以寄出地的邮戳为实际申报日期。

④ 网上申报。

2. 个人所得税的代扣代缴

《个人所得税法》规定,个人所得税以所得人为纳税义务人,以支付所得的单位或者个人为扣缴义务人。个人所得税扣缴义务人应将本月扣缴的税款在次月7日内缴入国库,并向当地税务机关报扣缴个人所得税报告表(如表7-7所示)。

(1) 全员全额扣缴申报

扣缴义务人在向个人支付应纳税所得(包括现金支付、汇拨支付、转账支付和以有价证券、实物及其他形式支付)时,不论纳税人是否属于本单位人员,均应代扣代缴其应纳的个人所得税税款。

(2) 应扣缴税款的所得项目

扣缴义务人在向个人支付下列所得时,应代扣代缴个人所得税:工资、薪金所得;对企事业单位的承包经营、承租经营所得;劳务报酬所得;稿酬所得;特许权使用费所得;利息、股息、红利所得;财产租赁所得;财产转让所得;偶然所得;经国务院财政部门确定征税的其他所得。

(3) 代扣代缴税款的手续费

税务机关应根据扣缴义务人所扣缴的税款,付给2%的手续费,由扣缴义务人用于代扣代缴费用开支和奖励代扣代缴工作做得较好的办税人员。

表 7-7 扣缴个人所得税报告表

填表日期：_____年_____月_____日　　　扣缴义务人名称：　　　　　地址：　　　　　电话：　　　　　金额单位：人民币元

扣缴义务人编码	纳税人编码	工作单位及地址	所得项目	所得时间	收入额				减费用额	应纳税所得额	税率	速算扣除数	扣缴所得税额	完税证字号	纳税日期
					人民币	外币									
纳税义务人姓名						货币名称	金额	外汇牌价	折合人民币	人民币合计						

7.3 个人所得税会计核算

个人所得税实行源泉扣税,由向个人支付报酬的单位代扣代缴。代扣代缴的个人所得税通过"应交税费——应交代扣个人所得税"明细账户核算。贷方登记代扣的个人所得税,借方登记已缴纳代扣的个人所得税,期末贷方余额为尚未上交代扣的个人所得税额。

7.3.1 工资、薪金所得应纳个人所得税的会计核算

企事业单位扣缴工资、薪金所得应纳的个人所得税税款,实际上是个人工资、薪金所得的一部分。计提工资时,借记"管理费用"等相关成本费用账户,贷记"应付职工薪酬"账户;代扣时,借记"应付职工薪酬"账户,贷记"应交税费——应交代扣个人所得税"账户;上交代扣的个人所得税时,借记"应交税费——应交代扣个人所得税"账户,贷记"银行存款"账户。

【例7-12】 2012年1月,公司计提销售部门某员工工资8 200元,由其本人负担个人所得税。该企业如何进行会计核算?

【解】 该企业的会计核算如下。

① 计提工资时:

借:管理费用　　　　　　　　　　　　　　　　　　　8 200
　　贷:应付职工薪酬　　　　　　　　　　　　　　　　　　　8 200

② 确定应纳所得税=(8 200－3 500)×20%－555=385(元)

③ 代扣个人所得税时:

借:应付职工薪酬　　　　　　　　　　　　　　　　　　385
　　贷:应交税费——应交代扣个人所得税　　　　　　　　　　385

④ 缴纳个人所得税时:

借:应交税费——应交代扣个人所得税　　　　　　　　　385
　　贷:银行存款　　　　　　　　　　　　　　　　　　　　　385

7.3.2 个体工商户及个人独资企业、合伙企业的投资者就其所得应纳个人所得税会计核算

个体工商户及个人独资企业、合伙企业的投资者的个人所得税,通过"应交税费——应交个人所得税"账户和"所得税费用"账户核算。计算出应交个人所得税时,借记"所得税费用"账户,贷记"应交税费——应交个人所得税"账户;上缴税款时,借记"应交税费——应交个人所得税"账户,贷记"银行存款"账户。

7.3.3 对企事业单位的承包经营、承租经营所得应纳个人所得税的会计核算

对企事业单位的承包经营、承租经营取得的所得,如果由支付所得的单位代扣代缴的,支付所得的单位代扣税款时,借记"应付利润"账户,贷记"应交税费——应交代扣个人所得税"账户;实际上交代扣税款时,借记"应交税费——应交代扣个人所得税"账户,贷记"银行

存款"账户。

7.3.4 劳务报酬所得应纳个人所得税的会计核算

企业支付给个人的劳务报酬,应按规定代扣代缴个人所得税。支付劳务报酬时,借记"管理费用"、"其他应付款"等账户,贷记"应交税费——应交代扣个人所得税"、"库存现金"等账户;实际缴纳税款时,借记"应交税费——应交代扣个人所得税"账户,贷记"银行存款"账户。

【例7-13】 某企业邀请一位专家进行人力资源培训,约定培训费为30 000元,应由企业代扣个人所得税。该企业如何进行会计核算?

【解】 该企业的会计核算如下。

(1) 应扣个人所得税为:30 000×(1-20%)×30%-2 000=5 200(元)
(2) 支付劳务费时:

借:管理费用　　　　　　　　　　　　　　　　　　　　　　30 000
　贷:应交税费——应交代扣个人所得税　　　　　　　　　　　5 200
　　库存现金　　　　　　　　　　　　　　　　　　　　　　24 800

(3) 缴纳个人所得税时:

借:应交税费——应交代扣个人所得税　　　　　　　　　　　　5 200
　贷:银行存款　　　　　　　　　　　　　　　　　　　　　　5 200

7.3.5 企业支付稿酬所得应纳个人所得税的会计核算

企业支付稿酬所得,计算应代扣的个人所得税、支付稿酬时,借记"图书成本"等账户,贷记"应交税费——应交代扣个人所得税"、"银行存款"等账户;实际缴纳税款时,借记"应交税费——应交代扣个人所得税"账户,贷记"银行存款"账户。

【例7-14】 某作家出版一本著作,按合同规定,出版社支付给作家15 000元稿费,并由该出版社代扣代缴个人所得税。该出版社如何进行会计核算?

【解】 该出版社的会计核算如下。

(1) 计算应扣个人所得税=15 000×(1-20%)×20%×(1-30%)=1 680(元)
(2) 支付劳务费时:

借:图书成本　　　　　　　　　　　　　　　　　　　　　　15 000
　贷:应交税费——应交代扣个人所得税　　　　　　　　　　　1 680
　　银行存款　　　　　　　　　　　　　　　　　　　　　　13 320

(3) 缴纳个人所得税时:

借:应交税费——应交代扣个人所得税　　　　　　　　　　　　1 680
　贷:银行存款　　　　　　　　　　　　　　　　　　　　　　1 680

7.3.6 特许使用权使用费所得应纳个人所得税的会计核算

企业计算应代扣的个人所得税、支付特许使用费时,借记"管理费用"等账户,贷记"应交税费——应交代扣个人所得税"、"银行存款"等账户;实际缴纳税款时,借记"应交税费——

应交代扣个人所得税"账户,贷记"银行存款"账户。

7.3.7 利息、股息、红利应纳个人所得税的会计核算

首先,计算应代扣的个人所得税、支付股息、利润时,借记"应付利润"、"财务费用"等账户,贷记"应交税费——应交代扣个人所得税"、"库存现金"等账户;实际缴纳税款时,借记"应交税费——应交代扣个人所得税"账户,贷记"银行存款"账户。

7.3.8 财产转让所得应纳个人所得税的会计核算

企业购买个人财产,按照税法规定应代扣代缴个人所得税。支付购买价款时,借记"固定资产"、"无形资产"等账户,贷记"应交税费——应交代扣个人所得税"、"银行存款"等账户;实际缴纳税款时,借记"应交税费——应交代扣个人所得税"账户,贷记"银行存款"账户。

【例 7-15】 赵某将自有房产(非家庭生活用房)卖给某单位,取得收入 10 万元,房产建造费用为 5 万元,办理产权转让手续时缴纳税金和其他费用 2 万元,由单位代扣代缴个人所得税。该单位如何进行会计核算?

【解】 该单位的会计核算如下。

(1) 应纳所得税=(100 000−50 000−20 000)×20%=6 000(元)

(2) 购买房产时:

借:固定资产 100 000
　　贷:应交税费——应交代扣个人所得税 6 000
　　　　银行存款 94 000

(3) 缴纳个人所得税时:

借:应交税费——应交代扣个人所得税 6 000
　　贷:银行存款 6 000

7.3.9 代扣代缴手续费的会计核算

根据税法规定,税务机关对扣缴义务人按照所扣缴的税款付给 2% 的手续费。该费用由税务机关按月填开收入退还书发给扣缴义务人,扣缴义务人按收入退还书到指定银行办理税款退库手续。代扣代缴义务人收到手续费后,借记"银行存款"账户,贷记"应交税费——应交代扣个人所得税"账户;而后,冲减企业管理费用,借记"应交税费——应交代扣个人所得税"账户,贷记"管理费用"账户。

7.4 个人所得税税收筹划

7.4.1 个人所得税纳税人的税收筹划

1. 居民纳税人和非居民纳税人的转换

个人所得税纳税人分为居民纳税人和非居民纳税人,两种纳税人负有不同的纳税义务,

据此,通过纳税人身份的转变,可以进行税收筹划。

(1) 通过改变居住时间,或通过人员的住所(居住地)变动,迁出某一国但又不在任何地方取得住所,由居民纳税人转换为非居民纳税人,降低税收负担。

(2) 通过人员的流动降低税收负担,如一个自然人可以不停地跨国流动,停留于每个国家的时间都不长,这个人就可以不作为任何国家的居民,即不作为任何国家的纳税人,从而达到免予缴税的目的。此外,还可以策划将财产或收入留在低税区,自己到高税负但费用低的地方去消费。

2. 企业所得税纳税义务人、个体工商户及个人独资企业等个人所得税纳税人的选择

按照税法规定,工商登记为个体工商户的,按个体工商户所得征收个人所得税;而工商登记仍为企业的,先征收企业所得税,再根据承包方式对分配所得征收个人所得税;对经营成果不拥有所有权,仅按合同规定取得一定所得的,按工资、薪金所得征收个人所得税;只向发包方、出租方缴纳一定费用后经营成果可以自由支配的,按5%～35%的五级超额累进税率征收个人所得税。所以,企业的工商注册登记类型、采用的经营管理方式等,都是个人所得税税收筹划考虑的内容。例如,由于个体工商户、个人独资企业实行五级超额累进税率,可以考虑通过将企业拆分,缩小其应税所得的形式,实现低税负。

7.4.2 个人所得税征收范围的税收筹划

1. 工资、薪金所得的税收筹划

企业在遵守国家财经纪律的前提下,合理地选择职工薪酬支付方式,可以降低职工个人税负,提高员工消费水平。例如,考虑工资、薪金福利化,如企业为员工提供住所、提供培训或旅游机会、提供福利设施等;又如,考虑一次性奖金分摊发放。

2. 劳务报酬所得的税收筹划

劳务报酬所得税纳税人可以和劳务报酬支付人协商,通过分项计算、分次支付劳务报酬的方式,降低纳税人税收负担。另外,还可以争取由劳务报酬支付方提供一定的福利,将本应由纳税人承担的费用改由对方提供,以达到规避个人所得税的目的。

【例7-16】 某纳税人2011年10月分别给几家公司提供劳务,同时取得多项收入:给某设计院设计了一套工程图纸,获得设计费1万元;给某外资企业当10天兼职翻译,获得1万元的翻译报酬;给某民营企业提供技术帮助,获得该企业的2万元报酬。该纳税人如何进行税收筹划?

【解】
① 如果该纳税人将各项所得综合申报缴纳个人所得税款时:
其应纳税所得额=(10 000+10 000+20 000)×(1-20%)=32 000(元)
应纳个人所得税=32 000×30%-2 000=7 600(元)
② 如果分项申报,分项计算,则可节税,计算如下:
设计费应纳税额=10 000×(1-20%)×20%=1 600(元)
翻译费应纳税额=10 000×(1-20%)×20%=1 600(元)

技术服务费应纳税额＝20 000×(1−20％)×20％＝3 200(元)
总计应纳个人所得税＝1 600+1 600+3 200＝6 400(元)
通过分项目分别申报纳税,可以少纳税1 200元。

3. 纳税人就不同纳税项目转换与选择的税收筹划

个人所得税有11个税目,纳税人可以通过预先商谈劳务合同等方式,确定以何种税目计征个人所得税的税负最低。另外,个人所得税的免税项目较多,充分利用税收优惠政策,也可以达到合理合法降低税负的目的。

【例 7-17】 某报纸专栏记者的月薪为50 000元,则该记者与报社采取何种合作方式才能税负最轻?

【解】
① 若调入报社,则按工资薪金所得纳税:
(50 000−3 500)×30％−2 755＝11 195(元)
② 若作为特约撰稿人,则按劳务报酬纳税:
50 000×(1−20％)×30％−2 000＝10 000(元)
③ 若以投稿的方式,则按稿酬所得纳税:
50 000×(1−20％)×20％×(1−30％)＝5 600(元)

计算表明,该纳税人选择第三种方案,即与报社以投稿的方式合作签约,按稿酬所得纳税的税负最低。

个人所得税纳税申报模拟

【资料】

华翔公司为私营企业,生产竹器家具,注册地址:北京市××区××街××号,纳税人识别号:12345678987654321。

公司2012年3月份为员工甲某发工资4 000元(含税收入),聘用合同约定公司为甲承担个人所得税税款,公司代扣代缴;员工乙某每月发工资6 000元(不含税收入),聘用合同约定公司为乙承担个人所得税税款,公司代扣代缴。

【会计核算】

甲应纳个人所得税＝(4 000−3 500)×3％＝15(元)
乙应纳税所得额＝(6 000−3 500−105)÷(1−10％)＝2 661.11(元)
乙应纳个人所得税＝2 661.11×10％−105＝161.11(元)

借:管理费用	10 161.11
贷:应付职工薪酬	10 161.11
借:应付职工薪酬	10 161.11
贷:库存现金	9 985.00
应交税费——应交个人所得税	176.11

【纳税申报】

根据会计核算的结果,华翔公司填报扣缴个人所得税报告表,如表7-8所示。

表7-8 扣缴个人所得税报告表

填表日期：2012年4月1日　　　　　　　　　　　　　　　　　　　　　　　　　　　　　　　　　金额单位：人民币元

扣缴义务人编码	1234567898765321		扣缴义务人名称	华翔公司			地址：北京市××区×××街×××号				电话：		

纳税义务人姓名	纳税人编码	工作单位及地址	所得项目	所得时间	收入额				减费用额	应纳税所得额	税率	速算扣除数	扣缴所得税额	完税证字号	纳税日期
					人民币	外币									
					合计	货币名称	金额	外汇牌价	折合人民币						
甲		华翔公司	工资薪金	2012,3	4 000		4 000			3 500	500	3	0	15		2012,4,1
乙		华翔公司	工资薪金	2012,3	6 161.11		6 161.11			3 500	2 661.11	10	105	161.11		2012,4,1

如果由扣缴义务人填写完税证，应在报送此表时附完税证副联　　　份，合计扣缴金额176.11元。

复习思考题

1. 如何区分个人所得税的居民纳税人、非居民纳税人？
2. 简述个人所得税的应税项目。
3. 年终奖应如何计算个人所得税？
4. 分析工资薪金、劳务报酬的税收筹划方法。

【业务题】

1. 赵某为中国公民，同时在甲、乙两公司就职，2012年1月从甲公司取得月薪3 500元，从乙公司取得工资6 500元，从丙公司取得一次性劳务报酬20 000元，从丁公司获取稿酬3 000元。赵某应如何申报缴纳个人所得税？甲、乙、丙、丁公司应如何代扣代缴个人所得税？

2. 王某为某企业职工，业余自学通过考试获得了注册会计师资格，在某会计师事务所兼职，年底可能会得到12 000元劳务报酬。王某应如何进行税收筹划，减轻税负？

第8章 资 源 税

- 了解资源税的税收实体法要素
- 掌握资源税应纳税额的计算及会计核算方法
- 能够对资源税进行纳税申报
- 能够进行简单的税收筹划

8.1 资源税概述

8.1.1 资源税的概念及特点

1. 资源税的概念

资源税是以自然资源为征税对象征收的一种税。资源税的征收是为了促进合理开发利用资源,调节资源级差收入。从理论上讲,资源税的征收范围应当包括一切开发和利用的国有资源,如矿产资源、森林资源、土地资源、植物资源、海洋资源、动物资源、太阳能资源、水资源等。而实际情况,目前我国开征的资源税是对在我国境内从事应税矿产品开采和生产盐的单位及个人征收的一种税。

2. 资源税的特点

(1) 只对特定资源产品征税,征税范围小。

我国现行资源税的征税对象主要选择对矿产资源进行征税。在具体操作时,对矿产资源的绝大多数主要矿种,采取列举品目的方法征收,因而征税范围窄小。

(2) 征税目的主要在于调节级差收入。

资源税的立法目的主要在于调节资源开发者和使用者因资源条件的差异所形成的级差收入,为资源开采企业之间开展公平竞争创造条件。

(3) 采用差别税额征收。

我国现行资源税法规定,资源税以应税产品的课税数量为计税依据,对不同开采条件和质量等级区别征税,实行差别较大的定额税率,实行从量定额或从价定率计税,计算简便。

(4) 资源税属于中央和地方共享税。

我国现行资源税属于共享税,并按资源种类划分收入归属。

8.1.2 资源税的纳税义务人、扣缴义务人、征收范围

资源税的纳税人是指在中华人民共和国境内开采应税资源的矿产品或者生产盐的单位和个人。包括各类企业、行政、事业单位、军事单位、社会团体及个人,但不包括中外合作开采石油、天然气的企业(因其缴纳矿区使用费)。

资源税的扣缴义务人为收购未税矿产品的单位。主要包括独立矿山、联合企业及其他收购未税矿产品的单位。对那些税源小、零散、不定期开采,税务机关难以控制,容易发生漏税的单位和个人,扣缴义务人在收购其未税矿产品时代扣代缴其应纳的税款。

资源税的征税范围采用选择法,即从众多具有商品属性的资源中,选择需要通过税收进行调节的矿产资源和盐,列入纳税范围。我国资源税的征收范围仅包括煤炭、原油、天然气、金属矿产品、非金属矿产品和盐等7种资源产品。

8.1.3 资源税的税目和税率

1. 资源税的税目

资源税的税目反映资源税的具体征收范围,是资源税课征对象的具体表现形式。现行的资源税采取列举法,按照各种课税的产品类别分别设置税目,共设置了7个大税目,具体包括以下税目。

(1) 原油:指开采的天然原油。人造石油不征税。

(2) 天然气:指专门开采的天然气和与原油同时开采的天然气。煤矿生产的天然气和煤层瓦斯暂不征税。

(3) 煤炭:指原煤。以原煤加工的洗煤、选煤和其他煤碳制品不征税。

(4) 其他非金属矿原矿:指原油、天然气、煤炭和井矿盐以外的非金属矿原矿,如宝石、玉石、石墨、大理石、花岗岩、石灰石、石棉等子目。

(5) 黑色金属矿原矿:具体包括铁矿石、锰矿石、铬矿石等子目。

(6) 有色金属矿原矿:指稀土矿和其他有色金属矿原矿,具体包括铜矿石、铅锌矿石、铝土矿石、钨矿石、锡矿石、锑矿石、钼矿石、镍矿石、黄金矿石及其他有色金属原矿等子目。

(7) 盐:包括固体盐和液体盐。固体盐包括海盐原盐、湖盐原盐和井矿盐;液体盐是指氯化纳含量达到一定浓度的溶液。

注意,文中的7种应税矿产品均为未加工的初级矿产品,即原油、原煤、原矿、原盐,对经过加工的矿产品不属于资源税的征税范围。

2. 资源税的税率

资源税采用有幅度的定额税率。具体适用税率由财政部会同国务院有关部门,根据纳税人开采或生产应税产品的资源品味、开采条件等情况,在规定的幅度内执行。具体税率如表8-1所示。

表 8-1 资源税税目税率表

税 目	税 率
一、原油	销售额的 5%～10%
二、天然气	销售额的 5%～10%
三、煤炭	0.3～20 元/吨
四、其他非金属矿原矿	0.5～20 元/(吨、立方米或克拉)
五、黑色金属矿原矿	2～30 元/吨
六、有色金属矿原矿	0.4～60 元/吨
七、盐	
固体盐	10～60 元/吨
液体盐	2～10 元/吨

8.1.4 资源税的计税依据

1. 一般规定

资源税实行从价定率或从量定额的办法征收,计税依据为纳税人开采或生产应税产品的销售额或销售量,具体规定如下。

(1) 销售额的确定

销售额为纳税人销售应税产品向购买方收取的全部价款和价外费用,但不包括收取的增值税销项税额。

(2) 特殊情形下销售额的确定

① 纳税人最近时期同类产品的平均销售价格确定。

② 按其他纳税人最近时期同类产品的平均销售价格确定。

③ 按组成计税价格确定:

组成计税价格＝成本×(1＋成本利润率)÷(1－税率)

公式中,成本是指应税产品的实际生产成本;成本利润率由省、自治区、直辖市税务机关确定。

(3) 销售数量的确定

纳税人开采或者生产应税产品的实际销售数量和视同销售的自用数量。

注意,纳税人不能准确提供应税产品销售数量或移送使用数量的,以应税产品的产量或主管税务机关确定的折算比例换算的数量为依据,确认销售数量。

2. 特殊规定

(1) 对于纳税人开采或者生产不同税目应税产品的,应当分别核算;不能准确提供不同税目应税产品课税数量的,从高适用税率。

(2) 原油中的稠油、高凝油与稀油划分不清或不易划分的,一律按原油稀油的数量课税。

(3) 金属和非金属矿产品原矿,因无法准确掌握纳税人移送使用原矿数量的,可对其精矿按选矿比折算成原矿数量作为课税数量,其计算公式如下。

选矿比＝精矿数量÷耗用原矿数量

（4）对于连续加工前无法正确计算原煤移送量的,可按加工产品的综合回收率,将加工产品实际销量和自用量折算成原煤数量作为课税数量。

（5）纳税人自产的液体盐加工固体盐,以加工的固体盐的数量为课税数量。纳税人以外购的液体盐加工成固体盐,其加工固体盐所耗用液体盐的已纳税额准予抵扣。

8.1.5　资源税的税收优惠

（1）开采原油过程中用于加热、修井的原油免征资源税。

（2）纳税人开采或生产应税产品过程中,因意外事故或自然灾害等原因遭受重大损失的,由省、自治区、直辖市人民政府酌情决定减税或免税。

（3）国务院规定的其他减税、免税项目。

① 2006年1月1日起,对冶金矿山铁矿石资源税暂按规定税额标准的60%征收。

② 进口的应税产品不征资源税,出口应税产品不免或不退已缴纳的资源税。

8.1.6　资源税纳税义务发生的时间、纳税期限、纳税地点

1. 资源税纳税义务发生的时间

（1）纳税人销售应税产品,其纳税义务发生的时间为：① 纳税人采取分期收款方式结算的,其纳税义务发生时间为销售合同规定的收款日期当天；② 纳税人采取预收货款方式结算的,其纳税义务发生时间为发出应税产品的当天；③ 纳税人采用其他方式结算的,其纳税义务发生时间为收讫销售款或者取得索取销售款凭据的当天。

（2）扣缴义务人代扣、代缴税款的义务发生时间为支付货款的当天。

（3）纳税人自产自用应税产品的,纳税义务发生时间为移送使用应税产品的当天。

2. 资源税的纳税期限

资源税的纳税期限为1日、3日、5日、10日、15日或者1个月,由主管税务机关根据实际情况具体核定。不能按固定期限计算纳税的,可以按次计算纳税。

纳税人以1个月为一期纳税的,自期满之日起10日内申报纳税,以1日、3日、5日、10日或者15日为一期纳税的,自期满之日起5日内预缴税款,于次月1日起的10日内申报纳税并结清上月税款。

3. 资源税的纳税地点

（1）纳税人应当向应税产品的开采或者生产所在地主管税务机关缴纳。

（2）扣缴义务人代扣、代缴资源税,应当向收购地主管税务机关缴纳。

（3）纳税人跨省开采资源税应税产品,其下属生产单位与核算单位不在同一省、自治区、直辖市的,对其开采的矿产品,一律在开采地或生产地纳税,其应纳税款由独立核算的单位,按照开采地的实际销售量（或自用量）及适用的税率计算划拨。明确资源税在哪里开采就在哪里纳税,体现了谁开采、谁投资、谁受益的原则。

8.2 资源税应纳税额的计算与申报

8.2.1 资源税应纳税额的计算

资源税实行从价定率或从量定额方法征税。其计算的基本公式如下：

$$应纳资源税 = 应税产品课税数量 \times 适用税率标准$$

【例 8-1】 某企业用外购液体盐加工固体盐，平均每 3.5 吨液体盐加工 1 吨固体盐，该企业 2012 年 1 月份共销售固体盐 20000 吨，按规定液体盐和固体盐应纳税额分别为 6 元/吨和 25 元/吨，计算该企业 2012 年 1 月份应纳资源税。

【解】

应纳资源税＝已销售固体盐数量×适用税额－固体盐所耗液体数量×适用税额
$$= 20\,000 \times 25 - 20\,000 \times 3.5 \times 6$$
$$= 80\,000(元)$$

【例 8-2】 某煤矿 2012 年 5 月生产销售原煤 300 000 吨，生产销售天然气 10 000 吨，天然气的不含税销售额 50 万元。按规定该煤矿原煤的适用税额为 2 元/吨，煤矿邻近的某石油管理局的天然气适用税率为 5%，计算该煤矿 2012 年 5 月份应纳资源税。

【解】

应纳资源税＝300 000×2＋500 000×5%＝625 000(元)

8.2.2 资源税纳税申报资料

资源税的纳税人申报、缴纳资源税，应填写资源税纳税申报表，并在规定的期限内申报纳税。资源税的扣缴义务人代扣代缴资源税，应填写资源税扣缴报告表。

资源税纳税申报表适用于开采应税矿产品或者生产盐的单位和个人申报缴纳资源税。其格式如表 8-2 所示。

表 8-2 资源税纳税申报表

填表日期： 年 月 日

纳税人识别号： 金额单位：元(列至角分)

纳税人名称				税款所属时期				
	产品名称	课税单位	课税数量	单位税额	应纳税款	已纳税款	应补(退)税款	备注
应税项目								

续表

免税项目							
如纳税人填报,由纳税人填写以下各栏			如委托代理人填报,由代理人填写以下各栏				备注
会计主管 (签章)		纳税人 (公章)	代理人名称			代理人 (公章)	
			代理人地址				
			经办人		电话		
以下由税务机关填写							
收到申报表日期				接收人			

8.3 资源税会计核算

企业进行资源税会计核算时,应在"应交税费"账户下设置"应交资源税"明细账户,专门用来核算企业应交资源税的发生和缴纳情况。该账户贷方核算企业依法应缴纳的资源税,借方核算企业已缴纳或允许抵扣的资源税,期末余额在贷方,反映企业期末应缴未缴的资源税额。

纳税人与税务机关结算上月税款、补缴税款时,借记"应交税费——应交资源税"账户,贷记"银行存款"账户。退回多缴的税款时,借记"银行存款"账户,贷记"应交税费——应交资源税"账户。企业未按规定期限缴纳资源税,向税务机关缴纳滞纳金时,借记"营业外支出"账户,贷记"银行存款"账户。

由于企业资源税应纳税额的计算存在不同情况,因此其账务处理也应视具体情况分别处理。

8.3.1 销售应税资源税产品的会计核算

企业计算销售应税产品应缴纳的资源税时,借记"营业税金及附加"账户,贷记"应交税费——应交资源税"账户;在上缴资源税时,借记"应交税费——应交资源税"账户,贷记"银行存款"账户。

【例8-3】 某铜矿6月份销售精铜矿4 600吨,税务机关无法准确掌握入选精铜矿时移送使用的铜矿石原矿量,只知道其选矿比为1∶35,该铜矿资源等级属于三等级,其单位税额为1.40元/吨。该铜矿纳税期为1个月。该企业如何进行会计核算?

【解】 该企业的会计核算如下:

应纳资源税=1.40×4 600×35=225 400(元)

① 计算出应纳资源税时:

借:营业税金及附加　　　　　　　　　　　　　　　　　　225 400
　　贷:应交税费——应交资源税　　　　　　　　　　　　　　　225 400

② 上缴资源税税款时:

借:应交税费——应交资源税　　　　　　　　　　　　　　225 400

贷：银行存款	225 400

8.3.2 自产自用应税资源税产品的会计核算

企业计算自产自用应税产品应缴纳的资源税时,借记"生产成本"、"制造费用"、"管理费用"等账户,贷记"应交税费——应交资源税"账户;在上缴资源税时,借记"应交税费——应交资源税"账户、贷记"银行存款"账户。

【例8-4】 某油田6月份原油实际产量8万吨,自产自用6万吨,不含增值税销售单价为3 800元/吨,按规定该油田的原油资源税税率5%。该企业如何进行会计核算？

【解】 该企业的会计核算如下。

应纳资源税＝6×3 800×5%＝1 140(万元)

① 计提资源税时：

借：制造费用	11 400 000
贷：应交税费——应交资源税	11 400 000

② 缴纳资源税时：

借：应交税费——应交资源税	11 400 000
贷：银行存款	11 400 000

8.3.3 收购未税矿产品的会计核算

独立矿山、联合企业及其他收购未税矿产品的单位收购未税矿产品时,按实际支付的收购款借记"原材料"等账户,贷记"银行存款"等账户;按规定代扣、代缴的资源税,借记"材料采购"等账户,贷记"应交税费——应交资源税"账户;上缴资源税时,借记"应交税费——应交资源税"账户,贷记"银行存款"等账户。

【例8-5】 某企业收购未税矿石2 500吨,实际支付货款500 000元,按规定代扣代缴的资源税为25 000元,款项以银行存款支付。该企业如何进行会计核算？

【解】 该企业的会计核算如下。

① 计提代扣代缴的资源税时：

借：材料采购	525 000
贷：银行存款	500 000
应交税费——应交资源税	25 000

② 缴纳资源税时：

借：应交税费——应交资源税	25 000
贷：银行存款	25 000

8.3.4 外购液体盐加工固体盐的会计核算

由于企业购入液体盐后用于加工固体盐时,其购入液体盐所包含的资源税允许抵扣固体盐应缴纳的资源税,因此购入液体盐按照允许抵扣资源税,借记"应交税费——应交资源税"账户,按外购价款扣除允许抵扣资源税后的数额,借记"原材料"等账户,按支付的全部价款,贷记"银行存款"等账户。

当加工成固体盐销售以后,借记"营业税金及附加"账户,贷记"应交税费——应交资源税"账户;将销售固体盐应纳资源税抵扣液体盐已纳资源税的差额上缴款项时,借记"应交税费——应交资源税"账户,贷记"银行存款"账户。

【例8-6】 某盐厂11月份购进液体盐16万吨用于加工固体盐,支付价款1 440万元,增值税244.80万元;本月销售固体盐24万吨,不含税价款1 920万元。液体盐单位税额3元/吨,固体盐单位税额25元/吨。该企业如何进行会计核算?

【解】 该企业的会计核算如下。

① 购入液体盐时:

借:材料采购	13 920 000
应交税费——应交增值税(进项税额)	2 448 000
应交税费——应交资源税	480 000
贷:银行存款	16 848 000

② 销售固体盐时:

借:银行存款	22 464 000
贷:主营业务收入	19 200 000
应交税费——应交增值税(销项税额)	3 264 000

③ 销售固体盐应纳资源税时:

借:营业税金及附加	6 000 000
贷:应交税费——应交资源税	6 000 000

④ 企业按规定缴纳税款时:

借:应交税费——应交资源税	5 520 000
贷:银行存款	5 520 000

复习思考题

1. 资源税的征税范围是如何规定的?
2. 为什么资源税具有级差收入税的特点?
3. 如何进行资源税的会计核算?

【业务题】

1. 某海盐盐场本期以自产液体盐4 000吨加工制成固体盐800吨,以外购已税的液体盐1 000吨(单价200元/吨)加工制成固体盐200吨。该盐场适用单位税额为固体盐20元/吨、液体盐3元/吨。请计算当期应缴纳的资源税。

2. 某铁矿山2011年12月销售铁矿石原矿6万吨,移送入选精矿0.5万吨,选矿比为40%,适用税额为10元/吨。请计算该矿山当月应缴纳的资源税。

3. 某油田2012年8月销售原油5 000吨,销售与原油同时开采的天然气21 000千立方米;不含增值税单价分别为3 500元/吨、1 000元/千立方米;开采过程中修井用原油3吨。该油田的原油适用税率为5%,天然气适用税率为5%。请计算当月应缴纳的资源税,并进行会计处理。

第9章 财　产　税

◎ 了解房产税、城镇土地使用税的税收实体法要素
◎ 能够完成房产税、城镇土地使用税的税额计算、会计核算

财产税是以纳税人拥有和支配的财产为征税对象的一类税收。我国现行的房产税、城镇土地使用税等属于财产税类。

9.1　房　产　税

9.1.1　房产税概述

1. 房产税的概念

房产税是以房屋为征税对象，依据房产价格或房产租金收入向房产所有人或经营人征收的一种财产税。随着我国城乡建设事业的迅速发展，征收房产税不仅能为地方财政筹集一部分建设资金，而且还能够在一定程度上促进城乡合理建房、用房，加强房产管理，适当调节纳税人的收入，发挥税收的经济杠杆作用。

2. 房产税的纳税人

凡在中华人民共和国境内拥有房屋产权的单位和个人为房产税的纳税义务人。产权出典的，承典人为纳税义务人；产权所有人、承典人不在房产所在地的，或者产权未确定及租典纠纷未解决的，房产代管人或者使用人为纳税义务人。

3. 房产税的征税范围

房产税属于财产税中的个别财产税，其征税范围突出房产概念，即以房屋形态表现的财产，至于那些独立于房屋之外的建筑物，如围墙、烟囱、水塔、变电站、室外游泳池等均不属于房产范围。同时，房产税征收范围限于城镇的经营性房屋，即在城市、县城、建制镇和工矿区征收，不包括农村及行政村所在地。

4. 房产税的计税依据和税率

根据纳税人对房产经营形式的不同，房产税有两种征税形式：对将房屋用于生产经营

及自用的,按房产计税余值征收;对于出租、出典的房屋按租金收入征税。

我国现行房产税采用的是比例税率,有两种情况:一种是按房产原值一次减除10%～30%后的余值计征的,税率为1.2%;一种是按房产出租的租金收入计征的,税率为12%。

从2001年1月1日起,对个人按市场价格出租的居民住房,其应缴纳的房产税暂按4%的税率征收。

5. 房产税的纳税义务发生时间

(1) 纳税人自建的房屋,自建成次月起征收房产税。

(2) 纳税人委托施工企业建设的房屋,从办理验收手续的次日起征收房产税。纳税人在办理验收手续前已经使用或出租、出借的新建房屋,应从使用或出租、出借的当日起,缴纳房产税。

(3) 纳税人将原有房产用于生产经营,从生产经营之日起,缴纳房产税。

6. 房产税的纳税期限

房产税实行按年计算,分期(半年或季度)缴纳的征收办法。具体纳税期限由省、自治区、直辖市人民政府确定。

7. 房产税的纳税地点

房产税应向房产所在地的地方税务机关缴纳。房产不在同一地方的纳税人,应按房产的坐落地分别向房产所在地的税务机关纳税。

9.1.2 房产税应纳税额的计算与申报

1. 房产税应纳税额的计算

根据税法,房产税的计算方法有以下两种情况。

(1) 按房产原值一次减除10%～30%后的余值计算。其计算公式为如下。

年应纳税额=房产账面原值×(1−10%至30%)×1.2%

(2) 按租金收入计算,其计算公式如下。

年应纳税额=年租金收入×适用税率(12%)

以上方法是按年计征的,如分期缴纳,比如按半年缴纳,则以年应纳税额除以2;按季缴纳,则以年应纳税额除以4;按月缴纳,则以年应纳税额除以12。

【例9-1】 西方出版社为自收自支事业单位,有营业楼两幢,"固定资产——房屋"账面原值为58 000 000元;另有两座写字楼,专门用于出租,每年收取租金收入12 000 000元。当地政府规定,按房产原值扣除30%后作为房产的计税余值。请计算该出版社应纳的房产税。

【解】

按规定,对于事业单位自用房产,应以房产的计税余值为计税依据,适用税率1.2%计算纳税。则按房产余值计算的应纳税额为:

年应纳税额=58 000 000×(1−30%)×1.2%=487 200(元)

月应纳税额=年应纳税额÷12=487 200÷12=40 600(元)

按照规定,对于出租房屋取得租金的房产,应按其租金收入适用12%的年税率纳税。

年应纳税额=1 200 000×12%=1 440 000(元)

月应纳税额=1 440 000÷12=120 000(元)

每月合计应纳税额=40 600+120 000=160 600(元)

2. 房产税纳税申报

房产税的申报和城建税、教育费附加、资源税、城市房地产税、土地增值税和城镇土地使用税(预征部分)、车船使用税、车船使用牌照税、印花税(仅限汇总缴纳和核定征收两种方式)、文化事业建设费、水利建设专项资金的申报一起,统一通过填制地方税(费)纳税综合申报表进行申报。

9.1.3 房产税的会计核算

为了核算应缴纳的房产税,可设置"应交税费——应交房产税"账户。该账户贷方反映计算应缴纳的房产税税额;借方反映实际已缴纳数;贷方余额反映应交未交数,借方余额为实际多交数。由于房产税按年计征,分期缴纳,所以当企业计算出应交房产税后,应借记"待摊费用"账户,贷记"应交税费——应交房产税"账户;实际缴纳税款时,借记"应交税费——应交房产税"账户,贷记"银行存款"账户。

【例9-2】 某公司有经营用房产一幢,账面所反映的原值为5 000万元,国家规定允许减除20%后计税,其全年应缴纳房产税税额可分季度缴纳。该企业如何进行会计核算?

【解】 该企业的会计核算如下。

① 当年计算出应缴纳的房产税时:

应缴纳的房产税=50 000 000×(1-20%)×1.2%=480 000(元)

借:待摊费用   480 000
  贷:应交税费——应交房产税   480 000

② 按月摊销房产税时:

每月摊销额=480 000÷12=40 000(元)

借:管理费用——房产税   40 000
  贷:待摊费用   40 000

③ 按季度缴纳房产税时:

借:应交税费——应交房产税   120 000
  贷:银行存款   120 000

9.2 城镇土地使用税

9.2.1 城镇土地使用税概述

1. 城镇土地使用税的概念

城镇土地使用税,简称土地使用税,是以国有土地为征税对象,对拥有土地使用权的单位和个人征收的一种税。征收城镇土地使用税,有利于促进合理、节约使用土地,提高土地的使用效益,调节不同地区、不同地段之间的土地级差收入。

2. 城镇土地使用税的特点

(1) 城镇土地使用税既是对内税,也是对外税。城镇土地使用税的纳税人既包括国内各类企业、事业、机关、团体、部队,也包括中外合资企业、合作企业、外资企业、外国公司等单位和个人。

(2) 城镇土地使用税在城市、县城、建制镇、工矿区开征,不论国家或集体所有的土地,都应照章缴纳城镇土地使用税。目前尚未对农村土地计征。

3. 城镇土地使用税的纳税义务人和征税范围

城镇土地使用税的纳税人是在城市、县城、建制镇、工矿区使用土地的单位和个人。具体包括以下内容。

(1) 拥有土地使用权的单位和个人。

(2) 拥有土地使用权的纳税人不在土地所在地的,该土地的代管人或实际使用人为纳税人。

(3) 土地使用权未确定或权属纠纷未解决的,由实际使用人纳税。

(4) 土地使用权为多方共有的,由共有各方分别纳税。

城镇土地使用税的征税范围,包括在城市、县城、建制镇、工矿区内的国家所有和集体所有的土地。

4. 城镇土地使用税的计税依据

城镇土地使用税以纳税人实际占用的土地面积为计税依据。纳税人实际占用的土地面积按下列办法确定。

(1) 由地方政府确定的单位组织测定土地面积的,以测定的面积为准。

(2) 尚未测量但纳税人持有政府部门核发的土地使用证书的,以证书确认的土地面积为准。

(3) 尚未核发土地证的,应由纳税人申报土地面积,据以纳税,待核发土地证后再作调整。

5. 城镇土地使用税的税率

城镇土地使用税采用定额幅度差别税率。城镇土地使用税定额是根据我国经济发展状况,参考城市主要经济指标,结合不同地区收取土地占用费的金额标准测算确定:大城市每平方米税额1.5~30元;中等城市每平方米税额1.2~24元;小城市每平方米税额0.9~18元;县城、建制镇、工矿区每平方米税额0.6~12元。

大、中、小城市以公安部门登记在册的非农业正式户口人数为依据,按照国务院颁布的《城市规划条例》中规定的标准划分。人数在50万以上者为大城市,人数介于20万~50万之间者为中等城市,人数在20万以下者为小城市。各省、自治区和直辖市人民政府可根据市政建设情况和经济繁荣程度在规定税额幅度内,确定所辖地区的适用税额幅度。

各省(区、市)人民政府可根据本地区经济发展状况,适当降低税额,但降低额不得超过最低税额的 30%；经济发达地区适用税额标准可以适当提高，但须报经财政部批准。

6. 城镇土地使用税的税收优惠

税法规定，下列情况免缴城镇土地使用税。

(1) 国家机关、人民团体、军队自用的土地。

(2) 国家财政部门拨付事业经费的单位自用的土地。

(3) 宗教寺庙、公园、名胜古迹自用的土地。

(4) 市政街道、广场、绿化地带等公共土地。

(5) 直接用于农、林、牧、渔业的生产用地，不包括农副产品加工场地和生活办公用地。

(6) 经批准开山填海整治的土地和改造的废弃土地，从使用月份起免征 5～10 年。

(7) 非营利性医疗机构、疾病控制机构和妇幼保健机构等卫生机构自用的土地免征城镇土地使用税，营利性医疗机构自用的土地从经营之日起免征 3 年城镇土地使用税。

(8) 企业办的学校、医院、托儿所、幼儿园，其用地能与企业其他用地明确区分的。

(9) 免税单位无偿使用纳税单位的土地（如公安、海关使用铁路、民航等单位的土地）免征城镇土地使用税。注意，纳税单位无偿使用免税单位的土地应照章缴纳城镇土地使用税，纳税单位与免税单位共同使用、共有使用权土地上的多层建筑，对纳税单位按其占用的建筑面积占建筑总面积的比例计算缴纳城镇土地使用税。

(10) 中国人民银行总行（含国家外汇管理局）所属分支机构自用的土地。

(11) 对石油、电力、煤炭等能源用地，民用港口、铁路等交通用地和水利设施用地，以及盐业、采石场、邮电等一些特殊用地划分了征免税界限，给予政策性减免税照顾。

省、自治区、直辖市地方税务局确定减免的优惠政策主要包括以下几方面内容。

(1) 个人所有的居住房屋及院落用地。

(2) 免税单位职工家属的宿舍用地。

(3) 民政部门下属的安置残疾人占一定比例的福利工厂用地。

(4) 集体和个人办的各类学校、医院、托儿所、幼儿园用地。

(5) 房产管理部门在房租调整改革前经租的居民住房用地。

(6) 直接向居民供热并向居民收取采暖费的供热企业，其生产占地免税。对既向居民供热，又向非居民供热的企业，按向居民供热收取的收入占其总供热收入的比例划分征免税界限；对兼营供热的企业，按向居民供热收取的收入占其生产经营总收入的比例划分征免界限。

7. 城镇土地使用税的纳税期限

城镇土地使用税实行按年计算、分期预缴的征收方法，具体纳税期限由各地方人民政府决定。

8. 城镇土地使用税纳税义务发生的时间和地点

(1) 纳税人购置新建房，自房屋交付使用次月起缴纳城镇土地使用税。

(2) 纳税人购置存量房，自办理房屋权属转移、变更登记手续、房地产权属登记机关签发房屋权属证书次月起缴纳城镇土地使用税。

(3) 纳税人出租出借房产,自交付房产次月起缴纳城镇土地使用税。

(4) 以出让或转让方式有偿取得土地使用权的,应由受让方从合同约定交付土地时间的次月起缴纳城镇土地使用税;合同未约定交付时间的,由受让方从合同签订的次月起缴纳城镇土地使用税。

(5) 纳税人新征用的耕地,自批准征用之日起满一年时开始缴纳城镇土地使用税。

(6) 纳税人新征用的非耕地,自批准征用次月起缴纳城镇土地使用税。

城镇土地使用税在土地所在地缴纳。

9.2.2 城镇土地使用税应纳税额的计算

城镇土地使用税应纳税额的计算以纳税人实际占用的土地面积为计税依据,依照规定的税额,按年计算,分期缴纳。应纳税额的计算公式如下。

应纳城镇土地使用税＝应税土地的实际占用面积×适用税额

【例 9-3】 某市生产企业经有关行政部门核定 2011 年厂区内占用土地面积 20 000 平方米,其中幼儿园占地 2 000 平方米、子弟学校占地 3 000 平方米、绿化占地 4 000 平方米,该地每平方米征收城镇土地使用税 3 元。计算该企业 2011 年应缴纳城镇土地使用税。

【解】 2011 年应纳城镇土地使用税＝(20 000－2 000－3 000)×3＝45 000(元)

【例 9-4】 某供热企业占地面积 50 000 平方米,其中厂房 33 000 平方米(有一间 3 000 平方米的车间无偿提供给公安消防队使用),行政办公楼 4 000 平方米,厂办子弟学校 4 000 平方米,厂办招待所 1 000 平方米,厂办医院和幼儿园各 1 500 平方米,厂区内绿化用地 3 000 平方米。2011 年度该企业取得供热总收入 6 000 万元,其中 2 400 万元为向居民供热取得的收取。城镇土地使用税单位税额每平方米 3 元,计算该供热企业 2011 年度应缴纳城镇土地使用税。

【解】

应纳城镇土地使用税＝(50 000－3 000－4 000－1 500×2)×(6 000－2 400)÷6 000×3＝72 000(元)

9.2.3 城镇土地使用税的会计核算

企业核算城镇土地使用税,由于不需预计应交数额,可不在"应交税费"账户核算。城镇土地使用税可直接在管理费用中列支,借记"管理费用"账户,贷记"银行存款"账户。如果数额较大,经当地税务部门同意则可通过"待摊费用"账户核算,借记"待摊费用"账户,贷记"银行存款"账户;分摊时,借记"管理费用"账户,贷记"待摊费用"账户。

【例 9-5】 某公司实际占用的土地面积为 5 万平方米,当地政府规定的城镇土地使用税适用税额标准为每平方米 5 元。该企业如何进行会计核算?

【解】 该企业的会计核算如下。

应纳城镇土地使用税税额＝5×5＝25(万元)

借:管理费用——土地所有税　　　　　　　　　　　　　　　　250 000
　　贷:银行存款　　　　　　　　　　　　　　　　　　　　　　　　　250 000

复习思考题

1. 简述房产税的征税对象与征税依据。
2. 房产税的比例税率有哪几种？适用什么范围？如何计算？
3. 简述城镇土地使用税的计税依据与适用税率。
4. 简述房产税和城镇土地使用税起征的时间规定。

【业务题】

某工业企业，其生产用房价值为 7 000 万元，还建有一座内部医院、一个幼儿园、一个对外营业的招待所，房产原值分别为 300 万元、100 万元、1 000 万元。当地政府规定允许减除房产原值的 20%，请对该企业的房产税进行会计核算。

第10章 行 为 税

◎ 了解印花税、城市维护建设税、教育费附加及文化事业建设费、土地增值税的税收实体法要素

◎ 能够完成印花税、城市维护建设税、教育费附加及文化事业建设费、土地增值税的税额计算

◎ 掌握印花税、城市维护建设税、教育费附加及文化事业建设费、土地增值税的会计核算方法

行为税是以纳税人的特定行为为课税对象的一类税收,通常将那些不属于流转税、所得税、财产税、资源税类别的税种都归于行为税。我国现行的印花税、城市维护建设税、土地增值税等属于行为税类。

10.1 印 花 税

10.1.1 印花税概述

1. 印花税的概念

印花税是对经济活动和经济交往中书立、使用、领受的具有法律效力的凭证(包括合同、协议、权利、许可证照等)的单位和个人征收的一种行为税。

随着我国市场经济的发展和经济法制的健全,各种依法书立经济凭证的现象将会越来越普遍,因此印花税的征收范围将日益广阔。征收印花税能为国家经济建设积累资金,有利于加强对经济合同的管理和监督,提高纳税人的法制观念。

2. 印花税的纳税义务人与征税范围

印花税的纳税义务人包括在中华人民共和国境内书立、使用、领受印花税法所列举凭证的单位和个人。根据书立、使用、领受应税凭证的不同,其纳税人分别为立合同人、立账簿人、立据人、领受人和使用人。对合同、书据等凡是由两方或两方以上当事人共同书立的凭证,其当事人各方都是纳税义务人,各就所持凭证的计税金额纳税。对政府部门发给的权利

许可凭证,领受人是纳税义务人,领受人是指领取并持有该项凭证的单位或个人。在国外书立、领受,但在国内使用的应税凭证,其使用人即为纳税人。

印花税只对《印花税暂行条例》列举的项目征收,没有列举的不征税。其具体范围分为以下五大类。

(1) 合同或具有合同性质的凭证。

(2) 产权转移书据。

(3) 营业账簿。

(4) 权利、许可证照。

(5) 经财政部确定征税的其他凭证。

财政部、国家税务总局《关于印花税若干政策的通知》(财税[2006]162号)将印花税有关政策明确如下。

(1) 对纳税人以电子形式签订的各类应税凭证按规定征收印花税。

(2) 对发电厂与电网之间、电网与电网之间(国家电网公司系统、南方电网公司系统内部各级电网互供电量除外)签订的购售电合同按购销合同征收印花税。电网与用户之间签订的供用电合同不属于印花税列举征税的凭证,不征收印花税。

(3) 对土地使用权出让合同、土地使用权转让合同按产权转移书据征收印花税。

(4) 对商品房销售合同按照产权转移书据征收印花税。

3. 印花税的计税依据和税率

印花税根据不同征税项目,分别实行从价计征和从量计征两种征收方法。从价计征法即按课税的经济凭证记载金额,采用比例税率计征印花税。从量计征法即对未记载金额的课税经济凭证,按件定额计征印花税,按件征收固定税额的有:其他营业账簿、权利、许可证等,单位税额均为每件5元。印花税税目、税率表如表10-1所示。

表10-1 印花税税目税率表

序号	税目	税率	说明
1	购销合同	按购销金额0.3‰贴花	包括供应、预购、采购、购销、结合及协作、调剂、补偿、易货等合同
2	加工承揽合同	按加工或承揽收入0.5‰贴花	包括加工、定作、修缮、修理、印刷广告、测绘、测试等合同
3	建设工程勘察设计合同	按加工或承揽收入0.5‰贴花	包括勘察、设计合同
4	建筑安装工程承包合同	按承包金额0.3‰贴花	包括建筑、安装工程承包合同
5	财产租赁合同	按租赁金额1‰贴花。税额不足1元,按1元贴花	包括租赁房屋、船舶、飞机、机动车辆、机械、器具、设备等合同
6	货物运输合同	按运输费用0.5‰贴花	包括民用航空运输、铁路运输、海上运输、内河运输、公路运输和联运合同
7	仓储保管合同	按仓储保管费用1‰贴花	包括仓储、保管合同

续表

序号	税　　目	税　　率	说　　明
8	借款合同	按借款金额0.05‰贴花	银行及其他金融组织和借款人（不包括银行同业拆借）所签订的借款合同
9	财产保险合同	按保险费收入1‰贴花	包括财产、责任、保证、信用等险合同
10	技术合同	按所载金额0.3‰贴花	包括技术开发、转让、咨询、服务等合同
11	产权转移书据	按所载金额0.5‰贴花	包括财产所有权和版权、商标专用权、专利权、专有技术使用权等转移书据、土地使用权出让合同、土地使用权转让合同、商品房销售合同
12	营业账簿	记载资金的账簿，按实收资本和资本公积的合计金额0.5‰贴花。其他账簿按件贴花5元	生产、经营用账册
13	权利、许可证照	按件贴花5元	包括政府部门发给的房屋产权证、工商营业执照、商标注册证、专利证、土地使用证

(2) 从量计征法即对未记载金额的课税经济凭证，按件定额计征印花税。

按件征收固定税额的有其他营业账簿、权利、许可证等，单位税额均为每件5元。

4. 印花税优惠政策

(1) 对已缴纳印花税凭证的副本或者抄本免税。凭证的正式签署本已按规定缴纳了印花税，其副本或者抄本对外不发生权利义务关系，只是留存备查，但以副本或者抄本视同正本使用的，则应另贴印花。

(2) 对财产所有人将财产赠给政府、社会福利单位、学校所立的书据免税。对上述书据免税，旨在鼓励财产所有人这种有利于发展文化教育事业、造福社会的捐赠行为。

(3) 对国家指定的收购部门与村民委员会、农民个人书立的农副产品收购合同免税。由于我国农副产品种类繁多，地区之间差异较大，随着经济的发展，国家指定的收购部门也会有所变化。对此，印花税法授权省、自治区、直辖市主管税务机关，根据当地实际情况，具体划定本地区"收购部门"和"农副产品"的范围。

(4) 对无息、贴息贷款合同免税。无息、贴息贷款合同是指我国的各专业银行按照国家金融政策发放的无息贷款，以及由各专业银行发放并按有关规定由财政部门或中国人民银行给予贴息的贷款项目所签订的贷款合同。一般情况下，无息、贴息贷款体现国家政策，满足特定时期的某种需要，其利息全部或者部分是由国家财政负担的，对这类合同征收印花税没有财政意义。

(5) 对外国政府或者国际金融组织向我国政府及国家金融机构提供优惠贷款所书立的

合同免税。该类合同是就具有援助性质的优惠贷款而成立的政府间协议;对其免税有利于引进外资,利用外资,推动我国经济与社会的快速发展。

(6) 对房地产管理部门与个人签订的用于生活居住的租赁合同免税。

(7) 对农牧业保险合同免税。对该类合同免税,是为了支持农村保险事业的发展,减轻农牧业生产的负担。

(8) 对特殊货运凭证免税,具体包括以下几方面内容。

① 军事物资运输凭证,即附有军事运输命令或使用专用的军事物资运费结算凭证。

② 抢险救灾物资运输凭证,即附有县级以上(含县级)人民政府抢险救灾物资运输证明文件的运费结算凭证。

③ 新建铁路的工程监管线运输凭证,即为新建铁路运输施工所需物料,使用工程监管线专用的运费结算凭证。

5. 印花税的缴纳

印花税与其他税种相比较,税率要低得多,其税负也比较轻。一般是通过纳税人自行计算、购买并粘贴印花税票、自行盖戳或画线注销的方法完成纳税义务。

10.1.2 印花税应纳税额的计算

1. 印花税应纳税额的基本计算公式

$$应纳印花税 = 计税金额 \times 适用税率$$

或

$$应纳印花税 = 应税凭证件数 \times 适用定额税率$$

2. 合同或具有合同性质的凭证应纳税额的计算

(1) 购销合同,其购销合同的计税金额为购销金额,不得作任何扣减。其计算公式为:

$$应纳印花税 = 购销金额 \times 0.3‰$$

(2) 加工承揽合同,其计税金额是加工或承揽收入的金额。在合同中如有受托方提供原材料金额的,其原材料金额可剔除计税。其计算公式为:

$$应纳印花税 = 加工或承揽收入 \times 0.5‰$$

(3) 建设工程勘察设计合同,其计税金额为勘察设计的收取费用。其计算公式为:

$$应纳印花税 = 收取费用 \times 0.5‰$$

(4) 建筑安装工程承包合同,承包金额不得剔除任何费用。其计算公式为:

$$应纳印花税 = 承包总金额 \times 0.3‰$$

(5) 财产租赁合同,其计税金额是租赁金额。其计算公式为:

$$应纳印花税 = 租赁金额 \times 1‰$$

(6) 货物运输合同,其计税金额为运输费用金额,不包括装卸费。其计算公式为:

$$应纳印花税 = 运输费用 \times 0.5‰$$

(7) 仓储保管合同,其计税金额为仓储保管费用。其计算公式为:

$$应纳印花税 = 仓储保管费用 \times 1‰$$

(8) 借款合同,其计税金额为借款金额。其计算公式为:

$$应纳印花税 = 借款金额 \times 0.05‰$$

目前,由于各银行及其他金融机构在办理信贷业务的方式和手续上有所不同,因此国家税务总局对借款合同如何计算印花税做了以下具体的细则规定。

① 凡是一项信贷业务既签订借款合同,又一次或分次填开借据的,只就借款合同所载金额计税贴印花;凡是只填开借据并作为合同使用的,则应按以借据所载金额计税,在借据上贴印花。如果双方在口头上达成借贷协议,在借款时通过借据作凭证,应按借据所载金额计税贴印花。

② 流动资金周转借款合同一般按期(年、季)签订,规定借款人在最高限额内随借随还,对此类合同只需按最高限额贴印花一次,在限额内随借随还不签订新合同的,不再另贴印花。

③ 对融资性租赁合同,应按合同所载租金总额,依借款合同性质计税贴印花。

④ 抵押贷款合同按借款合同性质计税贴印花。如果借款人因无力偿还借款而将抵押财产转移给银行时,还应就双方书立的产权书据,按产权转移书据的有关规定计税贴印花。

⑤ 某些基本建设贷款先按年度用款计划分年签约,再在最后一年按总概算签订借款总合同。对这类基建借款合同应按分合同分别计税贴印花;最后签订的总合同,只对借款总额扣除分合同借款金额后的余额计税贴印花。

(9) 财产保险合同,其计税金额为保险费金额。其计算公式为:

$$应纳印花税 = 保险费金额 \times 1‰$$

(10) 技术合同,其计税金额是合同所标价款、报酬或使用费等。为鼓励技术研究开发,对技术开发合同,只就合同所载的报酬金额计税,研究开发经费不作为计税依据。其计算公式为:

$$应纳印花税 = 价款、报酬或使用费 \times 0.3‰$$

3. 企业营业账簿应纳税额的计算

资金账簿的计税金额原为固定资产原值与自有流动资金总额,国家税务总局决定自1994年1月1日起资金账簿的计税依据改为"实收资本"与"资本公积"两项的合计金额。其计算公式为:

$$应纳印花税 = (实收资本 + 资本公积) \times 0.5‰$$

其他账簿包括日记账和各明细分类账等,一律按件贴花。每本5元。

4. 产权转移书据应纳税额的计算

产权转移书据包括财产所有权、版权、商标专用权、专利权、专有技术使用权等转移书据。其计税金额为书据所载金额。其计算公式为:

$$应纳印花税 = 产权转移金额 \times 0.5‰$$

5. 权利许可证照应纳税额的计算

权利许可证照包括政府部门发给的房屋产权证、工商营业执照、商标注册证、专利证、土地使用证等,一律按件贴花,每件5元。

6. 一些特殊凭证的应纳税额的计算

(1) 同一凭证载有两个或两个以上经济事项,如分别记载金额的,应分别依照适用税率计算应纳税额,然后相加,按合计税额贴花;如未分别记载金额的,应按最高的一种适用税率计税贴花。

(2) 在某些加工承揽合同中,规定由受托方提供原材料或辅助材料,对这类合同的计税处理是:凡是在合同中分别记载加工费金额和原材料金额的,应分别按加工承揽合同、购销合同计税,两项税额相加后贴花;合同中未划分加工费金额与原材料金额的,应按全部金额依照加工承揽合同计税贴花;由受托方提供辅助材料的加工合同,无论是分别记载还是合并记载金额的,都应按垫付的辅助材料和加工费的合计金额,按加工承揽合同计税贴花。

(3) 对于某些合同在签订时无法确定计税金额的,可先按每份合同定额贴印花 5 元,经济业务结算时,再按实际金额和适用税率计税,并补贴印花。

(4) 经济合同如果实际上不能兑现或不能完全兑现,或者由于价格变化等因素出现,兑现金额与合同所载金额有一定差距的,依照税法规定,均应在合同签订时完税,不论合同是否兑现,已贴印花不能揭下重用,已缴纳的印花税款不得退税。

(5) 对所载合同金额为外币的凭证,应按规定的外汇汇率先折合成人民币后再计税贴花。

【例 10-1】 甲企业与乙企业签订合同,由甲企业向乙企业提供聚乙烯 10 000 吨,每吨聚乙烯 3 500 元,共计 3 500 万元。乙企业向甲企业提供钢材 200 吨,每吨钢材 2 200 元,共计 44 万元,其差额部分由乙企业付款补足。请计算甲乙双方应纳的印花税。

【解】 乙企业向甲企业提供钢材 44 万元的部分,虽然是以货易货的性质,但在确定税金金额时同样应按购销合同计缴印花税。

双方各自的应纳税额=购销金额×0.3‰=(3 500+44)×0.3‰=1 063(元)

10.1.3 印花税的会计核算

企业缴纳的印花税是由纳税人根据规定自行计算的,以购买并一次贴足印花税票的方法来缴纳税款,因此不需要预计应交税金数额,与税务部门不发生结算业务,不必通过"应交税费"账户核算。企业在购买印花税税票时,直接借记"管理费用"账户,贷记"银行存款"账户。对于一次购买印花税税票数额比较大的,为均衡管理费用,在购买时可先借记"待摊费用"账户,贷记"银行存款"账户;待将印花粘贴在应纳税凭证上时,再借记"管理费用"账户,贷记"待摊费用"账户。

【例 10-2】 甲公司从乙公司购入材料 200 000 元,双方签订购销合同一份。该企业如何进行会计核算?

【解】 该企业的会计核算如下。

应纳印花税=200 000×0.3‰=60(元)

借:管理费用   60
    贷:银行存款   60

10.2 城市维护建设税、教育费附加和文化事业建设费

10.2.1 城市维护建设税

1. 城市维护建设税概述

(1) 城市维护建设税的概念

城市维护建设税（简称城建税）是以纳税人实际缴纳的增值税、消费税、营业税税额为计税依据征收的一种税。城建税属于特定目的税，税额收入专门用于城市公共事业和公共设施的维护、建设。

(2) 城市维护建设税的特点

① 进口不征，出口不退。城建税是以增值税、消费税、营业税税额为计税依据，如果减免增值税、消费税、营业税，也同时免征或减征城建税。但对海关代征的进口货物增值税、消费税，不征收城建税。对出口货物按规定应退还增值税、消费税的，也不能同时退还已缴纳的城市维护建设税。

② 城市维护建设税是对内税。凡是缴纳增值税、消费税、营业税的单位和个人，均为城建税的纳税义务人。但对外商投资企业和外国企业不征收城市维护建设税。

③ 具有附加税性质。城市维护建设税以增值税、消费税、营业税税额为计税依据，附加于"三税"税额，本身并没有特定的、独立的征税对象。

④ 具有特殊目的。城市维护建设税税款专门用于城市公用事业和公共设施的维护建设。

(3) 城市维护建设税的税率

城市维护建设税按纳税人所在地的不同，设置了三档地区差别比率税率。

① 纳税人所在地为市区的，税率为7%。

② 纳税人所在地为县城、镇的，税率为5%。

③ 纳税人所在地不在市区、县城或者镇的，税率为1%。

需要注意，由受托方代征代扣增值税、消费税、营业税的单位和个人，其代征代扣的城市维护建设税按受托方所在地适用的税率；流动经营及无固定纳税地点的单位和个人，在经营地缴纳增值税、消费税、营业税的，其城市维护建设税的缴纳按经营地适用税率。

(4) 城市维护建设税的纳税环节、纳税期限、纳税地点

① 城市维护建设税的纳税环节。城市维护建设税的纳税环节与纳税人缴纳的增值税、消费税、营业税相同，只要发生增值税、消费税、增值税的纳税行为，就要在缴纳增值税、消费税、营业税的同一环节上，分别计算缴纳城市维护建设税。

② 城市维护建设税的纳税期限。由于城市维护建设税是由纳税人在缴纳"三税"时同时缴纳的，因此其纳税期限分别与"三税"的纳税期限一致。

③ 城市维护建设税的纳税地点。由于城建税是纳税人在缴纳"三税"时同时缴纳的，因此纳税人缴纳"三税"的地点，就是该纳税人缴纳城建税的地点。

但是,以下情况例外:代扣代缴、代收代缴"三税"的单位和个人,同时也代扣代缴、代收代缴城建税,其城建税的纳税地点在代扣代收地;流动经营无固定纳税地点的单位和个人,随"三税"在经营地缴纳城建税;管道局输油部分的收入,其取得收入的各管道局于所在地缴纳城建税;跨省开采的油田,下属生产单位与核算单位不在一个省内的,各油井应纳的城建税,由核算单位计算,汇拨油井所在地,在油井所在地缴纳城建税。

2. 城市维护建设税应纳税额的计算

城市维护建设税以纳税人实际缴纳的"三税"税额为计税依据,其计税公式为:

$$应纳城建税=实际缴纳的"三税"税额合计×适用税率$$

在确定城市维护建设税的计税依据时,要注意以下问题。

(1) 违反"三税"而加收的滞纳金和罚款,不作为城建税的计税依据。

(2) 纳税人在被查补"三税"和被处以罚款时,应同时对其偷漏的城建税进行补税和罚款。

(3) 城建税以"三税"为税基,如果"三税"有免税或减税情况,也要同时免征或减征城建税。

(4) 海关代征的进口货物增值税、消费税,不征收城市维护建设税;出口货物按规定应退还增值税、消费税的,不能同时退还已缴纳的城市维护建设税。

【例 10-3】 某城市甲卷烟厂委托某县城乙卷烟厂加工一批雪茄烟,委托方提供原材料 65 000 元,支付不含增值税加工费 10 000 元,雪茄烟的消费税税率为 25%,乙卷烟厂没有同类雪茄烟市场价格。计算乙卷烟厂应代扣代缴的城建税。

【解】

乙卷烟厂代扣代缴消费税=(65 000+10 000)÷(1—25%)×25%=25 000(元)

乙卷烟厂代扣代缴城建税=25 000×5%=1 250(元)

【例 10-4】 某市区一企业某月缴纳进口关税 80 万元,进口环节增值税 136 万元,进口环节消费税 160 万元;本月实际缴纳增值税 60 万元,消费税 76 万元,营业税 25 万元。在税务检查过程中,税务机关发现,该企业隐瞒饮食服务收入 80 万元,本月被查补相关税金。本月收到上月报关出口自产货物应退增值税 35 万元。计算该企业应缴纳的城建税。

【解】

应纳城建税=(60+76+25+80×25%)×7% =11.55(万元)

【例 10-5】 某县城旅行社某月组织六次国内旅游,收取旅游费 10 万元,其中替旅客支付门票等费用 3 万元,改由其他旅游企业接待 2 个团,转付旅游费 4 万元。计算该旅行社应缴纳的城建税。

【解】

应纳营业税=(100 000—30 000—40 000)×5%=1 500(元)

应纳城建税=1 500×5%=75(元)

3. 城市维护建设税的会计核算

企业应当在"应交税费"账户下设置"应交城市维护建设税"明细账户,专门用来核算企业应交城市维护建设税的发生和缴纳情况。该账户的贷方反映企业按税收政策法规计算出的应当缴纳的城市维护建设税,借方反映企业实际向税务机关缴纳的城市维护建设税,余额在贷方反映企业应交而未交的城市维护建设税。

【例 10-6】 某房地产开发公司 2007 年 5 月 31 日计算出当月应缴纳的营业税 1 060 000 元。该企业地处某镇,城市维护建设税税率为 5%。计算该企业当月应纳城市维护建设税并进行会计核算。

【解】 该企业的会计核算如下。

应纳城建税＝1 060 000×5%＝53 000(元)

借:营业税金及附加　　　　　　　　　　　　　　　　　　　53 000
　贷:应交税费——应交城市维护建设税　　　　　　　　　　53 000

【例 10-7】 某公司 2007 年 6 月份实际缴纳营业税 2 197 136.08 元、增值税 32 000 元。该公司地处市区,城市维护建设税税率为 7%。计算该企业当月应纳的城市维护建设税并进行会计核算。

【解】 该企业的会计核算如下:

应纳城建税＝(2 197 136.08＋32 000)×7%＝156 039.53(元)

借:营业税金及附加　　　　　　　　　　　　　　　　　　　156 039.53
　贷:应交税费——应交城市维护建设税　　　　　　　　　　156 039.53

10.2.2　教育费附加

1. 教育费附加概述

(1) 教育附加费的概念

教育费附加是以纳税人实际缴纳的增值税、消费税、营业税税额为计税依据征收的一种附加费。征收教育费附加,是为了较快发展地方教育事业,扩大地方教育经费的资金来源。

(2) 教育费附加的纳税人

凡是缴纳增值税、消费税、营业税的单位和个人,均为教育费附加的纳税义务人。

(3) 教育费附加的计征依据

教育费附加以增值税、消费税、营业税税额为计征依据,如果减免增值税、消费税、营业税,也同时免征或减征教育费附加。但对海关代征的进口货物增值税、消费税,不征收教育费附加;对出口货物按规定应退还增值税、消费税的,也不能同时退还已缴纳的教育费附加。

(4) 教育费附加的计征比率

教育费附加计征比率为 3%。

2. 教育费附加应纳税额的计算

教育费附加以纳税人实际缴纳的"三税"税额为计税依据,其计算公式为:

应纳教育费附加＝实际缴纳的"三税"税额合计×计征比率

【例 10-8】 某县城一企业为增值税一般纳税人,某月因进口原材料由海关代征增值税 120 万元,在国内市场销售产品收到增值税 280 万元。当月该企业又出租门面房收到租金

40 万元。计算该企业当月应缴纳的教育费附加。

【解】

应纳增值税＝280－120＝160(万元)

应纳营业税＝40×5％＝2(万元)

应纳教育费附加＝(160＋2)×3％＝4.86(万元)

3. 教育费附加的会计核算

企业应当在"应交税费"账户下设置"教育费附加"明细账户,专门用来核算企业应交教育费附加的发生和缴纳情况。该账户的贷方反映企业按税法规定计算出的应当缴纳的教育费附加,借方反映企业实际向税务机关缴纳的教育费附加,余额在贷方反映企业应交而未交的教育费附加。

【例 10-9】 某房地产公司在 2007 年 4 月 1 日、5 月 1 日、6 月 1 日按规定分别预缴营业税 292 000 元,6 月末计算出本季度实际应纳营业税为 1 060 000 元,6 月末该企业如何进行会计核算?

【解】

① 4 月 1 日预缴营业税、教育费附加的会计核算如下:

应纳教育费附加＝292 000×3％＝8 760(元)

借:营业税金及附加　　　　　　　　　　　　　　　　　　　8 760
　　贷:应交税费——教育费附加　　　　　　　　　　　　　　8 760
借:应交税费——教育费附加　　　　　　　　　　　　　　　　8 760
　　贷:银行存款　　　　　　　　　　　　　　　　　　　　　8 760

② 5 月 1 日、6 月 1 日预缴营业税、教育费附加的会计核算同上。

③ 6 月末计算出本季度实际应纳营业税为 1 060 000 元,则计算出本月应缴纳的教育费附加,并进行会计核算如下:

应纳教育费附加＝1 060 000×3％＝31 800(元)

月末应补提的教育费附加＝31 800－8 760×3＝5 520(元)

借:营业税金及附加　　　　　　　　　　　　　　　　　　　5 520
　　贷:应交税费——教育费附加　　　　　　　　　　　　　　5 520
借:应交税费——教育费附加　　　　　　　　　　　　　　　　5 520
　　贷:银行存款　　　　　　　　　　　　　　　　　　　　　5 520

10.2.3　文化事业建设费

1. 文化事业建设费概述

(1) 文化事业建设费的概念

文化事业建设费是国务院为进一步完善文化经济政策,拓展文化事业资金投入渠道而对广告、娱乐行业开征的一种规费。

(2) 文化教育建设费的缴纳义务人

在中华人民共和国境内依照《中华人民共和国营业税暂行条例》的规定缴纳娱乐业、广告业营业税的单位和个人,为文化事业建设费的缴纳义务人。

(3) 文化事业建设费的计费依据

文化事业建设费的计费依据是纳税人缴纳娱乐业、广告业营业税的营业额。

(4) 文化事业建设费的费率

文化事业建设费的费率为3%。

(5) 文化事业建设费的缴纳

文化事业建设费的缴费义务发生时间,为缴费人收讫营业收入款项或取得索取营业收入款项凭据的当天。

文化事业建设费的缴纳期限,与缴费人缴纳营业税的期限相同。扣缴义务人解缴期限,与解缴营业税的期限相同。

文化事业建设费应当在提供娱乐业、广告业劳务的发生地,向发生地的主管税务机关申报缴纳文化事业建设费。

2. 文化教育建设费的计算

文化事业建设费按缴费人应当缴纳娱乐业、广告业营业税的营业额和规定的费率计算应缴费额,计算公式如下:

$$应缴费额 = 应纳娱乐业、广告业营业税的营业额 \times 3\%$$

3. 文化教育建设费的会计核算

企业应当在"应交税费"账户下设置"文化教育建设费"明细账户,专门用来核算企业应交文化教育建设费的发生和缴纳情况。该账户的贷方反映企业按税法规定计算出的应当缴纳的文化教育建设费,借方反映企业实际向税务机关缴纳的文化教育建设费,余额在贷方反映企业应交而未交的文化教育建设费。

10.3 土地增值税

10.3.1 土地增值税概述

1. 土地增值税的概念

土地增值税是对转让国有土地使用权、地上的建筑物及其他附着物(简称转让房地产)所取得收入的单位和个人,就其取得的增值额为征税对象征收的一种税。开征土地增值税,对抑制房地产的投机、炒卖活动,规范房地产市场,防止国有土地收益流失以及增加国家财政收入有着重要的作用。

2. 土地增值税的纳税人与征税范围

根据《中华人民共和国土地增值税暂行条例》规定,凡转让国有土地使用权、地上的建筑物及其附着物(即转让房地产)并取得收入的单位和个人,均为土地增值税的纳税人。

土地增值税的征税对象,是转让国有土地使用权及其地上建筑物和附着物并取得收入的行为(包括转让作为"固定资产"核算的已使用过的房地产和作为"在建工程"核算的在建工程)。通常,无论是单独转让国有土地使用权,还是房产权与国有土地使用权一并转让,只要取得转让收入,均属于土地增值税的征收范围,都应征收土地增值税。这里所说的转让,均为以出售或其他方式的有偿转让,不包括以继承、赠与等方式的无偿转让。

3. 土地增值税的计税依据和税率

土地增值税以纳税人转让房地产所取得的增值额作为计税依据。

增值额是指纳税人转让房地产取得的收入,减除规定允许扣除项目金额后的余额。其计算公式为:

$$土地增值额 = 转让房地产收入 - 允许扣除项目金额$$

转让房地产的收入包括货币收入、实物收入(如以房换房或换取其他实物)和其他收入(如土地使用权、专利权等无形资产)。对于非货币收入应以财产的评估价值予以确认。

税法规定的扣除项目包括以下几个方面。

(1) 取得土地使用权所支付的金额,即纳税人为取得土地使用权所支付的价款和按国家统一规定缴纳的有关费用。

(2) 开发土地和新建房及配套设施的成本,即房地产开发项目实际发生的成本,包括土地征用及拆迁补偿费、前期工程费、建筑安装工程费、基础设施、公共配套设施费、开发间接费等。

(3) 开发土地和新建房及配套设施的费用,即与房地产开发项目有关的销售费用、管理费用和财务费用。财务费用中利息支出按不超过商业银行同类同期贷款利率计算的金额扣除;其他开发费用按上述(1)、(2)项金额之和的5%以内计算扣除,具体扣除比率由地方政府规定。凡不能按转让项目计算分摊利息支出或不能提供金融机构证明的,开发费用按上述(1)、(2)项金额之和的10%以内计算扣除,具体扣除比例由地方政府规定。

(4) 旧房及建筑物的评估价格。该评估价格须经税务机构确认。

(5) 与转让房地产有关的税金,即转让时缴纳的营业税、城市维护建设税、印花税及教育费附加等。

(6) 财政部规定的其他扣除项目。例如,对从事房地产开发的纳税人可按上述(1)、(2)项金额之和加计20%扣除。

土地增值税的税率是按其增值额超过其占扣除额的百分比制定的四级超率累进税率。为简化计算过程可按速算扣除率进行计算。土地增值税四级超率累进税率及速算扣除率如表10-1所示。

表10-1 土地增值税四级超率累进税率表

级 次	增值额与扣除项目金额的比率	税率/%	速算扣除率/%
1	50%及其以下的部分	30	—
2	超过50%,未超过100%的部分	40	5
3	超过100%,未超过200%的部分	50	15
4	超过200%以上的部分	60	35

4. 土地增值税的优惠政策

(1) 对建造普通标准住宅的税收优惠

纳税人建造普通标准住宅出售，增值额未超过扣除项目金额20%的，免征土地增值税。

这里所说的"普通标准住宅"，是指按所在地一般民用住宅标准建造的居住用住宅。高级公寓、别墅、度假村等不属于普通标准住宅。普通标准住宅与其他住宅的具体划分界限由各省、自治区、直辖市人民政府规定。

注意，纳税人建造普通标准住宅出售，增值额超过扣除项目金额20%的，应就其全部增值额按规定计税。

对于纳税人既建普通标准住宅又搞其他房地产开发的，应分别核算增值额。不分别核算增值额或不能准确核算增值额的，其建造的普通标准住宅不能适用这一免税规定。

(2) 对国家征用收回的房地产的税收优惠

国家因建设需要依法征用、收回的房地产，免征土地增值税。

这里所说的"国家因建设需要依法征用、收回的房地产"，是指因城市实施规划、国家建设的需要而被政府批准征用的房产或收回的土地使用权；因城市实施规划、国家建设的需要而搬迁，如纳税人自行转让原房地产的，比照有关规定免征土地增值税。

(3) 对个人转让房地产的税收优惠

个人因工作调动或改善居住条件而转让原自用住房，经向税务机关申报核准，凡居住满5年或5年以上的，免予征收土地增值税；居住满3年未满5年的，减半征收土地增值税；居住未满3年的，按规定计征土地增值税。

从2008年11月1日起，对个人销售住房暂免征收土地增值税。

10.3.2 土地增值税应纳税额的计算

土地增值税应纳税额的计算步骤如下。

(1) 计算应税增值额。

$$应税增值额 = 转让房地产收入 - 扣除项目金额$$

(2) 计算应税增值额与扣除项目金额的比率，以便确定适用税率。

$$应税增值额与扣除项目的比率 = 应税增值额 \div 扣除项目金额$$

(3) 计算应纳土地增值税税额。

$$应纳土地增值税 = 土地增值额 \times 适用累进税率 - 扣除项目金额 \times 速算扣除数$$

【例10-10】 大华房地产开发公司建造并出售商住楼一栋，实现收入1 000万元，原支付的地价款、成本（费用及应交销售税金等计500万元，按规定加计扣除金额100万元。计算该公司应纳土地增值税。

【解】

应税增值额 = 1 000 - (500 + 100) = 400（万元）

应税增值额与扣除项目的比率 = 400 ÷ 600 × 100% = 66.67%

确定适用累进税率40%，速算扣除率为5%，计算应纳土地增值税为：

400 × 40% - 600 × 5% = 160 - 30 = 130（万元）

10.3.3 土地增值税的会计核算

土地增值税与增值税不同,它属于价内税,其税额应抵减营业收入或其他业务收入。计提的土地增值税需通过应交税金账户进行核算。缴纳土地增值税的企业应在"应交税费"账户下设置"应交土地增值税"明细账户,反映该税款的计提与解缴情况。"应交土地增值税"明细账户的贷方反映应上交的土地增值税;借方反映已缴纳的土地增值税;期末贷方余额反映尚未缴纳的土地增值税,如为期末借方余额,则反映预交或多交的土地增值税。

为了提供土地增值税的计算依据,企业应将取得土地使用权时所支付的金额、开发土地和新建房及配套设施的成本、费用等在有关会计账户或备查簿中详细登记。

【例10-11】 大华房地产开发公司出售商住楼一栋,计算应纳土地增值税130万元,该企业如何进行会计核算?

【解】 该企业的会计核算如下。

① 计算结转应纳土地增值税时:

借:营业税金及附加　　　　　　　　　　　　　　　　　1 300 000
　　贷:应交税费——应交土地增值税　　　　　　　　　　　　　　1 300 000

② 缴纳税款时:

借:应交税费——应交土地增值税　　　　　　　　　　　1 300 000
　　贷:银行存款　　　　　　　　　　　　　　　　　　　　　　　1 300 000

企业因计算错误多交土地增值税,经税务机关核准退回多交税款时,借记"银行存款"账户,贷记"应交税费——应交土地增值税"账户;结转多交税款时,若多缴税属本年度的,应红字借记"营业税及附加"账户,贷记"应交税费——应交土地增值税"账户;若多缴税属以前年度的,应借记"应交税费——应交土地增值税"账户,贷记"以前年度损益调整"账户。

【例10-12】 某房地产开发公司因计算错误,多计算并缴纳土地增值税20 000元,经税务机关核准退回多缴税款,其中属本年度多缴税款6 000元,属上年度多缴税款14 000元。该企业如何进行会计核算?

【解】 该企业的会计核算如下。

① 收回退款时:

借:银行存款　　　　　　　　　　　　　　　　　　　　20 000
　　贷:应交税费——应交土地增值税　　　　　　　　　　　　　　20 000

② 结转本年度多缴土地增值税时:

借:营业税金及附加　　　　　　　　　　　　　　　　　6 000
　　贷:应交税费——应交土地增值税　　　　　　　　　　　　　　6 000

③ 结转上年度多缴土地增值税时:

借:应交税费——应交土地增值税　　　　　　　　　　　14 000
　　贷:以前年度损益调整　　　　　　　　　　　　　　　　　　　14 000

借:以前年度损益调整　　　　　　　　　　　　　　　　14 000
　　贷:利润分配　　　　　　　　　　　　　　　　　　　　　　　14 000

企业因计算错误或因偷漏税款而少计少缴土地增值税,在补交税款时,应借记"应交税费——应交土地增值税"账户,贷记"银行存款"账户;结转少交税款时,若少交税款属本年度的,应借记"营业税金及附加"账户,贷记"应交税费——应交土地增值税"账户;如少交税款属以前年度的,则应借记"以前年度损益调整"账户,贷记"应交税费——应交土地增值税"账户。

企业因偷漏土地增值税而被处以罚款或滞纳金,应在营业外支出列支,借记"营业外支出——税收罚款"账户,贷记"银行存款"账户。

【例10-13】 某房地产企业在税务大检查中,被查出偷、漏土地增值税60 000元,其中属于本年度的有20 000元;属于以前年度的有40 000元。同时被处以罚款30 000元,与补缴税款一并缴清。该企业如何进行会计核算?

【解】 该企业的会计核算如下。

① 以存款补交税款及罚款时:

借:应交税费——应交土地增值税　　　　　　　　　　　60 000
　　营业外支出——税收罚款　　　　　　　　　　　　　30 000
　　贷:银行存款　　　　　　　　　　　　　　　　　　　　　90 000

② 结转补交土地增值税时:

借:营业税金及附加　　　　　　　　　　　　　　　　　20 000
　　以前年度损益调整　　　　　　　　　　　　　　　　40 000
　　贷:应交税费——应交土地增值税　　　　　　　　　　　60 000

借:利润分配　　　　　　　　　　　　　　　　　　　　40 000
　　贷:以前年度损益调整　　　　　　　　　　　　　　　　40 000

企业转让以行政划拨方式取得的国有土地使用权,由于企业取得土地使用权时是无偿的,如果企业转让这种土地使用权,转让方应按规定补交出让金。补交的出让金表明企业是有偿取得转让土地使用权,而转让时,与土地增值税有关的会计核算和转让以支付出让金方式取得的国有土地使用权的土地增值税的核算基本相同,即只转让土地使用权时,通过"其他业务支出"账户核算土地增值税;连同地上建筑物一起转让时,通过"固定资产清理"账户来核算土地增值税。

复习思考题

1. 简述印花税的征税对象、征税依据、税率。
2. 城市维护建设税的主要特点有哪些?
3. 教育费及附加如何进行账户设置?
4. 简述土地增值税的计算步骤。
5. 土地增值税有哪些优惠政策?

【业务题】

甲公司向乙公司转让旧厂房一座,账面余额100万元,转让价格100万元,已提减值准备10万元,累计折旧20万元。双方应如何进行会计核算。

参 考 文 献

[1] 王碧秀.税务会计[M].第二版.大连:东北财经大学出版社,2012.
[2] 刘磊,赵德芳.企业所得税法最新政策精解及操作实务[M].北京:中国财政经济出版社,2012.
[3] 戴琼.营业税改征增值税操作实务与技巧[M].北京:中国经济出版社,2012.
[4] 徐芳,张燕.2013年版最新纳税处理技巧与错弊防范[M].北京:中国经济出版社,2013.
[5] 戴琼.企业所得税业务操作实务与处理技巧[M].北京:中国经济出版社,2012.
[6] 索晓辉.土地增值税实战与案例精解[M].北京:中国市场出版社,2012.
[7] 北京中经阳光税收筹划事务所.增值税纳税筹划实战与经典案例解读[M].北京:中国市场出版社,2012.
[8] 庄粉荣.纳税筹划实战精选百例[M].北京:机械工业出版社,2012.
[9] 席君.跟我学算税、报税、交税[M].广州:广东经济出版社有限公司,2011.
[10] 财政部注册会计师考试委员会办公室.税法[M].北京:经济科学出版社,2012.
[11] 财政部注册会计师考试委员会办公室.会计[M],北京:经济科学出版社,2012.
[12] 全国注册税务师职业资格考试教材编写组.税法Ⅰ[M].北京:中国税务出版社,2012.
[13] 全国注册税务师职业资格考试教材编写组.税法Ⅱ[M].北京:中国税务出版社,2012.
[14] 全国注册税务师职业资格考试教材编写组.税务代理实务[M].北京:中国税务出版社,2012.
[15] 全国注册税务师职业资格考试教材编写组.财务与会计[M].北京:中国税务出版社,2012.